# NOUVELLE BIBLIOTHÈQUE

## D'UN
## HOMME DE GOÛT,

ENTIÈREMENT REFONDUE, CORRIGÉE ET AUGMENTÉE,

*Contenant des jugemens tirés des Journaux les plus connus et des Critiques les plus estimés, sur les meilleurs ouvrages qui ont paru dans tous les genres, tant en France que chez l'Étranger jusqu'à ce jour;*

Par A.-A. BARBIER,

BIBLIOTHÉCAIRE DE S. M. IMPÉRIALE ET ROYALE, ET DE SON CONSEIL D'ÉTAT;

Et N. L. M. DESESSARTS,

Membre de plusieurs Académies.

TOME CINQUIÈME.

A PARIS,

Chez Madame Veuve DUMINIL-LESUEUR, Imprimeur-Libraire, rue de la Harpe, N°. 78.

M. DCCC. X.

# NOUVELLE BIBLIOTHÈQUE D'UN HOMME DE GOUT.

*Se trouve à Paris;*

Chez
{
Arthus - Bertrand, Libraire, rue Haute-Feuille, N°. 23;
Barrois l'aîné, Libraire, rue de Savoye, près celle des Grands Augustins;
Fantin, Libraire, quai des Grands Augustins;
Treutell et Wurtz, Libraires, rue de Lille;
P. Mongie l'aîné, Libraire, Cour des Fontaines;
Brunot-Labbe, Libraire, quai des Augustins.
}

# BIBLIOTHÈQUE

## D'UN

## HOMME DE GOÛT.

## CHAPITRE PREMIER.

### DES ROMANS.

Nous voudrions bien pouvoir exclure de cet ouvrage, toute cette partie de notre littérature ; nous en connoissons l'inutilité et même le danger. Mais la suite de notre plan nous y entraîne ; et les réflexions dont nous accompagnerons les romans que nous ferons connoître, ou plutôt que tout le monde connoît, tiendront en garde les âmes vertueuses, qui ne veulent faire que des lectures propres à former l'esprit sans corrompre le cœur.

§ I. TRAITÉS SUR LES ROMANS.

Le plus savant des évêques français nous a laissé un traité très-curieux sur l'*Origine des Romans*, qu'on lit en tête de toutes les éditions du roman de *Zaïde*, et dont les meilleures éditions particulières sont celles de Paris, 1728, in-12, et 1799, chez Desessarts, avec une dissertation sur les romans français. Huet appelle les romans, *un agréable amusement des honnêtes paresseux*.

Le P. Paciaudi, bibliothécaire de Parme, en a laissé aussi l'histoire, suppléée, pour les romans orientaux, par l'abbé de Rossi, savant orientaliste ; on la trouve à la tête de la magnifique édition grecque de Longus, imprimée par le célèbre Bodoni, en 1786, in-4°. Cette édition a été reproduite à Leipsic en 1803, petit in-12.

On trouve dans les Œuvres complètes de Marmontel, un morceau sur les romans français, qui peut faire suite aux traités précédens. Une brochure anonime de M. de Romance de Mesmond, intitulée, *de la Lecture des Romans*, fragment d'un manuscrit sur la sensibilité, nouvelle édition, Bruxelles, 1785, in-12, présente dans un style brillant et animé, des jugemens assez étendus sur les meilleurs romans anglais et allemands.

On lit encore avec quelque intérêt, le

traité de l'*Usage des Romans*, publié en 1735 par l'abbé Lenglet du Fresnoy, sous le nom de *Gordon de Percel*. Il est suivi d'un catalogue de romans. Un tel ouvrage ne pouvoit que faire beaucoup de tort à un homme de son état : il le désavoua ; et pour qu'on ajoutât foi à ce désaveu, il réfuta son ouvrage dans une assez mauvaise production, intitulée : l'*Histoire justifiée contre les Romans*. Mais il ne résulta de cette réfutation que le désagrément de n'être pas cru, et le déshonneur d'avoir soutenu le pour et le contre.

## § II. COLLECTIONS ET EXTRAITS DE ROMANS.

Il y a une *Bibliothèque de Campagne* en 24 volumes in-12, Genêve, 1749 et 1768, qui est une collection de beaucoup de petits romans que je citerai pour la plupart.

Outre cette *Bibliothèque de Campagne*, quelques gens de lettres en ont fait imprimer une nouvelle, dont ils ont publié douze volumes in-12, à Paris, chez le libraire Le Jay, 1769. Le titre de ce recueil en indique assez l'objet ; une Bibliothèque de Campagne est une ressource contre l'ennui et le désœuvrement. On a mis à contribution différens ouvrages anciens et modernes, français et étrangers ; nos romans volumineux du 17e. siècle ont fourni beaucoup d'épisodes intéressans et curieux ; l'imagination et le sentiment en font le principal mérite: on s'est attaché à en corriger le style, à en retrancher les longueurs, sans renoncer tout-à-fait à la manière de leurs auteurs, qu'on a voulu faire connoître.

La *Bibliothèque Universelle des Romans*, commencée au mois de juillet 1775 et interrompue au mois de juin 1789, composée par une société de gens de lettres qui avoient à leur disposition la précieuse bibliothèque du marquis de Paulmy, est une collection justement estimée. On y trouve de l'instruction, de l'intérêt et de l'amusement. Les principaux auteurs sont le marquis de Paulmy lui-même, le comte de Tressan, Contant d'Orville, Couchu, Bastide, Poinsinet de Sivry, Cardonne, de Mayer, Legrand d'Aussy, M. l'abbé Coupé, etc., etc.

Le plan de cet ouvrage est très-heureux, et il embrasse, sans confusion, tous les genres de romans. Ils y sont divisés en huit classes: la première comprend les traductions des anciens romans grecs et latins; la seconde, les romans de chevalerie; la troisième, les romans historiques; la quatrième, les romans d'amour; la cinquième est réservée aux romans de spiritualité, de morale et de politique; la sixième, aux romans satiriques, comiques et bourgeois; la septième, aux nouvelles historiques et contes; la huitième et dernière, aux romans merveilleux, c'est-à-dire, aux contes de fées, aux voyages imaginaires, aux romans orientaux. Cette division a mis une agréable variété dans cet ouvrage. Ce qui en relève encore le mérite, ce sont les notes historiques et critiques, avec des anecdotes, tant sur les auteurs que sur leurs ouvrages. Malheureusement celles-ci ne sont pas toujours exactes. Par exemple, dans leur notice, d'ailleurs curieuse, sur la *Princesse de Clèves*, les auteurs attribuent à Barbier d'Aucour la réponse aux Lettres de Valincour, contre ce Roman; elle est de l'abbé de Charnes, auteur d'une Vie du Tasse. Dans les réflexions qui précèdent l'extrait de l'*Histoire des Sevarambes*, ils paroissent croire que Denis Vairasse d'Alais, auteur de cet ouvrage, publié, pour la première fois, en 1677, est le même que Pons-Augustin Alletz, auteur d'une *Histoire des Singes*, mort en 1782.

Vers l'année 1799, une société de libraires crut le temps assez favorable pour reprendre et continuer cette entreprise. Ces messieurs s'assurèrent pour cela d'un certain nombre d'hommes de lettres avantageusement connus dans la littérature. On remarqua bientôt sur le frontispice de la *Nouvelle Bibliothèque des Romans*, les noms de madame de Genlis, de MM. Vigée, Legouvé, Deschamps, Fiévée, Desfontaines, Pigault le Brun, Lamare, Blanchard, etc., etc. Ces nouveaux rédacteurs suivirent pendant quelque temps le plan de leurs devanciers, mais ils finirent par substituer aux extraits de romans, des *Contes* ou *Nouvelles* de leur composition. La *Bibliothèque des Romans* devint donc sous leurs plumes, une *Bibliothèque de petits Romans*; mais comme la plupart étoient anti-philosophiques, les lecteurs se dégoûtèrent bientôt d'un ouvrage qui ne remplissoit plus leur objet, c'est-à-dire, qui ne les amusoit plus : aussi la Nouvelle Bibliothèque des Romans fut-elle interrompue en 1806. Elle est composée de 112 tomes qui se relient en 56 volumes. La précédente a 224 tomes ; on peut les relier en cent douze volumes.

## § III. ROMANS ORIENTAUX.

Je ne connois point de romans plus ingénieux, plus variés, plus agréables et plus amusans que les Mille et une Nuits, contes arabes, traduits par Antoine Galland, en six volumes in-12, et plusieurs fois réimprimés.

L'imagination orientale y déploie toutes ses richesses ; et ce n'est pas seulement par le merveilleux qu'elle y a répandu, que ces fictions attachent le lecteur ; elles plaisent encore par le but moral, par les coutumes et les mœurs des asiatiques, par les cérémonies de leur religion, etc., qu'on y trouve mieux décrites que dans les relations des voyageurs.

Toutes les éditions des Mille et une Nuits qui ont précédé celle qui a été publiée par Lenormant en 1808, 9 vol. in-18, avec une continuation par M. Caussin, sont tellement remplies de fautes d'impression et de ponctuation, que la lecture en est non-seulement pénible, mais qu'on y rencontre des pages tout-à-fait inintelligibles. L'édition in-8°. qui fait partie de la Bibliothèque des Fées est plus belle que les autres, mais non plus correcte. La nouvelle édition est purgée non-seulement des fautes d'impression et de ponctuation, mais même des nombreuses incorrections qui appartiennent au traducteur. On a joint au texte des notes rares et courtes, l'Eloge historique de M. Galland par M. de Boze, et le Jugement de M. de La Harpe sur les Contes Arabes.

## BLANCHET.

L'abbé Blanchet a écrit des *Apologues orientaux*, 1784, in-8°., avec beaucoup d'esprit, de philosophie et de goût. Les sujets que l'auteur a choisis, offrent de l'agrément sans licence, de la force sans audace, et toujours quelque chose d'utile aux mœurs.

## § IV. ROMANS GRECS.

Les anciens n'ont point donné un nom particulier à cette sorte d'ouvrage, qu'ils désignoient ordinairement par la nation ou la ville qui avoit donné naissance aux principaux acteurs, les Babyloniques, les Æthiopiques, etc. La dénomination de *Roman* a été inventée par les Européens; l'opinion la plus commune est que ce nom est venu du
mot

mot de *Romain*, espèce d'idiome moitié latin, moitié gaulois, dont se servoient les Trouvers ou Troubadours, pour écrire leurs aventures.

C'est dans la Grèce qu'on trouve les premiers exemples de ce genre d'écrire. Les plus anciens et les plus célèbres des romanciers grecs, sont Antoine Diogène, Héliodore, Achilles Tatius, Longus, Xénophon d'Ephèse, dit le Jeune, Chariton, Eustathe ou plutôt Eumathe, et Theodorus Prodromus. Nous donnerons quelques détails sur les meilleures éditions et traductions de chacun de ces auteurs.

### ANTOINE DIOGÈNE.

Antoine Diogène vivoit dans le siècle d'Alexandre, ou peu de temps après ; le roman dont il est auteur avoit pour titre : *des Choses incroyables que l'on voit au delà de Thulé.* Ce sont les aventures de Dinias, qui, dans la dure nécessité de quitter sa patrie, et après plusieurs voyages, aborde enfin dans l'île d'Islande. Il y rencontre une jeune Tyrienne, nommée Dercyllis, que des infortunes à peu près semblables avoient conduite dans la même île. Ils se racontent mutuellement leurs malheurs; et ces récits sont remplis d'événemens singuliers, de voyages difficiles, de descriptions frappantes, de réponses des Sibylles, d'évocations des morts, et de mille autres espèces de sortiléges.

Nous avons dans notre langue une imitation très-laconique et très-imparfaite de ce roman, imprimée en 1745, sous le titre de *Dynias et Dercyllide*; c'est une petite brochure dont l'auteur, M. le Seurre, ou plutôt le Sueur, n'a presque rien emprunté du grec. L'original présente encore une relation d'un voyage dans la lune, et d'une correspondance aux enfers. A cette esquisse on reconnoît beaucoup de nos romans modernes, surtout ceux qui donnent dans les enchantemens et le merveilleux.

Nous ne connoissons ce roman que par l'extrait qu'en donne Photius dans sa *Bibliothèque*. Feu M. Grainville a inséré dans le *Magasin Encyclopédique* une traduction peu fidèle de cet extrait. *Voyez* la 2ᵉ. année de cet excellent journal, tom. 2, pag. 327-337.

## HÉLIODORE.

Héliodore, auteur des *Æthiopiques*, ou *Amours de Théagènes et Chariclée*, étoit évêque de Trica en Thessalie. Ce roman est sagement conçu, fortement intrigué ; les épisodes y sont amenés à propos ; les caractères et les mœurs des personnages bien soutenus ; enfin, c'est un livre tout à la fois agréable et instructif. Le grand Racine en faisoit le plus grand cas. Héliodore a beaucoup emprunté des anciens écrivains grecs, surtout d'Homère, source éternelle, à laquelle, dans tous les siècles, ont puisé, sans la tarir, les anciens et les modernes. Mais ces emprunts ont été faits avec un tel art, que les traces du plagiat ont presque disparu.

La première édition du texte d'Héliodore fut publiée à Bâle, chez Hervagius, en 1534, in-4°., par les soins de Vincent Obsopæus. Ce savant en avoit acheté le manuscrit d'un soldat, après le pillage de la riche bibliothèque de Mathias Corvin, à Bude.

En 1596, Commelin donna la seconde, in-8°. Il avoit collationné différens manuscrits, dont on trouve les variantes à la fin du volume, et il y ajouta la version latine du polonais Warschewiczki.

Bourdelot, assez mauvais critique, publia la 4°. à Paris, 1619, in-8°., et l'accompagna de notes dont on fait, en général, peu de cas.

M. Mitscherlich fit paraître en l'an VI (1798), à Strasbourg, dans l'imprimerie célèbre, connue sous le nom de *Deux-Ponts*, en 2 vol. in-8°., une belle et élégante édition grecque-latine de ce roman, avec des notes critiques. Elle ouvre la collection intéressante des romans grecs, que ce savant doit publier, et dont il a déjà paru 4 vol., qui contiennent Héliodore, Achilles Tatius, Longus et Xénophon.

Enfin, l'on doit au savant M. Coray, une nouvelle édition du roman d'Héliodore, publiée en faveur des Grecs, sur l'invitation et aux frais d'Alexandre Basili, avec un commentaire et des variantes inédites, recueillies par Amyot, *Paris, de l'imprimerie d'Eberhart*, 1804, 2 vol. in-8°. L'habile éditeur avoit sous les yeux les éditions dont nous venons de parler, et surtout l'exemplaire précieux de l'édition de Bâle, sur lequel Amyot avoit porté les variantes qu'il avoit trouvées dans les manuscrits du Vatican, et que l'on conserve aujourd'hui, non dans la bibliothèque de Saint-Victor, qui n'existe plus, mais dans celle du Panthéon. Nous ne craignons pas de dire qu'Héliodore a trouvé dans M. Coray un savant scholiaste, et que les personnes qui sont médiocrement avancées dans l'étude du grec, et qui cependant désirent d'y faire des progrès, y trouveront des secours importans, non-seulement pour l'intelligence du roman d'Héliodore, mais encore pour la connoissance intime de la langue grecque.

Amyot fit paroître, en 1547, in-fol., une traduction d'Héliodore. Elle fut réimprimée en 1549, in-8°. Cette traduction étoit défectueuse ; l'auteur, pendant un séjour qu'il fit à Rome, ayant trouvé dans la bibliothèque du Vatican un manuscrit d'Héliodore, fort beau et assez entier, refit une nouvelle version qu'il rendit aussi accomplie en sa manière que l'autre étoit imparfaite. Amyot lui-même a déposé ces intéressans détails dans la 3e. édition de sa version, publiée sous ce titre : *l'Histoire Æthiopique...* trad. du grec en français, et de nouveau revue et corrigée sur un ancien exemplaire escript à la main par le translateur.... *Paris*, 1559, in-fol. Cette édition a servi de modèle à cinq ou six autres qui ont paru depuis à Paris, à Lyon et à Rouen, dans le format in-18. *Voyez* ma Dissertation sur les traductions de Plutarque et d'Héliodore par Amyot, vers la fin du tom. 4

de mon *Dictionnaire des ouvrages anonimes et pseudonymes.*

L'abbé de F\*\*\* publia en 1727, 2 vol. in-12, une nouvelle traduction du roman d'Héliodore, avec une épître dédicatoire à Fontenelle. L'abbé Lenglet Dufresnoy, dans une note manuscrite qu'il a mise en tête d'un exemplaire de sa Bibliothèque des Romans, prétend que cette traduction est de Saint-Foix, auteur des *Essais sur Paris*; cette assertion est destituée de fondement, car Saint-Foix ne savoit pas le grec. J'ai développé dans la table de mon *Dictionnaire des Anonimes* les motifs qui me portent à croire, d'après la conjecture du savant abbé le Blond, que les lettres initiales de F\*\*\* signifient l'abbé de Fontenu, membre de l'Académie des Belles-Lettres, très-versé dans la langue grecque, et lié avec Fontenelle. Cette traduction a été souvent réimprimée, notamment en 2 vol. in-12, par le libraire Coustelier, Paris, 1743, et dans la Bibliothèque des romans grecs dont je parlerai ci-après.

M. Quenneville a publié une nouvelle traduction d'Héliodore en 1803, 3 vol. in-12. Elle est assez mal intitulée les *Ethiopiennes*, il falloit dire *Ethiopiques*. Au reste, cette traduction est principalement destinée aux femmes, et les femmes la liront avec plaisir.

## ACHILLES TATIUS.

Cet auteur, dans ses *Amours de Leucippe et de Clitophon*, a imité plusieurs endroits d'Héliodore ; mais quoique son roman soit très-agréable, que ses descriptions soient vives et piquantes, et que sa lecture soit plus amusante que celle d'Héliodore, on lui reproche, avec raison, de montrer trop souvent le sophiste et le rhéteur. Il a aussi quelques pages qu'on n'ose traduire dans nos langues modernes. Au reste, quelques pères de l'église grecque et latine nous ont laissé des pages bien autrement licencieuses.

Outre l'édition de M. Mitscherlich, déjà citée, on peut lire avec fruit celle de M. B. G. L. Boden, Leipsic, 1776, in-8°. Elle est toute grecque, mais on y trouve les notes de Saumaise, de Carpzovius et de Bergerus ; cependant il faut convenir qu'il n'existe pas encore une édition parfaite de cet auteur. La traduction que M. Clément de Dijon en a publiée, à Paris, chez Colnet, en 1800, in-12, a fait oublier celle de Duperron de Castera, Amsterdam, 1733, in-12.

## LONGUS.

Longus, dont on ignore la patrie, florissoit probablement vers la fin du quatrième siècle ou le milieu du cinquième. Ses *Pastorales* sur les amours de Daphnis et de Chloé, sont un ouvrage bien connu. On accorde à cet auteur la clarté du style, la propriété des termes, l'atticisme; on trouve ses périodes élégantes et bien arrondies; mais on remarque quelquefois en lui cette recherche, cette affectation qui caractérise les sophistes grecs.

La première édition de la Pastorale de Longus parut chez Philippe Junte, à Florence, en 1598, in-4°., avec la version et les notes de Raphaël Columbanius. La seconde parut à Heidelberg en 1601, in-8°. On n'y fit que suivre l'édition de Florence, sans la version et les notes : mais on a mis à côté du grec une paraphrase ou plutôt une imitation en vers héroïques, composée par Laurent Gambara. La troisième, bien meilleure, parut à Hanau en 1605, in-8°., par les soins de Godefroi Jungerman, avec une version latine et de bonnes notes. Pierre Mollius, docteur et professeur en langue grecque à Franeker, en publia une quatrième en 1660, sans le secours

secours d'aucun manuscrit, mais avec une traduction de sa façon. Pour les notes dont il l'accompagna, il copia presque mot à mot, ou abrégea celles de Columbanius, de Jungerman et d'autres critiques, sans en avertir.

La cinquième édition parut in-4°. en 1754, à Amsterdam, chez Néaulme, sous le titre de Paris, en très-beaux caractères, par les soins de J.-E. Bernard, célèbre médecin d'Arnheim, sans préface, avec la version de Mollius, et quelques corrections insérées dans le texte entre deux crochets. Elle fut enrichie de 29 figures gravées par Audran, sur les dessins du duc d'Orléans, avec d'autres ornemens de bonne main.

Le savant Villoison en publia une nouvelle à Paris, chez Didot l'aîné, aux frais de M. Debure l'aîné, 1778, 2 vol. in-8°. Quelques exemplaires ont été tirés de format in-4°. Le nouvel éditeur a corrigé le texte de Longus par le secours de trois manuscrits de la Bibliothèque du Roi. Il a mis à contribution les écrits de plus de trente savans pour recueillir leurs observations sur différens endroits du texte. La version placée à côté du texte, n'est ni celle de Jungerman, ni celle de Mollius, mais en quelque sorte un composé des deux, parce qu'on a pris dans l'une ce qu'on a trouvé de plus exact que dans l'autre ; quelquefois aussi il a fallu traduire d'une manière nouvelle des passages qui n'avoient pas été bien entendus, ou qui sont corrigés pour la première fois. On trouve dans les notes bien des choses peu nécessaires, à la vérité, pour l'intelligence du texte, qui même ont peu de rapport à l'auteur, mais qu'on n'est pas fâché de savoir.

Le texte de M. de Villoison se trouve corrigé en tant d'endroits dans l'édition donnée à Leipsic en 1803, in-16, par G.-H. Schœfer, qu'on peut joindre cette nouvelle édition à celle du critique français.

Au moment où j'écris, j'ai sous les yeux une traduction latine des amours de Daphnis et Chloé en vers alexandrins, par M. Petit-Radel, docteur en médecine et professeur dans la faculté de médecine de Paris. Cette version est suivie d'une nouvelle traduction littérale en prose latine ; le tout formant un vol. in-8°., imprimé avec soin chez H. Agasse, paroîtra vers la fin de la présente année 1809.

Tout le monde connoît la traduction française des Amours de Daphnis et Chloé, par Amyot. Les plus belles éditions sont celle dite du Régent, Paris, 1718, in-8°., avec des figures gravées par Audran, sur les dessins de ce prince, et celle de Paris, Coustelier, 1745, in-8°. avec les mêmes figures. Cette dernière édition contient des notes du médecin Falconet. Nous avons deux autres traductions assez récentes de Daphnis et Chloé; l'une par feu l'abbé Mulot, Paris, 1783, in-8°., et in-16; l'autre, par M. Debure Saint-Fauxlin, Paris, 1787, in-4°.

Bodoni a publié deux belles éditions de la traduction italienne du même ouvrage par Annibal Caro : l'une en 1786, in-4°., l'autre en 1793, in-8°. Elle était restée inédite jusqu'à la première époque.

## XÉNOPHON, dit LE JEUNE.

Suidas fait mention de trois Xénophons: l'un d'Antioche, auteur des *Babyloniques;* l'autre de Chypre, auteur des *Cypriaques*, et le troisième d'Ephèse. Les ouvrages des deux premiers ont péri ; mais nous avons celui du troisième, les *Amours d'Anthias* et *d'Abrocome*, que Jourdan a si horriblement défigurés dans notre langue. Cette traduction parut pour la première fois en 1736, sous le titre des *Ephésiaques* de Xénophon. Le baron de Locella qui a donné à Vienne, en 1797, in-4°., une édition soignée de ce romancier, le croit antérieur à Héliodore ; mais d'Orville le fait, avec raison, postérieur à Héliodore, à Achilles Tatius et même à Longus.

L'édition du baron de Locella est, sans contredit, la meilleure qui existe de ce roman. L'éditeur a fait consulter de nouveau le manuscrit de Florence, le seul qui existe, et qui avoit été très-mal copié par Antoine Cocchi. Son édition renferme une nouvelle version latine et les excellentes notes d'Hemsberhuys, d'Alberti, d'Abresch, de d'Orville et de M. Bast.

L'édition de Mitscherlich, quoique postérieure à celle de M. de Locella, ne l'a point effacée. M. Mitscherlich s'est borné à corriger le texte de Cocchi d'après les leçons reçues par Locella. La version latine qu'il a adoptée est celle de Cocchi.

## CHARITON.

Cet auteur nous a laissé les *Amours de Chéréas et Callirhoé*, que d'Orville publia pour la première fois à Amsterdam, en 1750, 2 vol. in-4°., avec une traduction latine par Reiske. M. Larcher nous en donna, en 1763, une traduction française, accompagnée de notes érudites et instructives, comme toutes celles qui sortent de la plume de cet estimable savant.

Le texte, la traduction latine de Reiske, et le commentaire de d'Orville, ont été réimprimés à Leipsic en 1783, in-8°., par les soins du savant professeur Beck.

### EUSTATHE, ou plutôt EUMATHE, ET THÉODORUS PRODROMUS.

Le roman du premier, intitulé, *Ismène et Isménie*, et celui du second, qui a pour titre, *Rhodanthe et Dosiclès*, sont des ouvrages insipides.

Gilbert Gaulmin a publié Ismène et Isménie avec une version latine et des notes, à Paris, en 1618, in-8°. M. Teucher a reproduit le texte et la version latine à Leipsic, en 1792, aussi in-8°. On lui reproche d'avoir supprimé les notes de Gaulmin.

On doit à Godard de Beauchamp une foible traduction française de ce roman, La Hayë (Paris), 1743, in-12.

Gilbert Gaulmin a donné, en 1625, une édition de Théodorus Prodromus; il n'en existe pas d'autre.

Beauchamp a fait paroître une imitation française de ce roman, 1746, in-8°. On ignore le nom de l'auteur de la traduction du même roman, publiée la même année, in-12.

La plupart des traductions que nous venons de citer, ont été réunies, en 1797, par le libraire Guillaume, et publiées sous le titre de *Bibliothèque des romans grecs, traduits en français*, 12 vol. in-18. Il en a été tiré quelques exemplaires de format gr. in-12. Ils sont rares et chers. On trouve dans cette agréable collection les *Narrations d'Amour* de Parthenius de Nicée, et les *Affections d'Amour* de Plutarque (trad. par J. Fornier ou Fournier); *Leucippe et Clitophon*, traduct. de Castera; *Théagènes et Chariclée*, trad. de l'abbé de Fontenu; *Daphnis et Chloé*, trad. de Longus; *Abrocome et Anthia*, trad. de Jourdan; *Chéréas et Callirhoé*, trad. de M. Larcher; *Ismène et Isménie*, trad. par Beauchamp; *Rhodante et Dosiclès*, traduction d'un anonyme; l'*Ane de Lucien* et l'*Histoire véritable du même*, trad. de M. Belin de Ballu.

Sept volumes de cette collection étoient imprimés, lorsque l'éditeur Guillaume parla de son entreprise à M. Chardon de la Rochette. Ce savant modeste entra dans les vues du libraire, mais il lui conseilla de demander à l'abbé de Saint-Léger une introduction qui contînt la notice de toutes les éditions des romans grecs et des différentes traductions qui en avoient été faites dans les principales langues de l'Europe. Pour lui, il s'engagea à traduire les extraits que nous a donnés Photius d'Antoine Diogène et de Jamblique, et à publier le texte grec avec la traduction française de IX livres de Nicétas Eugenianus, qui n'ont pas encore vu le jour. L'abbé de Saint-Léger n'a fourni à M. Guillaume qu'un excellent mémoire sur la double édition donnée en 1555 à Paris et à Lyon, de la trad. française du roman grec de Parthenius de Nicée, par J. Fornier. M. Chardon de la Rochette n'a eu d'autre part à cette entreprise, que celle d'avoir corrigé, dans le texte ou dans des *errata*, ou par des cartons, les citations grecques de la traduction d'Achilles Tatius et de Longus; d'avoir ajouté une note à la fin de cette dernière, une autre note au bas de la page 247 du 2e. vol. de Chariton, et enfin d'avoir rempli, dans l'Ane de Lucien, pages 138-42, les deux lacunes que le censeur royal avoit exigées dans le temps.

Nous donnons ces détails pour faire voir combien MM. Harles, Ersch et autres bibliographes se sont trompés, lorsqu'ils ont présenté l'abbé de Saint-Léger comme l'éditeur de cette *Bibliothèque*, et même comme le traducteur des romans qu'elle renferme. Voyez la *Bibliothèque Grecque* de Fabricius, édition de M. Harles, tome VIII, p. 115 et *suiv.*

## § V. ROMANS LATINS.

### PÉTRONE.

L'ouvrage de cet auteur intitulé *Satyricon*, est regardé par beaucoup de littérateurs comme un roman satirique, ce qui le fait placer assez généralement dans la classe des romans latins. Nous avons fait connoître notre opinion sur cette production mêlée de prose et de vers, et sur ses principaux traducteurs, dans notre premier volume, page 147 et *suiv.*, article des *Poëtes latins anciens*.

### APULÉE.

Les Métamorphoses ou l'Ane d'Or, d'Apulée, philosophe platonicien, trad. en français, avec des remarques par l'abbé Compain de Saint-Martin, Paris, 1707, 2 vol. in-12, sont une satire continuelle des désordres dont les magiciens, les prêtres et les voleurs remplissoient le monde du temps de cet auteur. On voit dans cet ouvrage comment Apulée fut métamorphosé en âne, et comment il reprit sa première forme ; il raconte tout
ce

ce qu'il a eu le plaisir de voir pendant sa métamorphose. Comme tout le livre roule sur cette métamorphose d'Apulée en âne, l'ouvrage fut nommé l'Ane d'Apulée, et par excellence, l'Ane d'Or, les anciens ayant coutume d'appeler un excellent ouvrage, un ouvrage d'or, ainsi qu'on le voit par l'épithète qu'ils donnèrent aux vers attribués à Pythagore, en les nommant les vers d'or ou dorés. Cependant Apulée n'est pas proprement l'inventeur de cette métamorphose; il l'a prise dans Lucius de Patras; mais il l'a si bien embellie par plusieurs épisodes charmans, surtout par la fable de Psyché, qu'on peut regarder l'Ane d'Or comme un roman très-curieux.

M. Bastien a retouché la traduction de l'abbé de Saint-Martin, et l'a publiée de nouveau en 1787, 2 v. in-8°. La meilleure édition des Métamorphoses d'Apulée, est celle qui a été publiée à Leyde en 1786, in-4°., avec les notes d'Oudendorp, et une préface de Ruhnkenius. M. Renouard en a donné une jolie édition d'un format portatif, 1796, 3 vol. in-18. On doit au même libraire une édition particulière des *Amours de Psyché*. Rien n'est plus connu que la traduction de cet épisode par La Fontaine; il en existe une belle édition ornée de 32 figures gravées au trait, avec le texte à côté, et une savante préface par M. Delaulnaye, Paris, 1802, in-4°.

## BARCLAY.

„L'Argenis de J. Barclay n'est pas un de ces romans efféminés, qui ne célèbrent et ne peignent qu'une passion amoureuse, et qui, par leur développement, semblent tenir de l'élégie, tant est grande l'uniformité des héros plaintifs que personne ne plaint. Celui-ci a de l'étendue dans le plan, de la majesté dans les caractères, et des détails poétiques. C'est un grand et vaste intérêt qui croît à mesure qu'il avance. L'ouvrage même passe pour renfermer l'histoire politique du temps, c'est-à-dire, celle du 17e. siècle. Ce tableau, quoiqu'à moitié effacé pour nous, est encore trop caractérisé pour ne pas nous attacher. On ne peut trop y admirer la variété des caractères. La générosité franche, héroïque, ouverte et sans détours, y fait contraste avec la fourberie habile, l'artifice adroit et la marche oblique et cachée. Le portrait de la plus digne amante, aimable et noble héroïne, constamment attachée à ses devoirs et soumise aux plus grandes épreuves qui puissent relever son courage, tient sa place au milieu de cette foule de guerriers, tour à tour admirateurs de ses vertus ou adorateurs de ses charmes. L'auteur est recommandable d'ailleurs par une latinité pure et qui approche de celle du siècle d'Auguste.

On a de belles éditions de ce roman, l'une imprimée par les Elzevirs à Leyde, 1630, in-12; l'autre avec les notes dites *variorum*, Leyde, 1664, in-8°.

L'abbé Josse, chanoine de Chartres, en a donné une traduction foible et languissante, Paris, 1732, 3 vol. in-12. On fait plus de cas de la traduction libre et abrégée publiée par M. Savin, ancien professeur d'humanités à Bordeaux, Paris, 1776, 2 vol. in-8°. L'intérêt du récit de Barclay devient plus continu par les retranchemens que s'est permis son traducteur ; retranchemens qui étoient d'autant plus indispensables, que l'érudition est toujours déplacée dans un ouvrage de pur agrément.

## § VI. ROMANS DE CHEVALERIE.

Dans cette foule de romans de chevalerie, dont l'Europe a été long-temps inondée, les Amadis ont toujours tenu le premier rang. On sait quel parti en a tiré Quinault, qui a bâti l'édifice de notre théâtre lyrique sur les fictions anciennes et modernes. La première traduction des Amadis de l'espagnol en français, parut en 1540, sous le règne de François premier. D'Herberai en est l'auteur. Le style en est grossier et licencieux. L'ouvrage est en 4 vol. in-fol. Mademoiselle de Lubert, au milieu du 18e. siècle, en donna un extrait en 6 vol. in-12. Le comte de Tressan en publia une traduction absolument nouvelle, beaucoup plus courte et réduite aux seules aventures d'Amadis de Gaule et de son fils Esplandian, celles d'Amadis de Grèce ayant paru moins intéressantes et moins agréables dans l'abrégé de mademoiselle de Lubert. L'ouvrage de M. de Tressan ne forme que deux vol. in-12, Paris, 1779. Il est plein d'esprit et d'agrément. La narration est facile et gaie; tout y respire cette galanterie aimable qui n'est mêlée d'aucune fadeur, et cette décence d'expression qui donne une grâce nouvelle aux images de la volupté.

M. de Tressan semble croire dans sa préface que les Amadis, quoique traduits par d'Herberai sur des manuscrits castillans, ont été originairement empruntés par les écrivains espagnols d'ouvrages français du douzième siècle, écrits en langue romance; mais M. Couchu, l'un des collaborateurs à la *Bi-*

bliothèque universelle des Romans, a très-bien prouvé, dans une lettre adressée aux auteurs du *Journal de Paris*, en 1779, que Vasco de Lobeïra, écrivain portugais qui vécut sous le règne de Denis VI, roi de Portugal, dont la vie est renfermée entre 1279 et 1325, étoit le véritable auteur des Amadis. Son manuscrit autographe subsiste dans la Bibliothèque des Seigneurs d'Aveira. Cependant Vasco de Lobeïra s'est plu peut-être à prendre le ton et quelques idées des romanciers français du temps de Louis VI, Louis VII et Philippe-Auguste. M. de Tressan s'est rendu aux raisons de M. Couchu, et il est convenu que Vasco de Lobeïra a pu composer les trois premiers livres des Amadis ; mais il étoit incapable de tomber dans les défauts et les anachronismes absurdes qui se trouvent déjà dans le 4<sup>e</sup>. livre, où sont racontées les aventures d'Esplandian.

En joignant à l'ouvrage de M. de Tressan, l'Histoire du Chevalier du Soleil, traduction libre de l'espagnol, tirée du Roman des Romans de du Verdier, par le marquis de Paulmy, Paris, 1780, 2 vol. in-12, on possède tout ce qu'il y a d'intéressant dans l'immense suite des *Amadis*, c'est-à-dire, dans une cinquantaine de volumes.

Les amateurs de ce genre d'ouvrages liront aussi, avec quelqu'intérêt l'ancienne Chronique de Gérard d'Euphrate, duc de Bourgogne, extraite de l'édition in-fol. de 1549, (par Contant d'Orville), Paris, 1783, 2 vol. in-12.

On doit encore à M. de Tressan, le *Corps d'extraits de Romans de Chevalerie*, Paris, 1782, 4 vol. in-12. Les extraits sont, à quelques changemens près, ceux qu'on a lus dans la *Bibliothèque des Romans*, et qui ont le plus contribué au succès de cette *Bibliothèque*; les changemens sont assez considérables pour inspirer seuls le désir de relire ces extraits qui, d'ailleurs, joignent à l'agrément d'un livre amusant, le mérite solide d'un livre utile; en effet, ils peignent avec fidélité les mœurs et les coutumes de la chevalerie.

On trouve dans le premier volume un *Discours sur les Romans français*, ensuite *Tristan de Leonois*, *Artus de Bretagne*, *Floris et Blanchefleur*, *Cléonidas et Claremonde*, l'extrait du *Roman de la Rose*, *Pierre de Provence* et la *belle Maguelone*. Dans le second, les romans réunis sous ce titre: la *Fleur des Batailles*, *Huon de Bordeaux*, *Guérin de Montglave*. Le troisième contient

*Dom Ursino le Navarin*, et *Dona Inez d'O-viedo*, *le Petit Jean de Saintré*, les *Apparences trompeuses*, ou *Gérard de Nevers*, et *Euriant de Dammartin sa mie*. Le quatrième volume, outre des recherches sur l'origine des romans inventés avant l'ère chrétienne, et une histoire assez courte de Rigda et de Regner Lodbrog, roi de Dannemark, contient un ouvrage assez considérable, qui a pour titre, *Zélie* ou *l'Ingénue*, roman auquel a donné lieu la comédie du même titre qui se trouve dans le *Théâtre d'Education* de madame de Genlis. Cette comédie suppose des événemens antérieurs à l'action de la pièce ; ce sont ces événemens que le comte de Tressan a suppléés ; ils forment la première partie du roman. La seconde est composée des scènes mêmes de Zélie, liées seulement par le récit.

On a recueilli les Œuvres du comte de Tressan en 1787, 12 vol. in-8°., avec des figures de Marillier.

On aussi recueilli les extraits de romans de chevalerie, fournis par le marquis de Paulmy, à la *Bibliothèque des Romans*; ils ont pour titre; *Choix de petits Romans de différens genres*, Londres et Paris, 1789, 2 vol. petit in-12.

Pour lire avec plus de fruit les ouvrages que nous venons d'indiquer, on fera bien d'acquérir les Mémoires sur l'ancienne Chevalerie, par de la Curne de Sainte-Palaye, Paris, 1781, 3 vol. in-12. Ils réunissent à l'utilité de l'histoire les charmes du roman. Le style de l'auteur est pur, naturel, élégant.

M. Dutens a publié à Londres la table généalogique des héros de romans (de chevalerie), petit volume in-4°., composé de onze tableaux; celui de la Bibliothèque de Don-Quichotte manque dans quelques exemplaires.

## § VII. ROMANS FRANÇAIS.

La romancie eut pour premiers réformateurs d'Urfé, la Calprenède, Gomberville, Desmarets, Scudery et la sœur de ce dernier. L'Astrée, Cassandre, Cléopâtre, l'Ariane, le Grand Cyrus et la Clélie, attirèrent tous les suffrages. Ce goût pour les héros langoureusement amoureux se conserva pendant quelque temps; mais nos romanciers modernes ayant adopté une autre méthode, ont fait oublier ces productions, qui valoient bien les leurs. Il est fort commun de voir aujourd'hui commencer les romans, par où finissoient ceux du dix-septième siècle. Il faut pourtant

pourtant convenir que dans la Clélie de mademoiselle de Scudery, il y a des portraits assez bien frappés, et quelques entretiens agréables. On prétend que ce roman, ainsi que celui du grand Cyrus, renferme des histoires véritables sous des noms déguisés. C'est un tableau de ce qui se passoit alors dans les intrigues amoureuses de la cour et de la ville. Ces peintures donnèrent, sans doute, aux romans de Scudery, un degré d'intérêt qui s'est affoibli, à mesure que les personnages qu'il peignoit ont disparu de dessus la scène.

Quelques-uns de ces énormes romans à dix ou douze vol. in-8°., ont été réduits au milieu du dix-huitième siècle et de notre temps. Le marquis de Surgères, homme d'un grand nom et d'un esprit cultivé, nous a donné, en 1752 et 1753, des abrégés de Cassandre et de Faramond, qu'on a lus avec quelque plaisir. On doit à M. Benoit, chef de division au ministère de l'intérieur, un abrégé de Cléopâtre, Paris, 1789, 3 vol. in-12. Cet abrégé mérite d'être plus connu.

## D'URFÉ.

Il y a un roman plus ancien que ceux du prolixe la Calprenède, et qui, quoique plus négligé pour le style, fait encore les délices de plusieurs gens de goût ; c'est l'*Astrée* de d'Urfé. Cette pastorale est, dit-on, le tableau des intrigues de la cour de Henri IV. Aussi ses bergers sont-ils plus polis que ceux des Eglogues de Virgile ; ils le sont même trop ; et l'Astrée, dit Fontenelle, n'est pas moins fabuleuse par la politesse et les agrémens de ses bergers, que nos vieux romans le peuvent être par leurs enchanteurs, par leurs fées, et par leurs aventures bizarres et extravagantes. Il y a pourtant des choses dans l'ouvrage de d'Urfé, qui sont dans la perfection du genre pastoral ; mais il y en a aussi qui demanderoient d'être dans Cyrus ou dans Cléopâtre. D'ailleurs, comment soutenir jusqu'au bout la lecture d'une pastorale en dix vol. in-12 ? Cette édition est la dernière de cet ouvrage. L'abbé Souchay, qui la donna en 1733, n'a touché ni au fond ni aux épisodes ; il s'est contenté de corriger le langage et d'abréger les conversations.

## RABELAIS.

En parlant des anciens romans, j'aurois dû placer d'abord celui de Rabelais, et citer le jugement qu'en porte la Bruyère. Ce livre, dit-il, est une énigme inexplicable; c'est le visage d'une belle femme, avec des pieds et une queue de serpent, ou de quelqu'autre bête plus difforme. C'est un monstrueux assemblage d'une morale fine et ingénieuse, et d'une sale corruption : où il est mauvais, il passe bien loin au delà du pire; c'est le charme de la canaille : où il est bon, il va jusqu'à l'exquis et à l'excellent; il peut être le mets des plus délicats.

Dans une édition de Rabelais, publiée en 1752, 8 vol. in-12, on a retranché tout ce qui pourroit être le charme de la canaille; ce qui n'empêche pas, comme l'éditeur, l'abbé de Marsy, en convient lui-même, qu'il ne soit resté plusieurs chapitres qui ne sont pas plus propres à amuser qu'à instruire, et dans lesquels on ne trouve précisément que de l'insipide et de l'ennuyeux. Si l'on veut se former une idée de ce roman, on n'a qu'à voir ce qu'en pense Voltaire ; voici comment il s'exprime : « Rabelais, dans son extravagant et » inintelligible livre, a répandu une extrême » gaieté et une plus grande impertinence. Il a » prodigué l'érudition, les ordures et l'ennui. » Un bon conte de deux pages est acheté » par des volumes de sottises. Il n'y a que

» quelques personnes d'un goût bizarre, qui
» se piquent d'entendre et d'estimer tout cet
» ouvrage. » Le reste de la nation rit des
plaisanteries de Rabelais, et méprise ce livre.
On le regarde comme le premier des bouffons; on est fâché qu'un homme qui avoit
tant d'esprit, en ait fait un si misérable usage :
c'est un philosophe ivre, qui n'a écrit que
dans le temps de son ivresse.

### M<sup>lle</sup>. DE LA ROCHEGUILHEM.

Le mérite principal des ouvrages de mademoiselle de la Rocheguilhem, tels que
l'*Histoire des Favorites*, l'*Histoire de Tamerlan*, les *Aventures Grenadines*, *Arioviste*, etc., consiste en anecdotes qui peuvent
servir à faire connoître les différentes nations,
dans les annales desquelles l'auteur a puisé ses
sujets.

### MADAME DE VILLEDIEU.

On sentit dans le dix-huitième siècle, que
les énormes volumes n'étoient point faits pour
des ouvrages de toilette. On se mit donc à
imprimer de petits livres, des brochures légères, écrites d'un style aussi léger que leur
forme. Madame de Villedieu fut celle qui se

signala le plus en ce genre. Ses romans firent perdre le goût des ouvrages de galanterie volumineux ; mais ils n'inspirèrent pas celui de la vertu. Consacrée dès sa jeunesse à tous les plaisirs de l'amour, son style se ressent de ses mœurs. Elle vécut et elle écrivit en femme galante. Ses écrits sont peu lus aujourd'hui, quoique recueillis à Paris, en 1740, en douze vol. in-12. On trouve, dans la plupart, plus de fadeur que de véritable tendresse ; les conversations de ses héros sont longues, et ne roulent que sur des sujets frivoles ; ils se parlent souvent sans se rien dire.

De tous les romans de madame de Villedieu, il n'en est point qui l'emporte sur les *Exilés*, ni même qui les égale ; rien n'est plus ingénieux que cet ouvrage, dont le but est de faire connoître les aventures de plusieurs grands hommes de l'ancienne Rome. L'auteur les rassemble tous dans une île, où Ovide étoit exilé. Ovide, Lentulus, Hortensius, Cépion, sont les principaux personnages qu'on met en action ; puis passant tout à coup à la cour d'Auguste, on y fait paroître d'autres grands acteurs, non d'une manière moins ingénieuse, ni moins intéressante.

## MADAME DE LA FAYETTE.

Madame de la Fayette donna un modèle de romans faits avec goût et écrits avec décence, dans *Zaïde*, la *Princesse de Clèves*, et la *Princesse de Montpensier*. Ces trois ouvrages sont estimables par la délicatesse des sentimens, par le tour heureux de l'expression, par un mélange agréable de vérité et de fiction, par l'art d'attacher l'esprit et d'intéresser le cœur. Mais il passe assez généralement pour constant, qu'elle n'a pas fait seule les romans qu'on lui attribue ; et voici, en particulier, ce qu'on dit de la Princesse de Clèves. On prétend que M. de la Rochefoucauld en a fourni les pensées, les maximes ; que le fond et l'intrigue sont de madame de la Fayette, et le style de Segrais. Nous avons une excellente édition des Œuvres complètes de madame de la Fayette, etc., précédées de notices littéraires par M. Auger, Paris, Colnet, 1804, 5 vol. in-8°.

On a réimprimé, en 1807, la *Princesse de Clèves*, suivie des Lettres à madame la Marquise *** sur ce roman, et de la Comtesse de Tende, 2 vol. in-12. Le savant M. A...y a fourni à l'éditeur une préface très-instructive.

Les Lettres à madame la Marquise *** sont de Valincourt ; quant à la Comtesse de Tende, voici l'histoire de ce petit roman. Madame de la Fayette le composa pour répondre à une objection qui lui avoit été faite sur un endroit de la Princesse de Clèves. Il s'agissoit de l'aveu que madame de Clèves fait à son mari, d'avoir aimé le duc de Nemours ; aveu qui paroîtra toujours bien extraordinaire. Madame de la Fayette fut sensible aux reproches qu'on lui fit sur cet aveu, et pour le justifier, elle composa un nouveau roman, dans lequel une femme, avec les mêmes principes et les mêmes vertus qu'avait madame de Clèves, fait à son mari un aveu bien plus extraordinaire que celui que renferme la première fiction. Ce roman est la *Comtesse de Tende*. Il est écrit avec beaucoup de délicatesse.

## MADAME D'AULNOY.

Madame d'Aulnoy est auteur d'*Hyppolite*, comte de Douglas. Cette histoire est un vrai chef-d'œuvre en son genre ; il n'est pas possible de la lire sans être attendri jusqu'aux larmes. Tout y annonce l'amour de la vertu et l'horreur du vice ; malgré la passion réciproque d'Hyppolite et de Julie, ils ne s'écartent point de leur devoir.

Parmi tous les événemens qui sont de l'invention de madame d'Aulnoy, dans le Comte de *Warwick*, elle a eu soin de conserver le fond de l'histoire avec assez d'exactitude ; de sorte qu'en lisant un roman, on s'instruit en même temps des révolutions qui ont eu lieu depuis qu'Edouard IV fut porté sur le trône par le comte de Warwick, jusqu'au temps où ce dernier perdit la vie. On y voit même un petit tableau de ce qui s'est passé en Angleterre avant qu'Edouard fût couronné, et succédât à Henri VI.

Les *Contes des Fées* par madame d'Aulnoy, sont bien au-dessous de l'idée que l'on a pu en concevoir dans l'enfance ; et la lecture pourra en paroître bien insipide, si on les compare avec ses autres ouvrages. Il y a cependant, dans quelques-uns, des surprises ménagées avec esprit, des portraits finement touchés, des descriptions riantes, de sages réflexions, et des traits de morale assez heureusement exposés, pour que l'impression n'en soit point affoiblie, quoiqu'ils se trouvent à côté des événemens les plus extraordinaires.

MADAME

## MADAME DE GOMEZ.

Ses *Journées Amusantes,* et ses *Cent Nouvelles Nouvelles*, sont encore lues malgré l'uniformité des aventures et la monotonie du style. Les Journées Amusantes sont un de ses écrits qui lui ont fait le plus de réputation ; c'est un recueil d'historiettes, renfermées sous un plan général, à l'imitation des Nouvelles de la Reine de Navarre, ou du Voyage de Campagne de Madame de Murat. Ce plan ne présente donc rien de neuf : des personnes ennuyées du tumulte de la ville, font partie d'aller s'enfermer pour quelques jours dans une maison champêtre, d'y raconter des histoires, ou de disserter sur quelques sujets de galanterie. Ce sont ces dissertations et ces histoires qui composent les huit volumes des Journées Amusantes. On a toujours regardé ce recueil, ainsi que les *Cent Nouvelles Nouvelles* du même auteur, comme les deux meilleures productions de madame de Gomez. La plupart de ses *Nouvelles* sont écrites avec feu, assez bien intriguées, les surprises bien ménagées, et les passions y jouent leur jeu naturel.

## MADEMOISELLE DE LA FORCE.

Un des plus considérables ouvrages de mademoiselle de la Force, est l'*Histoire de Marguerite de Valois*, reine de Navarre, en quatre parties; le titre d'Annales galantes de la cour de François I*er*. auroit sans doute mieux convenu à ce roman. En effet, ce qui regarde la reine de Navarre, n'en est que la plus petite partie : le reste est un composé d'aventures amoureuses, qui se racontent à la cour de ce prince, dont Marguerite, sa sœur, faisoit le principal ornement.

Le roman de *Gustave Vasa* est un autre ouvrage de mademoiselle de la Force, où la fiction la plus ingénieuse est jointe à l'histoire la plus intéressante. On vante aussi l'*Histoire Secrète de Bourgogne*, et celle de la *Duchesse de Bar*. Parmi les *Fées, Contes des Contes*, vous en rencontrerez quelques-uns que vous pourrez lire jusqu'à la fin.

Didot l'aîné a donné, en 1783, une belle édition de l'Histoire Secrète de Bourgogne, 3 vol. in-12, et de l'Histoire de Marguerite de Valois, 6 vol. in-12, avec des pièces historiques choisies par M. de la Borde.

## MADEMOISELLE BERNARD.

« Vous trouverez, dit Fontenelle, dans
» Eléonore d'Yvrée, de mademoiselle Ber-
» nard, beaucoup de beautés fort touchantes.
» Eléonore, le duc de Misnie et Mathilde y
» sont dans une situation douloureuse, qui
» vous remplit le cœur d'une compassion
» fort tendre, et presque égale pour ces trois
» personnes; parce qu'aucune des trois n'a
» tort, et n'a fait que ce qu'elle a dû faire.
» Le style du livre est précis; les paroles y
» sont épargnées et le sens ne l'est pas. Un
» seul trait vous porte dans l'esprit une idée
» vive, qui, entre les mains d'un auteur mé-
» diocre, auroit fourni à beaucoup de phra-
» ses, si cependant un auteur médiocre étoit
» capable d'attraper une pareille idée : les
» conversations sont bien éloignées d'avoir
» de la langueur; elles ne consistent que
» dans ces sortes de traits qui vous mettent
» d'abord, pour ainsi dire, dans le vif de la
» chose, et rassemblent en fort peu d'espace,
» tout ce qui étoit fait pour aller au cœur;
» enfin, on voit bien que la personne qui a
» fait ce roman, a plus songé à faire un bon
» ouvrage qu'un livre. »

On trouve dans *Inès de Cordoue*, nouvelle espagnole, par mademoiselle Bernard, la même légèreté de style, la même délicatesse de sentimens, la même adresse dans le développement des passions, le même intérêt dans les situations, que dans le roman d'*Éléonore d'Yvrée*.

## MADAME DE MURAT.

Henriette-Julie de Castelnau, comtesse de Murat, a laissé des chansons et d'autres petites pièces de poésie, répandues dans différens recueils. On a encore d'elle les *Lutins de Kernosi*, roman plein d'esprit et de grâces, imprimé en 1710, 1 volume; des *Contes de Fées*, en deux volumes, aussi ingénieux que peuvent l'être ces sortes de productions; et le *Voyage de Campagne*, 2 vol. in-12, écrit avec agrément.

## MADEMOISELLE L'HÉRITIER.

« Peu de personnes, dit mademoiselle
» l'Héritier, ignorent les grandes actions de
» Richard, roi d'Angleterre; mais on n'est
» pas également instruit de son savoir et de
» ses connoissances dans les lettres. Cepen-
» dant on prétend qu'il écrivoit bien en vers

» et en prose. Au rapport de quelques histo-
» riens, il composa des contes et des histo-
» riettes galantes, qu'on nommoit en ce
» temps-là des fabliaux. C'est d'un manuscrit
» qu'on lui attribue, que j'ai tiré les contes
» que je donne aujourd'hui au public, sous
» le titre de Contes Anglais. Il est aisé de
» voir que je les nomme ainsi, à cause qu'ils
» ont été composés par un roi d'Angleterre.
» Pour l'histoire de ce Prince, dont il se
» trouvera des morceaux mêlés parmi les
» contes de sa façon, je l'ai tirée non-seule-
» ment de ce qu'il a écrit lui-même, mais
» encore des historiens français, anglais,
» normands et provençaux. »

Ce roman est intitulé : la Tour Ténébreuse, ou Histoire de Richard I$^{er}$., Paris, 1705, 1 vol. in-12.

## MADAME DURAND.

Le style de madame Durand me paroît assez soutenu, et quelquefois assez élégant; mais je voudrois un peu plus de naturel, et qu'il y eût moins d'expressions précieuses et inusitées. La manière dont certaines aventures sont amenées, et les aventures elles-mêmes ne sont pas toujours assez intéressantes, et paroissent quelquefois manquer d'invention. Le roman de la *Comtesse de Mortane* est assez bien écrit ; et l'on en feroit quelque chose d'agréable, si l'on en retranchoit une bonne moitié, avec quelques termes un peu trop populaires. Les caractères y sont marqués et soutenus, et les événemens assez naturels. Ce qui contribue le plus à grossir cet ouvrage, ce sont des contes de féerie, racontés par les principaux personnages, et qui servent à distraire le lecteur, sans beaucoup l'amuser.

Dans les *Mémoires de la Cour de Charles VII*, autre ouvrage de madame Durand, il y a de l'histoire et du roman. Il n'est pas difficile de distinguer les principaux traits de fiction, dont l'auteur a cru devoir embellir la vérité des faits qu'il raconte. Les autres romans de cette femme auteur sont : le *Comte de Cardonne*, les *Belles Grecques*, et l'*Histoire de Henri, duc des Vandales*.

## MADAME DE FONTAINES.

On peut prendre une idée de la manière d'écrire de madame de Fontaines, dans ses deux romans d'*Aménophis* et de la *Comtesse de Savoie*, par ces vers que lui adressoit Voltaire :

> Quel Dieu, charmant Auteur,
> Quel Dieu vous a donné ce langage enchanteur ;
> La force et la délicatesse,
> La simplicité, la noblesse,
> Que Fénélon seul avoit joint ;
> Ce naturel aisé, dont l'art n'approche point ?
> Sapho, qui ne croiroit que l'amour vous inspire ?
> Mais vous vous contentez de vanter son empire ;
> De Mendoce amoureux, vous peignez le beau feu,
> Et la vertueuse foiblesse
> D'une maîtresse,
> Qui lui fait, en fuyant, un si charmant aveu.
> Ah ! pouvez-vous donner ces leçons de tendresse,
> Vous qui les pratiquez si peu !

On trouve la Comtesse de Savoie à la suite des Œuvres de mesdames de la Fayette et de Tencin.

## MADAME LE MARCHAND.

Le conte ou le roman de *Boca*, par madame le Marchand, et qu'une jolie femme, nommée madame d'Husson, fit imprimer sous son nom trente ans après (en 1756), est assez ingénieux. Ce ne sont d'abord que les aventures de Boca ; mais elles se nouent très-bien avec les personnages épisodiques. La simplicité des choses y est relevée par la noblesse des expressions : il n'y a aucun vide dans la narration ; et la curiosité du lecteur est toujours excitée par le désir et par l'espérance d'apprendre les incidens que l'auteur n'a fait que préparer. Les réflexions, en petit nombre, ne sont mises que pour aider le lecteur à pénétrer le sens caché sous le voile de la fiction.

## MADEMOISELLE DE LUSSAN.

Mademoiselle de Lussan nous a donné les Anecdotes de la Cour de Philippe Auguste, et d'autres romans écrits avec plus de chaleur que de précision. Les événemens y sont préparés et entremêlés avec art, les situations vivement rendues, les passions bien maniées : mais la nécessité où elle étoit d'entasser volumes sur volumes pour vivre, l'obligeoit d'étendre ses récits, et par conséquent de les rendre foibles et languissans.

Cette Demoiselle fut aidée dans la composition de plusieurs de ses ouvrages, par la Serre, l'abbé de Boismorand et Baudot de Juilly. On attribue à ce dernier l'histoire de Charles VI, celle de Louis XI, etc.

MADAME

## MADAME DE TENCIN.

Cette Dame s'est fait une réputation par le Siége de Calais. Il y a peu d'écrits de ce genre aussi compliqués. Les surprises en sont bien ménagées; les sentimens sont délicats; les passions y parlent le langage qui leur est propre. Il y règne le ton du monde, et d'un monde poli, ingénieux, tel que celui qui composoit la petite cour de madame de Tencin. On y souhaiteroit peut-être une conduite plus judicieuse, et des réflexions mieux amenées et moins fréquentes. M. de Pont-de-Veyle, neveu de madame de Tencin, a revendiqué le Comte de Comminges, et les Malheurs de l'Amour, autres romans attribués à madame de Tencin. *Voyez* ses Œuvres avec celles de madame de la Fayette, en 5 vol. in-8°.

## MADAME DE GRAFFIGNY.

L'agréable fiction des *Lettres d'une Péruvienne*, renferme tout ce que la tendresse a de plus vif, de plus doux et de plus touchant. C'est la nature embellie par le sentiment; c'est le sentiment lui-même qui s'exprime avec une élégante naïveté. L'amour est peint avec des couleurs si vraies, si variées et si intéressantes, que le cœur le plus insensible en seroit affecté. On partage la joie et la tristesse de Zilia; on souscrit à ses louanges et à sa censure; on trouve ridicule ce qu'elle ridiculise avec tant de finesse; en un mot, elle réunit une grande délicatesse dans le cœur, et une grande justesse dans l'esprit. Je connois peu de romans aussi agréables que celui-ci : c'est un mélange adroit et amusant de satire fine de nos mœurs, de saine philosophie, et de peintures fortes et naïves de l'amour. Il est rempli de ces traits lumineux et délicats, formés par une imagination qui sait tout éclairer et tout embellir.

## MADAME DE VILLENEUVE.

Les Mémoires de *Mademoiselle de Marsange*, attribués à madame de Villeneuve, contiennent dans un long enchaînement de détails, souvent minutieux, écrits d'un style inégal et diffus, tout le fonds d'une tragédie bourgeoise, qu'on pourroit intituler la *Méchante Sœur*. Les personnages représentent avec assez de chaleur, et soutiennent leurs caractères; l'intérêt des passions est aussi vif qu'il peut l'être dans les familles nobles; et l'action se termine par la plus terrible catastrophe, puisque quatre ou cinq malheureux y périssent.

Il y a moins d'imagination et de style dans un autre roman, intitulé : la *Jardinière de Vincennes*, ou les *Caprices de l'Amour et de la Fortune*, en cinq parties. La Vie de Marianne, de Marivaux; la Paysanne parvenue, du chevalier de Mouhy; Paméla, et d'autres romans, où un jeune homme de qualité devient amoureux d'une fille de néant en apparence, ont sans doute donné à l'auteur l'idée de celui-ci.

Ce roman m'a paru assez intéressant. Il y a des situations touchantes, des sentimens généreux; la vertu y règne et y est mise dans un beau jour : mais le style n'est pas égal; il est souvent négligé, diffus, et chargé de détails inutiles.

Le *Juge prévenu*, autre roman de madame de Villeneuve, est, comme le précédent, divisé en cinq parties. Cet auteur avoit une très-grande facilité à faire des choses médiocres; et parmi tous les romans publiés sous son nom, on n'en cite aucun qui mérite une certaine distinction, excepté quelques contes de fées, écrits avec assez d'esprit, de légèreté et de finesse.

## MADAME DE LINTOT.

L'indifférence d'une mère pour ses filles, et sa coquetterie naturelle; l'inconstance et la légèreté de ces jeunes personnes; la passion et le malheur d'un honnête homme; la rivalité, la fourberie, les crimes d'un de ses parens; tels sont les traits qui caractérisent les principaux personnages de l'*Histoire de Mademoiselle de Salens*, en deux volumes in-12, 1740.

## M<sup>me</sup>. LE PRINCE DE BEAUMONT.

Les *Lettres de Madame du Montier à sa Fille*, quoique publiées sous le nom de madame le Prince de Beaumont, ne sont point d'elle. Elle n'a fait que les retoucher, et y a peut-être ajouté quelques réflexions. Les libraires de Lyon les ont d'abord imprimées en un volume; et le roman n'étoit point achevé. Madame de Beaumont, en retouchant l'ouvrage, a donné une fin au roman; et les mêmes libraires, en le publiant en deux volumes, l'ont orné du nom de cette Dame. Voilà ce qui a fait mettre ce livre au nombre de ses productions littéraires, parmi lesquelles il y en a plusieurs qui ont attiré l'attention du public. On a surtout admiré avec quel art elle sait se mettre à la portée des enfans qu'elle instruit, sans dégoûter les personnes raisonnables. Ses livres de morale renferment d'excellentes leçons; on ne peut trop louer l'adresse de l'auteur à déguiser le sérieux de l'instruction, sous les agrémens de la fable et de l'histoire, et son talent à fixer l'esprit des jeunes gens, par l'air simple, naturel, insinuant de son style.

## MADAME ROBERT.

La *Paysanne Philosophe,* ou les Aventures du Comte de...., est le premier ouvrage de madame Robert; la *Voix de la Nature*, le second; les *Voyages de Milord Céton dans les sept Planètes*, le troisième; et elle a fini par *Nicole de Beauvais* et les *Ondins*. L'un offre des situations tendres, des morceaux animés d'un intérêt vif et touchant; l'autre ne le cède point au premier; le style est celui du cœur et du sentiment. L'auteur a pris sans doute dans les Mondes de Fontenelle l'idée du troisième; mais il faut convenir qu'elle l'a bien déguisée, et qu'elle a su lui donner tout le prix de la nouveauté, par la fiction qu'elle y a attachée, et qui amène la critique des défauts et des vices qui couvrent notre globe.

## MADAME D'ARCONVILLE.

Annoncer que les *Mémoires de Mademoiselle de Valcourt* sont de la même plume qui nous a donné le *Traité de l'Amitié* et celui des *Passions*, c'est dire qu'ils sont écrits avec pureté, avec délicatesse, et pleins de sentimens. Le sujet est une jeune personne, qui, malgré elle, enlève à une sœur chérie un amant que toutes deux adorent. Elle en fait un sacrifice à sa vertu ; mais ce sacrifice coûte la vie à son amant et à sa sœur. Il y a dans ce roman une heureuse simplicité, des situations vraies et touchantes, et beaucoup d'intérêt.

Avant la publication des *Mémoires de Mademoiselle de Valcourt*, madame d'Arconville avoit déjà fait paroître un autre ouvrage de ce genre, intitulé, l'*Amour éprouvé par la Mort, ou Lettres modernes de deux Amans de Vieille-Roche*, dont le but moral est de faire voir dans quels égaremens les passions nous entraînent, et quelles en sont les suites funestes.

Je joins aux ouvrages de fiction composés

par madame d'Arconville, les titres de trois petits romans anglais, qu'elle a traduits en notre langue, et réunis en un seul volume. Les deux premiers tirés des Lettres Persannes, données en anglais par Lyttleton, sont l'*Histoire d'Abdallah* et celle de *Polydore* : le troisième, qui fait partie des Œuvres de madame Behn, connue en Angleterre par ses talens, est l'histoire d'*Agnès de Castro*.

## MADAME ÉLIE DE BEAUMONT.

Un autre roman épistolaire justement estimé, est celui que madame Elie de Beaumont a publié sous le titre de *Lettres du Marquis de Roselle*, 2 vol. in-12, 1764. Il ne respire que la plus pure morale et la vertu la mieux raisonnée. Le marquis de Roselle est un jeune homme abandonné à lui-même, mais chéri d'une sœur vertueuse, qui a les yeux ouverts sur sa conduite, et qui, par ses sages conseils, lui épargne des travers, et les malheurs, suite de ses travers. Cet ouvrage unit à la vigueur singulière des idées et des expressions, tous les agrémens dont les leçons de vertu sont susceptibles.

## MADAME RICCOBONI.

Madame de Beaumont avoit une rivale dans madame Riccoboni. Les romans de celle-ci sont recommandables par la légèreté, le feu, le style de sentiment, et par l'invention qui est le premier mérite. Ses *Lettres de Fanni Butler*, le marquis de *Cressy*, les *Lettres de Milady Catesby*, *Amélie*, *Miss Jenny*, enfin, les *Lettres d'Adélaïde de Dammartin*, *Comtesse de Sancerre*, ont placé l'auteur au rang des femmes célèbres du siècle dernier. Il y a pourtant un but moral moins marqué dans ses ouvrages, que dans ceux de madame de Beaumont, dont le style est au-dessus des éloges.

Les Œuvres de madame Riccoboni ont été recueillies en 1786, 8 vol. in-8°.

## MADAME DE PUISIEUX.

Un homme d'esprit, qui veut être honnête homme, est toujours malheureux, quelques précautions qu'il prenne pour éviter de l'être. Voilà ce que se propose de faire voir madame de Puisieux dans un roman intitulé : *Zamor et Almanzine*, ou *l'Inutilité de l'Esprit et du bon Sens*, 1755, in-12, 3 parties.

Le

Le plaisir languit où l'amour n'est pas; il dégénère en libertinage, s'il n'est assaisonné de délicatesse et de volupté. Telle est la morale renfermée dans un petit conte allégorique de madame de Puisieux, intitulé : le *Plaisir et la Volupté*. Elle a aussi donné des *Mémoires de la Comtesse de Zurlac*; *Alzarac* ou *la nécessité d'être inconstant* ; l'*Histoire de Mademoiselle de Terville* ; et les *Mémoires d'un Homme de bien*, dans lesquels il y a peu d'invention.

## MADAME FAGNAN.

Madame Fagnan publia, en 1750, une brochure, sous le titre de *Kanor, conte sauvage*, où elle se proposoit de donner du jour à une vérité morale, qui est, que le véritable amour fait des prodiges : il n'est, en effet, question dans ce roman, que d'un miracle de l'amour, opéré par la main de fées, à qui tout est possible. Il y a dans cet ouvrage des détails agréables, des réflexions justes, et des critiques ingénieuses de quelques-uns de nos usages. Le *Miroir des Princesses Orientales*, et *Minet bleu et Louvette*, sont deux autres féeries attribuées au même auteur.

## MADEMOISELLE DE FAUQUES.

Si dans le *Triomphe de l'Amitié*, roman de mademoiselle de Fauques, on ne trouve ni peintures du monde, ni description de nos mœurs, ni aucun caractère, aucun portrait où nous puissions nous reconnoître, il ne faut pas s'en étonner : l'auteur, ex-religieuse, ne faisoit que de quitter le voile ; et l'on sait que les idées qu'on a du monde sont bien imparfaites, lorsqu'on ne l'a vu qu'au travers d'une grille. Aussi ce n'est ni à Paris, ni dans aucune autre ville de France, que mademoiselle de Fauques fait paroître ses héros. Elle transporte ses acteurs au milieu de la Grèce ; et, pour s'éloigner toujours plus de nous, et de nos mœurs qu'elle devoit moins connoître que celles des anciens, dont elle avoit fait une étude particulière pendant sa retraite, elle remonte jusqu'aux temps les plus reculés du paganisme ; la superstition des peuples idolâtres, la situation de la Grèce, la multitude d'îles dont ce pays est composé, les naufrages qui ont rendu fameuses les mers qui les environnent, tout cela donne lieu, dans ce roman, à des aventures extraordinaires, à des événemens compliqués, à des situations imprévues, à des reconnoissances fréquentes.

On lit dans l'Histoire des Arabes, que le calife Haroun avoit une sœur appelée Abassah; que cette princesse devint amoureuse de Giaffar, favori de Haroun, et que le calife consentit à les unir, à condition que lorsqu'ils seroient mariés, ils n'useroient point des droits de l'hymen, et qu'ils vivroient ensemble dans la plus austère continence. Il leur signifia même, qu'il les feroit mourir l'un et l'autre, s'il s'apercevoit qu'ils eussent contrevenu à ses ordres. Giaffar et Abassah firent serment d'obéir, dans l'espérance que Haroun, faisant réflexion sur une défense aussi bizarre, seroit le premier à leur permettre de la transgresser : mais il fut inflexible; et les deux époux qui s'adoroient, furent long-temps sans oser enfreindre la loi cruelle et ridicule qui leur étoit imposée : ils succombèrent enfin; Abassah eut le malheur de devenir enceinte; elle cacha son état, et accoucha secrètement d'un fils, qu'elle envoya à la Mecque. Tout fut découvert par la suite; et le barbare Haroun fit mourir sa sœur et son beau-frère. Ce trait historique est la matière principale de trois volumes de mademoiselle de Fauques, intitulés, *Abassaï, Histoire Orientale*; elle y a cousu plusieurs épisodes; et ce fonds, déjà romanesque par lui-même, l'est devenu bien davantage entre ses mains.

Mademoiselle d'Oran, d'une famille noble du Dauphiné, réunissoit en elle le goût et les inclinations de son sexe et du nôtre, l'amour des sciences et celui des bagatelles. Il étoit fort singulier de la voir, tantôt faire une dissertation sur Pythagore, et tantôt sur la parure d'une robe; tantôt défier un maître d'armes, et tantôt avoir des vapeurs, en voyant une fleur de jasmin : mais inébranlable sur l'honneur des deux sexes, elle auroit été une Lucrèce et un Amadis. Dans un voyage qu'elle fit avec sa mère à Grenoble, elle eut occasion de voir M. le marquis de Névillé, et son fils le comte de Cerneil. Ce dernier devint amoureux de mademoiselle d'Oran, qui répondit à ce sentiment par une égale tendresse : elle avoit un frère chevalier de Malte, à peu près de l'âge du comte; il vint joindre sa mère et sa sœur à Grenoble; il y vit la comtesse de Ménil, jeune veuve, qui fixa tous les vœux du chevalier, et qui conçut pour lui le même amour : tels sont les principaux acteurs des *Mémoires de Mademoiselle d'Oran*; cependant le chevalier et la comtesse n'y forment qu'un épisode.

### M.<sup>LLE</sup>. DE SAINT-PHALIER.

Le seul ouvrage passable de mademoiselle de Saint-Phalier, appelée depuis madame d'Alibard, est un roman intitulé : les *Caprices du Sort*. M. de Valeroi épouse secrètement une jeune personne; il en a deux enfans, Emilie et un fils. Une affaire d'honneur l'oblige à quitter le royaume; son épouse meurt dans son absence, avant que son mariage ait été rendu public. Ses enfans restent entre les mains de leurs nourrices, qui les élèvent comme si elles en étoient les mères.

### MADAME BELOT.

Madame Belot, devenue ensuite la présidente de Meinières, n'est guères connue dans la république des lettres, que par des traductions françaises de livres anglais. Nous ne citerons que les romans, qui sont ceux de *Nouradin*, de *Buhamer*, de *Rustan et Mirza*, d'*Ophélie*, et de *Rasselas*; celui-ci parut à peu près dans le même temps que Candide se distribuoit à Paris; ces deux ouvrages ont le même but; et il règne entre eux un fond de ressemblance, qui pourroit n'être pas le fruit du hasard : mais comme Rasselas est un peu postérieur à Candide, ce seroit à l'auteur anglais qu'il faudroit imputer le plagiat.

## MADAME BENOIST.

*Mes Principes* ou la *Vertu raisonnée*, est le premier roman de madame Benoist, qui a donné depuis, *Elizabeth*, *Céliane*, les *Lettres du Colonel Talbert*, *Sophronie*, *Agathe et Isidore*. Le premier mérite peu qu'on en fasse mention. *Elizabeth* est un roman en quatre parties, en forme de Lettres, qui surprend moins par une marche rapide d'aventures merveilleuses, qu'il n'attache par une suite naturelle de situations vraies et intéressantes; l'amour y est peint avec énergie, la vertu avec dignité, l'amitié avec sensibilité.

Dans *Céliane*, l'auteur a voulu prouver qu'il est certains dangers auxquels il est bien difficile qu'une femme s'expose impunément. Il y a de la facilité, et quelquefois de la chaleur dans son ouvrage; cependant on y remarque des tours et des expressions recherchés; il me semble aussi que le fond du roman s'éloigne trop de la nature.

Les *Lettres du Colonel Talbert* composent, sans doute, la meilleure production qui soit sortie de la plume de madame Benoist. Sujet simple, style naturel, caractères vrais, situations intéressantes, réflexions philosophiques, tout concourt à rendre également utile et agréable la lecture de ce roman.

Il semble que madame Benoist se soit attachée à mettre dans le roman d'*Agathe et Isidore*, plus d'événemens que dans ses autres ouvrages de ce genre. Celui-ci en est rempli; mais ils ne le sont point aux dépens de la vraisemblance. On peut dire que ce sont d'utiles et d'agréables mensonges, présentés sous les traits de la vérité. La morale y est toujours en action ; il y règne principalement un fond de philosophie pratique propre à inspirer des sentimens essentiels au bonheur. En choisissant ses héros dans une condition abjecte, mais en leur donnant des qualités estimables, l'auteur a cru pouvoir intéresser. Ce sont les vertus que l'on admire : les titres n'obtiennent que des égards.

Les situations intéressantes qui font le mérite du roman de *Sophronie*, sont très-ingénieuses : et quoique l'artifice de l'héroïne ne soit rien moins qu'innocent, il est conduit avec tant d'adresse, que loin de révolter les lecteurs les plus délicats, ils ne peuvent se refuser à la pitié qu'elle inspire; d'ailleurs son repentir est si touchant, et son retour si louable, qu'il doit faire oublier tout ce que sa conduite peut avoir de répréhensible.

## MADAME DE SAINT-AUBIN.

Cette Dame, depuis baronne d'Andlau, a commencé tard à se faire connoître dans la littérature : le *Danger des liaisons* ou *Mémoires de la Baronne de Blemon*, est le premier de ses ouvrages. Mademoiselle d'Oville, c'est le nom que portoit la baronne avant son mariage, épouse M. de Blemon, homme veuf et déjà d'un certain âge, plutôt par estime que par inclination, et le perd bientôt après. Elle va passer le temps de son deuil dans un couvent; et c'est là qu'elle fait la connoissance d'une religieuse, nommée Lucie, qui lui raconte ses aventures. C'est l'histoire de cette religieuse qui forme la partie principale et la plus intéressante du roman.

Du côté du style et des situations, quelques personnes ont donné la préférence sur le premier ouvrage de madame de Saint-Aubin, à un second roman, intitulé : *Mémoires en forme*

*forme de Lettres, de deux jeunes Personnes de qualité.* Les deux jeunes femmes, peintes dans ces Mémoires, respirent la candeur, la vérité, le sentiment, la délicatesse, la vertu; à quelques imprudences près, ce sont deux modèles à proposer aux jeunes personnes de leur sexe; ces imprudences mêmes peuvent servir de leçon, pour n'en pas commettre de pareilles. L'auteur ne les déguise ni ne les excuse. Il en fait voir le péril et les suites funestes; en sorte que ce tissu de fiction est instructif autant qu'agréable, et que des Demoiselles que l'on se propose de bien élever, peuvent le lire, non-seulement sans danger, mais avec fruit.

## M<sup>lle</sup>. DE LA GUESNERIE.

Vous aimerez à lire l'Histoire des Amans malheureux, même dans les *Mémoires de milady B......*, par mademoiselle de la Guesnerie; et je ne doute pas que l'amante infortunée qui va paroître sur la scène, ne vous intéresse et ne vous attendrisse. Les beautés de style et de sentiment, qui brillent dans le récit de ses aventures, jointes à une lettre initiale, placée mal à propos au frontispice de l'ouvrage, l'ont fait attribuer à madame Riccoboni; mais la vérité m'oblige de le réclamer au nom de mademoiselle de la Guesnerie, née à Angers, dont les talens n'avoient pas besoin d'un nom plus connu, pour faire goûter cette estimable production.

Ce roman est peu chargé d'action, comme il convient à des Mémoires; c'est plutôt, comme le dit mademoiselle de la Guesnerie, une histoire de sentiment et d'idées, qu'un enchaînement de faits extraordinaires. Mais si c'est agir que de penser et de sentir, quelle vie est plus remplie que celle de milady B!... Les événemens y sont tissus et ménagés avec tout l'art qui peut attacher la curiosité sans la fatiguer.

### M$^{\text{me}}$. DE SAINT-CHAMOND.

Les premiers pas de madame de Saint-Chamond dans la littérature, ont été signalés par des succès. On se rappelle encore les applaudissemens que lui ont mérités dans l'Éloge de Sully, la délicatesse de son esprit, les grâces de son style et la justesse de son goût. C'étoit, pour ainsi dire, contracter des engagemens dont elle voulut commencer à s'acquitter, en publiant le Conte de *Camédris*, dont la lecture me paroît également agréable et instructive. On reconnoît cette main qui traçoit au Temple de Mémoire, les vertus du favori d'Henri IV, et recueilloit, sinon les prix de l'Académie, du moins les suffrages des académiciens et ceux du public. Le Conte de *Camédris* justifie les éloges et l'estime qu'on avoit déjà pour l'auteur. Il n'est pas question dans cet ouvrage, de ces prestiges de la féerie, où brille l'imagination presque toujours aux dépens du jugement. Réflexions, esprit, sentimens, graces de style, connoissance du cœur et usage du monde : voilà ce qui distingue le Conte de Camédris, dont la fiction n'est point une lecture de pur amusement. La morale y est adroitement semée ; on reconnoît la main des grâces.

## MADEMOISELLE BROHON.

On parloit beaucoup il y a cinquante ans, dans le monde littéraire, de l'esprit, des grâces, de la jeunesse de mademoiselle Brohon, et surtout de son talent d'écrire, dont elle avoit déjà donné plusieurs preuves, quoiqu'elle eût à peine alors dix-huit ans. Ses *Amans Philosophes*, petit roman qui parut en 1755, et un très-joli conte, inséré dans le Mercure de France, sous le titre des *Charmes de l'Ingénuité*, avoient commencé à lui faire de la réputation. On s'attendoit qu'avec beaucoup d'esprit et de facilité, elle répondroit à l'accueil favorable que le public avoit fait à ses premiers ouvrages ; mais depuis cette époque, sa vie ayant été conservée, suivant qu'elle l'assure, par un miracle du bienheureux P. Fourrier, elle voulut se faire religieuse à Gisors; ce qui toutefois n'eut pas lieu. Elle se repentit d'avoir travaillé à des romans. Après avoir vécu pendant quatorze ans dans la solitude, elle est revenue à Paris et y est décédée le 18 septembre 1778, à quarante et quelques années. Dès qu'elle eût quitté la carrière littéraire, l'activité de son esprit s'exerça sur des sujets ascétiques. Plusieurs de ses ouvrages, remplis de visions plus absurdes les unes que les autres, ont été publiés anonimes par ses admirateurs. Voyez l'*Histoire des Sectes religieuses*, par M. Grégoire, ancien évêque de Blois.

## MADEMOISELLE DE SOMMERY.

On ne confondra pas les Lettres de mademoiselle de Tourville à madame la Comtesse de Lénoncourt, avec toutes ces brochures que chaque jour voit naître et disparoître. Il faut remonter assez haut dans les fastes de notre littérature, pour trouver un roman dont le mérite approche de celui-ci. Le nombre et la variété des portraits qu'on y trouve, sont très-piquans et faits pour plaire aux personnes qui connoissent le monde. Mademoiselle de Tourville observe tout ; rien n'échappe à la justesse et à la sagacité de ses réflexions. Mais en flattant ainsi peut-être la malignité du lecteur, on a eu soin de l'intéresser encore par des traits pétillans d'esprit, des pensées fines, des définitions, des parallèles, en un mot, par ce bon goût de littérature qui fait le charme des bons ouvrages.

## MADAME DE BEAUHARNAIS.

Madame la Comtesse de Beauharnais a prouvé dans plusieurs ouvrages qu'il était possible de réunir dans un degré éminent, le goût le plus délicat, le style le plus agréable, l'imagination la plus heureuse, à la magie du sentiment et aux charmes des grâces. Ces caractères brillent, surtout dans les *Lettres de Stéphanie*, roman historique, Londres et Paris, 1778, 3 vol in-12; dans l'*Abeilard supposé*, Amsterdam, ( Paris ), 1780, in-8°., et dans l'*Aveugle par amour*, Amsterdam et Paris, 1781, in-8°. Ce dernier roman est précédé d'une épître en vers à Madame de la Fayette ; en la lisant, on serait tenté de l'attribuer à madame Deshoulières, comme en lisant le roman qui la suit, on le croit écrit par madame de la Fayette.

## Mᵐᵉ. DE GENLIS ET Mᵐᵉ. DE STAËL.

Tant que madame de Genlis conservera les grâces, la douceur et la décence de son sexe ; tant qu'elle emploîra les talens agréables que la nature lui a départis, à composer des Contes et des Nouvelles pour distraire les oisifs, elle aura droit à l'indulgence, aux éloges mêmes du critique le plus rigoureux. Eh! qui pourroit, en effet, sans se montrer d'humeur par trop chagrine, juger avec sévérité des ouvrages frivoles? Qui ne feroit grâce à de petits défauts, en faveur d'un style clair et rapide, de quelques saillies fines et spirituelles, de plusieurs scènes rendues avec sensibilité ? Mais lorsque madame de Genlis s'enrôle sous les drapeaux d'un parti; lorsque prenant le style et le ton des Garasses et des Frérons modernes, elle écrit les plus dégoûtans libelles contre ce qu'il lui plaît d'appeler la *philosophie*, on pourroit, sans craindre aucun reproche, lui répondre du même ton et avec aussi peu de ménagement.

Pour tourner en ridicule des écrivains du premier mérite, il faut savoir faire autre chose que tronquer quelques passages de leurs écrits et les interpréter à sa manière.

Qui croiroit que c'est un recueil de petits romans qui nous a inspiré les réflexions précédentes ? C'est que tous ces petits contes-là sont autant de satires contre les philosophes les plus célèbres. Madame de Genlis, regrettant sans doute d'avoir enseveli autrefois ces productions anti-philosophiques dans la nouvelle Bibliothèque des Romans et le *Mercure*, a voulu les rappeler, s'il se peut, à la vie, en les publiant l'an 1805, en 3 volumes du format de ses autres ouvrages. Ils en augmentent le poids, mais non la valeur.

Madame de Genlis a toujours fait preuve d'un bon esprit, toutes les fois qu'elle est restée maîtresse d'elle-même et de ses idées, et que la passion n'a pas trop conduit sa plume. Alors ses idées sont nettes et justes; il ne leur manque que d'être énoncées avec plus de précision.

La méthode de madame de Staël offre le défaut contraire : elle est obscure souvent à force d'être serrée. L'art d'écrire, comme tous les arts, a ses secrets. Madame de Staël les ignore : elle est, sous ce rapport, au-dessous de madame de Genlis. Chez elle les idées se pressent, et tout en se heurtant, se montent comme d'elles-mêmes sans aucun effort; et la plume les transmet comme elle les a reçues sans préparation. Madame de Staël sacrifie les formes au fond, non qu'elle dédaigne les formes, elle n'y songe pas; mais y songeât-elle, je doute qu'il fût en son pouvoir de les observer.

La manière de madame de Genlis est plus sûre et plus correcte, mais souvent aussi plus commune; celle de madame de Staël plus originale, mais incertaine et vicieuse.

Les personnes d'un goût sévère, aux yeux desquelles la première qualité, c'est d'être raisonnable, préféreront madame de Genlis; celles qui recherchent, avant toute chose, la force et l'élévation des idées, madame de Staël. Pourquoi celle-ci n'a-t-elle pas reçu le goût de l'autre, ou l'autre le génie de celle-ci!

Parmi les nombreux romans de madame de Genlis, on peut se contenter de lire Adèle et Théodore, Mademoiselle de Clermont, la Duchesse de la Vallière et Bélisaire. Madame de Staël n'a encore publié que *Delphine* et *Corinne*, et l'on désirerait que ces deux romans fussent revus et corrigés pour le style.

## MADAME COTTIN.

L'auteur de *Mathilde*, trop tôt enlevée
aux

aux lettres et à l'amitié, sera long-temps l'objet des plus tendres souvenirs de ceux qui aiment les bons romans, car tous les romans qu'elle a faits sont bien intéressans; mais Mathilde est le meilleur. C'est un ouvrage qui prouve un talent fait et très-remarquable. Un excellent style, presque sans inégalités; de l'abandon, et cependant de l'énergie; de la grâce et de la force; une imagination vive et un jugement sage; du goût sans prétention; de l'esprit sans apprêt; point de ces expressions d'habitude, dont la fréquente répétition, si l'on peut ainsi dire, sent le métier et non pas le talent; des conceptions souvent romanesques, mais des réflexions toujours pleines de raisons; enfin, tout ce qui, d'un bon roman, peut faire un bon livre; voilà ce que l'on trouve dans Mathilde. Il me semble que si l'on peut juger madame Cottin par ses ouvrages, elle doit être sincèrement regrettée par tous ceux qui la connoissoient.

Les défauts que l'on reproche au genre historique ne se trouvent point dans *Elizabeth*. On a su par les journaux le courage extraordinaire d'une jeune fille qui vint du fond de la Sibérie implorer la clémence de l'em.

pereur Alexandre en faveur de son père. Ainsi les lecteurs, en s'attendrissant sur une action qui honore l'humanité, auront encore le plaisir de savoir qu'ils ne s'intéressent pas à une fiction. Tout le mérite de madame Cottin, dans cet ouvrage, est d'avoir élevé son imagination et son style à la beauté de son sujet; en un mot, d'avoir dignement parlé de la vertu. On se sent ému d'un sentiment de compassion douce et pénétrante, lorsque seule, pendant un si long trajet et ne sachant que répondre aux questions que lui font les personnes dont elle implore des secours, cette jeune fille dit ces mots si simples : « Je viens de par-delà Tobolsk et je » vais à Pétersbourg demander la grâce de » mon père. » Il faut sans doute chercher la cause de cette impression dans la simplicité de ces paroles et dans la naïveté de celle qui les prononce. Une action comme la sienne n'a besoin que d'être énoncée pour paroître ce qu'elle est; et Elizabeth parle comme elle agit, sans se douter qu'elle ait aucun droit à l'admiration. Dès ce moment l'intérêt est porté au plus haut degré, et il ne fait que s'accroître jusqu'au dénoûment.

Madame Cottin est morte en 1807.

## MADAME DE SOUZA, ci-devant MADAME DE FLAHAUT.

Dans *Adèle de Senange*, cette dame a choisi un sujet très-simple, et elle a su lui conserver toute sa simplicité. Point de complication, pas un moyen qui ne soit dans le cours le plus ordinaire des choses. Ce roman n'a que trois personnages, un vieillard très-décrépit, très-riche, très-bon, très-aimable encore, qui toujours a redouté le mariage, et qui, par générosité, s'y détermine dans les derniers jours de sa vie, pour arracher au cloître une enfant, une victime charmante que la dureté, l'ambition, l'avarice d'une marâtre vouloit y engloutir ; cette enfant, que des bonbons, des paroles douces, des caresses attachent au vieillard, et qui l'épouse sans déplaisir ; un jeune anglais d'un très-beau nom, d'une grande opulence, qui, par une occasion très-naturelle, préserve la jeune personne d'un grave accident dans son trajet du couvent à la maison paternelle ; voilà les acteurs de ce drame.

L'auteur a pris une autre marche dans Emilie et Alphonse. Elle semble avoir eu deux objets ; de retracer le ton qui régnoit dans les sociétés qu'on appeloit la *bonne compagnie*, et de peindre les passions dans toute leur énergie et parvenues à tous leurs excès; elle a parfaitement rempli ce double but. En lisant son ouvrage, on se retrouve au milieu de ce monde élégant, trop souvent vicieux, et à la corruption duquel nous devons une partie des malheurs de la révolution.

Charles et Marie, et Eugène de Rothelin, sont dignes de leurs aînés.

## MADAME DE MONTOLIEU.

On convient assez généralement que depuis la *Princesse de Clèves*, il n'a rien paru dans le même genre de plus intéressant à la fois pour le sentiment et la curiosité, que *Caroline*. On compte déjà une foule d'éditions de ce roman, imprimé en 1786, 2 vol. in-12. On ne doit point être étonné de son succès. L'intérêt est la première qualité des romans, et il y en a peu qui entraînent le cœur comme Caroline. L'auteur a pour but d'apprendre aux jeunes personnes qu'on peut être heureux, quoiqu'on ne soit pas uni à l'objet de son premier amour. *V*. l'article d'Aug. la Fontaine.

## LE VAYER DE BOUTIGNY.

J'ai parlé des romans composés par des femmes : je vais reprendre ceux des hommes, dont elles m'avoient fait interrompre la suite ; et je commence par le Vayer. Le roman de Tarsis et Zélie, très-connu et très-digne de l'être, vit le jour pour la première fois en 1669, en 8 vol. in-8°., sous le nom du sieur le Revay, c'est-à-dire, le Vayer. Il fut, en effet, composé par François le Vayer de Boutigny, maître des requêtes, de la même famille que le célèbre la Motte le Vayer. Ce roman reparut en 1774, avec tous les honneurs de la typographie ; et sa lecture doit être préférée à celle de tant de brochures futiles, dont nous sommes inondés. On y trouve cette morale sans pédantisme, cette sagesse aimable, cette philosophie douce, qui nous instruit en nous amusant. Les caractères y sont variés ; l'intérêt y marche partout à côté du sentiment ; les amours de Tarsis et de Zélie ne servent, pour ainsi dire, que de cadre au tableau. Il semble que l'auteur se soit proposé d'y réunir tous les genres de cette espèce de composition : l'héroïque, le pastoral, le tragique, le galant, le plaisant même, etc. Mais quand on lit l'ouvrage avec le même esprit qu'il est composé, on voit qu'il n'a rien de romanesque que le titre : ce sont les effets de l'amour, de l'ambition et de la jalousie mis en action ; c'est l'histoire du cœur humain, écrite avec les détails les plus instructifs, mêlés d'épisodes intéressans.

## BOURSAULT.

On a de cet auteur, si connu par les comédies d'*Esope à la Cour*, et des Fables d'Esope, deux nouvelles historiques écrites avec beaucoup de feu : ce sont le *Prince de Condé* et le *Marquis de Chavigny*.

M. Didot l'aîné a publié, en 1790, une belle édition du *Prince de Condé*, enrichie de pièces justificatives, 2 vol. petit in-12. Les deux autres romans de Boursault, savoir, *Ne pas croire ce qu'on voit*, et *Artémise et Poliante*, sont bien inférieurs aux précédens.

## L'ABBÉ PREVOST.

Les *Mémoires d'un Homme de qualité*, le *Cléveland*, l'*Histoire du Chevalier des Grieux*, l'*Histoire d'une Grecque moderne*, le *Monde moral*, sont remplis de ces situations attendrissantes ou terribles, qui frappent et qui attachent le lecteur dans les livres à aventures. L'auteur du nouveau Dictionnaire historique a assigné à leur auteur, dans le genre romanesque, la même place que Crébillon a obtenue dans le tragique. Ses situations, heureusement ménagées, amènent de ces momens où la nature frémit d'horreur. Son imagination féconde invente une foule d'événemens qui ne s'accordent pas toujours avec la vraisemblance. Ses réflexions, exprimées avec noblesse, sont rarement amenées par le sujet; elles paroissent quelquefois d'autant plus déplacées, que l'auteur les fait à la suite de quelqu'intrigue, qui a non-seulement attendri, mais amolli les lecteurs. Les mœurs du monde lui étoient moins connues que les passions du cœur humain; et il réussit aussi mal à plaisanter ou à peindre des choses ridicules, qu'il excelle à exprimer le sentiment.

## LE SAGE.

Le Sage, auteur de plusieurs romans estimables, connoissoit mieux le monde que l'abbé Prevost; et ses ouvrages en sont le portrait ou la satire. Son *Gilblas* est un tableau de tous les états de la vie; chacune de ses situations est une leçon pour les hommes. La variété des caractères, la critique plaisante des mœurs, en font une lecture aussi instructive qu'amusante. Son style simple et élégant est relevé par des pensées vraies et naturelles, et par des tours heureux. Ses autres romans, le *Diable boiteux*, le *Bachelier de Salamanque*, *Don Gusman d'Alfarache*, sont des imitations de l'espagnol, qui doivent plaire aux lecteurs français, par la morale sensée et libre, et par la critique badine qu'ils renferment. On peut lui reprocher seulement qu'il se répète, et que les mêmes aventures et les mêmes plaisanteries qui se trouvent dans Gilblas, sont reproduites quelquefois dans ses autres ouvrages.

Le libraire Cuchet a publié, en 1783, les œuvres choisies de Lesage et de l'abbé Prevost, avec des figures de Marillier. Cette belle collection forme 54 vol. in-8°.

## HAMILTON.

Les mêmes éditeurs et le même typographe qui ont donné une édition soignée des Œuvres de mesdames de la Fayette et
de

de Tencin, ont enrichi notre littérature d'une édition complète d'Hamilton, Paris, 1805, 3 vol. in-8°.; édition qu'on pourroit appeler classique, si ce nom n'avoit quelque chose de trop grave pour les écrits de l'historien du Comte de Grammont.

## MARIVAUX.

Un auteur vraiment original dans sa façon de traiter le roman, est l'ingénieux Marivaux. Son *Paysan parvenu* et sa *Vie de Marianne*, si lus et si critiqués, passeront à la postérité. Ce qu'il y a de singulier, c'est que le premier roman est beaucoup plus plaisant que la plupart des comédies de Marivaux. On n'a jamais mieux peint les ridicules et les vices des faux dévots. Marianne ne fait pas rire; mais elle intéresse jusqu'aux larmes. L'auteur peint l'amour avec des couleurs si fines et si touchantes, qu'il est à craindre que la lecture de ses écrits ne réveille ou n'entretienne cette passion dans les jeunes cœurs. Voltaire lui fait un autre reproche dans ses Lettres secrètes; c'est de trop détailler les passions, et de manquer quelquefois le chemin du cœur, en prenant des routes un peu trop détournées. Quant à son style, il est quelquefois précieux, recherché; mais il est aussi très-souvent naturel, enjoué, agréable. Il peint d'un mot. Il a l'art de faire passer dans l'esprit de ses lecteurs, les sentimens les plus déliés, les plus imperceptibles de la trame du cœur. Ses Œuvres ont été recueillies en 1781, 12 vol. in-8°.

## CRÉBILLON FILS.

Il est malheureux que parmi les censeurs de Marivaux, il faille compter Crébillon le fils ; il étoit digne par son esprit de goûter un écrivain qui en a beaucoup. Il parodia dans son roman de *Tanzaï*, le langage de Marivaux, qui fut très-sensible à cette critique. Nous avons de lui de fort jolis romans. Ses *Égaremens du cœur et de l'esprit* ne sont peut-être que trop agréables. La peinture trop peu voilée de certaines foiblesses est plus propre à inspirer le vice qu'à le corriger. L'auteur connoît le cœur humain ; il sait développer habillement un caractère. Mais ce n'est pas assez. Les gens de bien auroient désiré qu'il eût plus respecté la vertu dans son *Sopha*, dans son *Tanzaï*, et les gens de goût voudroient plus d'action et de variété dans ses romans. Ils ont été réunis en 1772, 7 vol. in-12.

## DUCLOS.

Tout le monde connoît les *Confessions du Comte de\*\*\**, par Duclos; ouvrage écrit avec une légèreté, une précision et une délicatesse inimitables. Nous avons encore du même auteur, la *Baronne de Luz*, *Acajou*, et les *Mémoires pour servir à l'histoire des mœurs du dix-huitième siècle*. Ce dernier roman a un but plus moral que les autres. L'auteur ne l'a même entrepris, que pour pouvoir y placer un grand nombre de réflexions importantes, dont la plupart sont très-fines et très-ingénieuses. La fable n'en est que l'accessoire, que le cadre; et cette fable n'a rien qui puisse déplaire aux personnes vertueuses. Nous avons déjà indiqué les Œuvres complètes de Duclos en 10 vol. in-8°.

## SAINT-FOIX.

Je donnerois une idée bien imparfaite des *Lettres Turques* et de celles de *Nédim Coggia*, de Saint-Foix, en deux petits volumes, si je ne les représentois que comme un ouvrage purement agréable. C'est un cadre élégant, où un ingénieux écrivain a su enchâsser une satire fine de nos mœurs, une critique adroite de quelques-uns de nos préjugés les plus chers, des réflexions tantôt badines, tantôt solides, des peintures de l'amour variées selon le génie des peuples et des conditions différentes.

## DIDEROT.

Une anecdote connue a donné lieu au roman de Diderot, intitulé, la Religieuse, Paris, 1796, 1 vol. in-8°. Le fond en est vrai ; c'est l'histoire d'une malheureuse victime de la dureté de ses parens, et qui invoque inutilement les lois pour rompre sa chaîne. Ce qui n'est pas moins vrai, ce sont les peintures de l'intérieur des couvens. Il faut que l'auteur ait eu de bons mémoires ; il y a de ces choses qu'il ne peut avoir, ni devinées, ni controuvées. Ce singulier et attachant ouvrage restera comme un monument de ce qu'étoient autrefois les couvens, fléau né de l'ignorance et du fanatisme en délire, contre lequel les hommes sages avoient si long-temps et si vainement réclamé, et dont la révolution française délivrera l'Europe, si l'Europe ne s'obstine pas à vouloir faire des pas rétrogrades vers la barbarie et l'abrutissement.

*Jacques le Fataliste* est un roman licencieux du même auteur, et il ne vaut pas beaucoup mieux que les *Bijoux indiscrets*, autre roman de Diderot.

## VOLTAIRE.

La variété des incidens, une certaine gaieté d'imagination, la chaleur et la rapidité du récit, la simplicité, la noblesse et l'heureuse négligence du style caractérisent les premiers romans de Voltaire, *Zadig*, *Memnon*, le *Monde comme il va*. Il vivoit alors à la cour, et il en prenoit le ton. Il a depuis vécu loin du grand monde ; et il faut apparemment qu'il ait pris les plaisanteries de ses nouvelles sociétés, car *Candide* est tout différent de *Zadig*. C'est, suivant les critiques de Voltaire, un polisson de mauvaise compagnie, qui plaisante à tort et à travers, qui puise ses railleries dans l'ordure, et qui blesse à la fois la religion, les mœurs et le bon goût. Quelques autres écrivains y ont trouvé un tableau philosophique de ce qui se passe dans l'univers, vraiment admirable; mais tout le monde n'a pas pensé comme eux. Il y a plus d'enjouement, de facilité, de finesse et de grâces dans l'*Ingénu* ; mais peut-on en conseiller la lecture à un homme qui respecte le christianisme ? La *Princesse de Babylone* est une fiction insipide, où l'on fait entrer les mêmes tableaux qu'on avoit tracés dans Zadig, dans Candide, dans l'Ingénu : car tous ces romans sont jetés au même moule ; et en critiquant les mœurs et les travers du siècle, l'auteur emploie non-seulement les mêmes idées, mais les mêmes expressions. On a dit, avec quelque raison, que Voltaire étoit le père aux Menechmes ; il a enfanté plusieurs jumeaux. Il faut avouer pourtant que, dans ses plus mauvaises productions, et dans Candide même, il y a des morceaux qui brillent par le coloris du style et par les grâces de l'expression.

## J.-J. ROUSSEAU.

*Julie* ou *la nouvelle Héloïse* de J.-J. Rousseau, est un roman épistolaire, plein d'esprit, de feu, d'éloquence, d'âme, de sentiment et de raison ; mais la fiction, l'exposition, le nœud, le dénoûment ne sont pas à l'abri d'une juste censure. L'héroïne Julie, mélange étonnant d'agrémens et de solidité, pense comme un homme ; et elle en a un peu le style. Rousseau, en lui donnant le sien, ne l'a point plié à cette urbanité, à cette négligence heureuse, à cette facilité singulière qui distinguent la main des femmes. Les autres personnages écrivent presque tous comme elle; et l'on sent trop que c'est le même homme qui les fait parler. Au défaut d'uniformité de style qui caractérise ces lettres, il faut joindre celui de déclamer fort souvent; et d'allonger par-là leur morale et leurs récits. Il y a aussi quelques détails qui ont paru minutieux; mais ils peignent le sentiment et la nature; et ce n'est pas un petit mérite. En un mot, on s'est épuisé en critiques, mais on ne sauroit trop aussi donner des éloges au génie qui perce même dans les moins bonnes lettres de ce roman unique en son genre.

Parlerai-je des *Confessions de J.-J. Rousseau ?* Si dans cet ouvrage on n'a égard qu'à l'exécution, elle est digne de l'auteur : un coloris séduisant anime les récits, les descriptions, les portraits; c'est vraiment le ton et la manière de Rousseau : les longueurs mêmes et le verbiage qu'on pourroit lui reprocher, ne sont que le libre épanchement d'un cœur trop plein de son objet; mais si l'on considère le fond des choses, c'est un incroyable tissu de puérilités, de sottises et d'extravagances, qui blessent quelquefois les bonnes mœurs et la religion. On ne conçoit pas comment le génie mâle et sublime de J.-J. a pu s'abaisser jusqu'à parer des grâces de son style enchanteur, de pareilles niaiseries et des contes aussi insipides ; cet emploi est bien indigne d'un grave philosophe qui, dans ses écrits, doit toujours se proposer l'utilité publique.

## RETIF DE LA BRETONNE.

La bonhomie faisoit le fond du caractère de cet auteur ; elle lui étoit si naturelle, qu'à son entrée dans le monde, en 1751, il fut d'abord le jouet de ses camarades. Il regardoit avec un étonnement qui avoit l'air de la stupidité, la fourberie, la malice, la perfidie, le ton persifleur de ceux qui l'environnoient ; et sa surprise presqu'enfantine passa pour de la sottise. Ces apparences durèrent long-temps, et jamais il ne s'est assez aguerri pour prendre les vices qui l'avoient étonné. Il semble qu'il ait été romancier dès son enfance. Il avoit peine, dès qu'il étoit tranquille, d'empêcher son imagination de se bercer d'une chimère agréable, qui étoit toujours

jours un roman complet, qui le transportoit d'abord de plaisir, pour ne lui laisser ensuite que le regret de ne pouvoir le réaliser. Il a été prote comme Richardson. Etant en même temps auteur et ouvrier, il *composa* souvent des passages entiers sans manuscrit; et ces endroits faits à la *casse*, sans copie, sont les meilleurs, les mieux écrits et les mieux pensés. Les romans publiés par Retif de la Bretonne peuvent s'élever à 180 vol. in-12. On y trouve souvent des morceaux dont l'idée feroit honneur à nos meilleurs écrivains; une énergie peu commune, des peintures de la vertu pleines d'enthousiasme, des tableaux terribles du vice et de ses suites hideuses, une imagination presque incroyable, et par-dessus tout, beaucoup de singularité. On ne reprochera pas à cet auteur de marcher sur les pas des autres; même quand il va mal, il marche seul. Il a poussé cependant un peu trop loin cette singularité qui le distingue; car il auroit pu se dispenser d'inventer certains mots et de créer une orthographe. Le *Paysan perverti* est celui de ses ouvrages qui a fait le plus de sensation : l'idée en est heureuse et le fond très-moral. Quelques situations neuves et frappantes, quelques réflexions neuves et hardies, ont tiré ce livre de la foule de nos romans frivoles, aliment de l'oisiveté et de l'ignorance. La *Vie de mon père* offre une image touchante des mœurs champêtres ; cet ouvrage respire la vertu et l'humanité ; on y trouve des descriptions riantes et gracieuses, des détails d'une naïveté charmante, des traits pleins de sentiment et d'énergie.

## DE LA CLOS.

Les *Liaisons dangereuses* sont un ouvrage singulier qui peut être considéré sous deux points de vue entièrement opposés. Vous voyez d'un côté un tableau approfondi du monde, et qui, par malheur, n'est qu'une trop fidèle ressemblance. *Crébillon* le fils, *Marivaux* nous en avoient montré les ridicules, les travers ; ils ne nous avoient offert que des superficies ; ici, c'est le mécanisme même de la scélératesse développé dans tous ses ressorts. L'écrivain, d'une main courageuse, a levé le voile qui nous dérobe ces excès monstrueux, dont la société est tous les jours plus coupable : grâces à l'abus du *bel esprit*, et aux suites affreuses du luxe qui déprave tout, corrompt tout et entraîne la perte totale du physique comme du moral, ces lettres nous donnent de grandes leçons, qu'une mère, qu'une jeune épouse ne sauroient être trop circonspectes dans leurs liaisons ; que ces cercles si vantés ne sont qu'une assemblée de gens atroces, qui, sous les plus heureux dehors, cachent une âme *infernale ;* que ce qu'on appelle en général *la bonne compagnie*, est, sans contredit, *la plus mauvaise et la plus à fuir*. En un mot, l'auteur *des Liaisons dangereuses* a déféré au tribunal de la vertu, la plupart de ces hommes du jour, qui, à l'abri de leurs noms, de leurs richesses, jouissent avec une effronterie scandaleuse de l'impunité, et répandent partout la contagion de leurs mœurs perverses. Sans contredit, ses peintures ont leur utilité. Il y a beaucoup d'esprit dans cet ouvrage, une profondeur d'idées que peu de romanciers en ce genre nous avoient fait voir jusqu'à présent. Voilà l'éloge que nous accordons avec plaisir à l'écrivain qui a publié ces lettres ; mais ce recueil, envisagé sous un autre coup d'œil, n'est-il pas susceptible de la critique la moins indulgente ? Ces images continuelles de la dépravation la plus horrible, qui ne sont adoucies par aucun caractère opposé, ne sont-elles pas révoltantes, dégoûtantes ? ne blessent-elles pas même la délicatesse des mœurs ? Richardson nous a présenté un *Lovelace ;* mais à côté de ce prodige du vice, est l'image de la vertu même. *Clarisse,* la touchante Clarisse, nous console, en quelque sorte, des horreurs auxquelles s'abandonne son amant. D'ailleurs, Richardson fait couler nos larmes, remplit notre âme de diverses émotions; et dans les *Liaisons dangereuses ;* le vice monstrueux se fait voir dans toute sa difformité, sans que le cœur éprouve des impressions attendrissantes. *Voyez* l'édition de 1796, 2 vol. in-8°.

## D'ARNAUD.

La nouvelle édition des Epoux malheureux, ou Histoire de M. et M^me. de\*\*\*, publiée en 1783, 2 vol. in-12, est bien plus un nouvel ouvrage qu'une réimpression. Les quatre premières parties sont pleines de changemens heureux et d'augmentations considérables. Les deux dernières paroissent pour la première fois. Les épisodes que l'auteur y a semés ne déparent point le sujet principal. Ce roman, en général, offre plus de discours que d'action; les mêmes réflexions, les mêmes situations s'y reproduisent trop souvent. On désireroit des couleurs plus variées. Il y règne une teinte sombre un peu trop uniforme. L'auteur ne sait pas toujours s'arrêter ; il épuise le sentiment et ne laisse pas respirer. Il a un excès de pathétique, une surabondance de sensibilité qui devient quelquefois fatigante.

Dans les *Épreuves du Sentiment* et dans ses *Nouvelles historiques*, d'Arnaud a cherché à rendre les hommes meilleurs, en exerçant leur sensibilité. Ces productions font couler de douces larmes, et le mérite qui leur est propre ne se fait pas moins sentir en France que chez l'étranger, où on en a fait des éditions multipliées.

## M. MONTJOIE.

On ne songe guères, dans tous nos romans, qu'à peindre l'amour, qu'à exalter cette passion dangereuse qui nous vient de la nature elle-même, et qui se passeroit bien de tout le soin qu'on prend de lui donner plus d'ardeur et d'activité. On doit savoir bon gré à M. Montjoie, qui a osé, dans son *Histoire des quatre Espagnols*, 1801, 4 vol. in-12, prendre pour sujet principal, pour le premier mobile et l'intérêt le plus puissant de ce roman, la noble passion de l'amitié déifiée chez les anciens, peu connue chez les modernes ; ce sera toujours une louable entreprise que d'avoir honoré cette passion sainte, si l'on ne peut la faire naître dans des cœurs glacés par l'égoïsme ou pourris par l'intérêt. En général, l'*Histoire des quatre Espagnols* a le mérite d'être vraie ; les faits n'en sont pas trop extraordinaires ; les sentimens, quoique vifs et profonds, n'en sont point exagérés ; le style en est simple et sans prétentions ; mais il tombe souvent dans des négligences que même le genre épistolaire ne peut permettre ni excuser.

Le succès qu'ont obtenu les *Quatre Espagnols*, a enfanté le *Manuscrit trouvé au Mont Pausilyppe*, 1802, 5 vol. in-12. Il semble que l'auteur, afin de ne rien donner au hasard dans un second ouvrage, se soit appliqué à imiter le premier ; mais il y a un arrêt irrévocable qui condamne les imitations à ne pas valoir les originaux, même lorsqu'on s'imite soi-même.

## M. PIGAULT-LE-BRUN.

On trouve de la gaieté et même de la bouffonnerie unies à la légèreté du sentiment dans les nombreux romans de M. Pigault-le-Brun. On peut seulement reprocher à l'auteur des détails qui passent les bornes de la gaieté décente. L'*Enfant du Carnaval*, 1796, 2 vol. in-8°., justifie parfaitement l'originalité du titre ; et plusieurs autres romans ont distingué cet écrivain de ceux qui ont couru la même carrière depuis une vingtaine d'années. De ce nombre sont les *Barons de Felsheim*, 1799, 4 vol. in-12. Ce ne sont pas les plus aimables des hommes, mais ce ne sont pas les moins originaux ; et on peut dire la même chose des gens avec qui ils vivent ou se rencontrent. Tous les personnages que leur histoire présente, ont des caractères distincts, saillans et vrais. Il y a des personnages historiques dans les romans dont ils sont les héros ; et les parties où la vérité se mêle à la fiction sont écrites d'une manière digne de l'histoire.

## M. DUCRAY-DUMINIL.

Si M. Ducray-Duminil n'a pas pour admirateurs les lecteurs dont l'âge et la réflexion ont éclairé le jugement, il doit avoir tous ceux qui, dans leurs lectures, ne cherchent qu'un aliment à leur curiosité ; il a dû trouver des admirateurs enthousiastes dans les enfans, qui se plaisent surtout à l'incroyable et au merveilleux. Les ouvrages de M. Ducray ont dû avoir d'autant plus d'attaits pour eux, qu'aucun auteur ne s'est attaché davantage à rechercher ce qui pouvoit flatter les goûts de l'enfance. Il semble être parti d'un principe qui l'a dirigé uniquement dans toutes ses compositions ; savoir : l'innocence et la foiblesse aux prises avec la force et la scélératesse. Quelle mine féconde et inépuisable ! Et combien de pareilles combinaisons doivent plaire à l'imagination vive et ardente des enfans ! Ajoutez à cela que tous ses héros sont des enfans : *Lolotte et Fanfan*, *Alexis*, *Petit-Jacques et Georgette*, *Victor*, *Cœlina*, *Janetté*, *Paul*, *Achille et Benedic* ; tous ces héros ne sont pas âgés de plus de dix à douze ans, et font bien plus d'impression sur l'esprit des jeunes lecteurs, que des personnages dont les habitudes et les passions leur sont tout-à-fait étrangères. Y a-t-il rien, par exemple, de plus propre à frapper vivement des enfans que l'*Histoire des petits Orphelins du hameau* ? Sans doute les moyens employés par l'auteur ne sont pas toujours conformes à la plus exacte vraisemblance ; mais ces défauts-là mêmes plaisent aux enfans,

fans, toujours amis du merveilleux. Quant à moi, j'avoue que j'aime beaucoup mieux les ouvrages de M. Ducray, tout remplis qu'ils peuvent être d'événemens incroyables, que ces productions romanesques dont les aventures sont non-seulement hors de toute vraisemblance, mais dont tous les sentimens sont faux et exagérés. Je voudrais pouvoir faire également l'éloge de son style ; mais je suis forcé d'avouer que quoiqu'en général il soit clair et facile, il n'est pas cependant toujours exactement conforme aux lois de la grammaire. Cet auteur emploie beaucoup d'expressions qui n'ont jamais été françaises dans le sens qu'il leur donne. Il devait y faire quelqu'attention ; les livres destinés aux jeunes gens doivent surtout briller par l'élégance et la pureté.

## M. FIÉVÉE.

Dans la *Dot de Suzette*, joli roman de cet auteur, publié en 1798, on voit, une fille, accueillant avec respect le malheur dans la personne d'une ancienne bienfaitrice, réduite, par les suites de la révolution, à s'offrir à elle-même en qualité de femme de chambre. Cette situation touchante a fait une impression vive et générale. Beaucoup d'esprit, beaucoup d'originalité ont fait rechercher un autre roman qui a pour titre, *Frédéric*, 1799, 3 vol. in-12, et dans lequel M. Fiévée a peint des caractères qui existoient avant la révolution.

## § VIII. ROMANS EN FAÇON DE POËME.

### FÉNÉLON.

L'illustre auteur de Télémaque, Fénélon, trace les devoirs des souverains envers leurs sujets, envers eux-mêmes, envers l'Être suprême, avec ces grâces qui le distinguent parmi les premiers écrivains de son siècle. Plein de la lecture d'Homère et de Virgile, il écrivoit avec une abondance et une facilité qu'on ne sauroit comprendre, lorsqu'on examine tout le soin que demande une prose harmonieuse. Le Télémaque, lu avec délices en France, le fut avec transport par les étrangers. Ils y voyoient, avec une satisfaction maligne, une satire indirecte de Louis XIV. Les applications qu'on faisoit de chaque leçon de morale de Fénélon à la conduite passée ou présente de ce monarque, en rendit la lecture plus piquante : mais aujourd'hui que ce poëme ne peut fournir des allusions malignes, il est peut-être trop négligé par un certain genre de lecteurs. Quelques écrivains du dix-huitième siècle l'ont critiqué assez durement. Ils ont prétendu que ce roman étoit rempli de lieux communs, foiblement exprimés ; que les descriptions étoient trop longues et trop remplies de petites choses ; que les tableaux de la vie champêtre étoient monotones ; que ses fictions n'étoient pas toujours sensées ; que la passion de Télémaque pour Calypso étoit aussi froide qu'inutile. Mais ces observations critiques ayant été faites par des auteurs qui avoient intérêt de décrier les poëmes en prose, parcequ'ils en ont fait en vers, la saine partie de la nation ne s'y est pas arrêtée ; et il est à souhaiter, pour la consolation des rois et pour le bonheur des peuples, que le Télémaque soit comme le bréviaire des souverains.

Parmi les éditions de cet admirable ouvrage, on distingue 1°. celle qui parut à Paris en 1717, 2 vol. in-12, d'après le manuscrit original de l'auteur ; 2°. celle d'Amsterdam, 1719, in-12, avec des remarques satiriques, par de Limiers, réimprimées une vingtaine de fois au moins, et tout récemment par le libraire Dentu, en 4 vol. in-18 ; 3°. celle de Hambourg, 1731, 2 vol. in-12, avec des imitations des *anciens poëtes*, par J.-A. Fabricius et D. Durand ; 4°. celle de Londres, 1745, in-12, avec les imitations des *anciens*, par David Durand ; 5°. celle d'Amsterdam, 1734, in-fol., avec des figures de B. Picart ; 6°. celles de Didot l'aîné, 1 vol. in-4°., 2 vol. in-8°. et 4 vol. in-18, pour l'éducation du dauphin ; 7°. celle de Didot le jeune, 1782, 2 vol. in-4°. avec des figures de Tilliard ; 8°. celle de M. Bosquillon, avec des variantes, Paris, 1799, 2 volumes in-12 et in-18.

## RAMSAY.

Le chevalier de Ramsay, élève de Fénélon, s'est acquis de la réputation par la vie de son illustre maître, et par un roman à peu près dans le genre de Télémaque, intitulé : Voyages de Cyrus, Paris, 1727, 2 vol. in-12.

Ce dernier ouvrage fut l'objet de beaucoup d'éloges et de beaucoup de critiques. L'auteur en donna une nouvelle édition à Londres, en 1730, in-4°., avec une préface, dans laquelle il montre ce qu'il a fait pour corriger les défauts qu'on a trouvé dans son ouvrage, et ce qu'on peut dire pour répondre aux objections qui ne sont que spécieuses. Les changemens et additions contenus dans cette édition sont considérables : ils tendent à mettre en action ce qui étoit en récit. Leur effet principal est de rendre les transitions plus faciles, la narration plus liée, les principes plus sensibles, et les raisonnemens plus concluans. Il est à regretter que M. Philippon de la Madelaine n'ait point suivi cette édition dans la réimpression qu'il a procurée, en 1807, des Voyages de Cyrus.

## L'ABBÉ TERRASSON.

On trouve dans le roman de *Séthos*, 1731, 3 vol. in-12, ou 1767, 2 vol., une fleur d'érudition et de philosophie qui attache; c'est un roman toujours sérieux, fait pour l'esprit et non pour le cœur, qu'il n'intéresse presque en aucun endroit, mais qu'il est néanmoins capable de former aussi-bien que l'esprit, par les excellentes leçons qu'il présente agréablement, et d'une manière qui n'a rien de trivial et d'usé. Il est d'ailleurs écrit d'un style si serré, si précis et si naturel, qu'il est capable de plaire aux bons esprits dans les endroits les plus tristes, indépendamment des connoissances qu'on y peut acquérir de l'histoire et de la géographie ancienne. En un mot, c'est un ouvrage qui, malgré ses défauts et son médiocre succès, mérite l'estime des connoisseurs, et fait honneur aux lumières de son auteur. Peu de livres sont aussi capables d'inspirer ou d'entretenir le goût et la vertu.

## MONTESQUIEU.

Montesquieu se délassoit de ses études sérieuses par des ouvrages moins considérables, qui suffiroient pour l'éloge d'un autre. Tel est le *Temple de Gnide*, qui suivit d'assez près les *Lettres Persannes*. L'auteur, après avoir été dans celles-ci Horace, Théophraste et Lucien, fut Ovide et Anacréon dans ce nouvel essai. Ce n'est plus l'amour despotique de l'Orient qu'il se propose de peindre; c'est la délicatesse et la naïveté de l'amour pastoral, tel qu'il est dans une âme neuve, que le commerce des hommes n'a point encore corrompue. Craignant peut-être qu'un tableau, si étranger à nos mœurs, ne parût trop languissant et trop uniforme, il a cherché à l'animer par les peintures les plus riantes. Il a transporté le lecteur dans des lieux enchantés, dont, à la vérité, le spectacle intéresse peu l'amant heureux, mais dont la description flatte encore l'imagination quand les désirs sont satisfaits. Emporté par son sujet, il a répandu dans sa prose ce style animé, figuré et poétique, dont le roman de Télémaque a fourni parmi nous le premier modèle. Mais ce qu'on doit surtout remarquer dans le Temple de Gnide, c'est qu'Anacréon même y est toujours observateur et philosophe. Dans le quatrième chant, il paroît décrire les mœurs des Sibarites; et on s'aperçoit aisément que ces mœurs sont les nôtres.

## MORELLY.

Rien n'est plus commun que de voir paroître des ouvrages sous un nom emprunté, pour mettre leurs défauts à l'ombre d'une réputation étrangère, ou pour piquer, par cette annonce, la curiosité des lecteurs. L'auteur du *Naufrage des Iles flottantes*, ou *Basiliade*, poëme héroïque, traduit de l'indien du célèbre Pilpai, a usé de cet artifice, pour donner du cours à un livre qui n'est assurément pas l'ouvrage du philosophe Indien. Le but de cette prétendue traduction est de montrer quel seroit l'état heureux d'une société formée selon les principes de la loi naturelle, et de faire sentir les méprises de la plupart des législateurs qui ont voulu réformer le genre humain. Pour cela, on établit un système imaginaire de gouvernement, assez semblable à ce que les poëtes nous racontent de l'âge d'or. La vérité et la nature personnifiées président au bonheur d'un vaste empire, dirigent les mœurs et les actions des peuples qui l'habitent, protègent le héros qui les gouverne, et éloignent les vices et les erreurs qui cherchent à s'y introduire : voilà l'idée générale de ce poëme en prose de quatorze chants, et en deux volumes in-12.

L'auteur à bâti un système impraticable de morale et de politique. Il y a de l'imagination, de l'esprit, du génie même dans cet ouvrage, qui d'ailleurs ne respire que les bonnes mœurs et la vertu. L'auteur l'appelle Basiliade, du mot grec *Basileus*, qui veut dire roi ; parce que ce poëme renferme des instructions pour les souverains. On y trouve de grands et de magnifiques tableaux, où

toutes

toutes les vertus et tous les vices font chacun un personnage. Ces êtres moraux ont un inconvénient, c'est que leur rôle est un peu froid, surtout dans cette fiction, où les peintures allégoriques se trouvent prodigieusement multipliées.

Cet ouvrage fut censuré avec vivacité dans deux journaux intitulés, l'un, *Bibliothèque impartiale*; et l'autre, *Nouvelle Bigarrure*. Morelly publia une apologie de ses principes, sous le titre de *Code de la Nature*. C'est l'ouvrage qui a été long-temps attribué à Diderot. Il ne faut que l'ouvrir pour se convaincre qu'il n'est que le développement de la Basiliade. *Voyez* mon Dictionnaire des Ouvrages anonimes et pseudonymes, n°. 768, t. I.

M. Morelly n'est point né à Vitry-le-Français, comme l'assure la *France littéraire* de 1769. Il paraît que son père a été régent dans cette ville. Voyez la *France littéraire*, édition de Formey.

## BESNIER.

Dans l'ouvrage intitulé le *Mexique conquis*; Paris, 1752, 2 vol. in-12, Chistophe Colomb, du haut de l'Empirée, intercède auprès de

Dieu pour la conversion du Nouveau-Monde, dont il a fait la découverte. Ses vœux sont exaucés ; et comme il falloit se rendre maître des idolâtres, avant que de les gagner à Jésus-Chrit, Cortès est choisi pour être le chef de l'expédition qui doit en faire la conquête.

On trouve dans cette espèce de poëme quelques beautés de détail, quelques traits assez bien imités des poëtes qui ont travaillé sur un sujet semblable. L'ouvrage finit par la défaite du roi du Mexique, qui avoit succédé à Montézume, comme l'Eneïde par celle de Turnus. L'auteur, malgré cela, ne se flatte point d'avoir fait un poëme épique, mais d'avoir fourni de bons matériaux à ceux qui, dans la suite, voudroient en faire un sur la même matière.

## L'ABBÉ DE LA BAUME.

La guerre qui a commencé dans le ciel entre Dieu et l'ange rebelle, vient se terminer sur la terre par Jésus-Christ, fils unique de Dieu, revêtu de la toute-puissance de son père, sous un corps mortel, pour renverser l'empire que Satan y avoit usurpé, abolir le culte impie des idoles, délivrer l'homme du honteux esclavage où il étoit retenu, rétablir le règne de Dieu, relever son culte, faire honorer son nom d'un bout de la terre à l'autre, fermer les enfers, y précipiter Satan, le péché et la mort, rouvrir le paradis au genre humain, qui l'avoit perdu par la prévarication du premier père, et enfin élever l'homme à l'immortalité, et le faire asseoir aux trônes célestes, d'où les anges rebelles ont été renversés et précipités avec leur chef. D'une part, Jésus-Christ fait la guerre à Satan et au monde par des exemples, des maximes et des miracles. De son côté, Satan y oppose des impostures, des cabales, des violences, des fureurs, des illusions et des prestiges. Satan triomphe enfin par les pontifes, les princes des prêtres, les scribes, les pharisiens, et le peuple qu'il a séduit; et lorsqu'enfin il est venu à bout de faire charger de chaînes le Christ son ennemi, et de le faire condamner à la mort, en ce même moment où Jésus expire, la Divinité, comme se séparant de l'humanité, reprend ses droits. Le Christ, vaincu en apparence, devient vainqueur. La foudre à la main, il poursuit et précipite dans les enfers Satan, le péché, la mort, et tout ce peuple de démons, qui s'applaudissoit d'un vain triomphe. Tel est le sujet général d'un poëme en prose composé de douze chants, sous le titre de la *Christiade*, ou *le Paradis reconquis*, par l'abbé de la Baume, 1753, six volumes in-12.

Des personnes, justement délicates sur tout ce qui regarde notre croyance, ont été alarmées du dessein de l'auteur ; elles ont craint qu'un poëme, où l'évangile devoit être mis en action, ne devînt un objet de scandale pour les fidèles, de risée pour les libertins et les impies. L'ouvrage d'ailleurs est écrit d'un style pompeux et figuré qui, loin d'échauffer le lecteur, le refroidit. Il y a de très-grandes indécences, et l'Ecriture Sainte y est étrangement travestie. On y voit tenter J. C. par la Madelaine ; cette bizarre production fut flétrie par arrêt du parlement de Paris, et l'auteur condamné à une amende.

## BITAUBÉ.

Dans le poëme de *Joseph*, volume in-8°., par Bitaubé, 1757, il y a du naturel, de l'intérêt et de la simplicité ; on y remarque quelques traits aussi beaux que ceux qu'on admire dans les anciens. Il n'y faudroit que de beaux vers, pour contenter ceux qui ne veulent point de poëme épique en prose ; sans doute il intéresseroit davantage, si ce sujet étoit moins connu, et si le respect qu'on doit à tous ceux qu'on puise dans la même source, permettoit d'y faire plus de changemens. Excepté Sélima, l'historien sacré a fourni tout le fond à M. Bitaubé, et lui a marqué les situations. Cette loi de ne pas trop s'écarter du texte divin, a jeté du vide dans quelques chants. Il est d'autres défauts qu'il faut attribuer à l'auteur même. Par exemple, le Voyage de Joseph en Egypte pouvoit être plus pittoresque et plus animé ; celui qu'il fait en songe vers les sources du Nil, demandoit encore plus de génie et de feu ; le style, quoiqu'en général assez poétique, le paroîtroit bien davantage s'il étoit soutenu.

Le même M. Bitaubé nous a donné *Guillaume de Nassau*, ou la Fondation des Provinces-Unies, en dix chants, 1773. Le génie de Guillaume, la hauteur de son projet, les obstacles presque insurmontables qu'il voyoit à chaque instant renaître sous ses pas ; la constance intrépide avec laquelle il reparoissoit après des défaites, qui sembloient avoir détruit son parti ; ses malheurs personnels au milieu des calamités publiques, quel champ vaste et fécond pour la poésie ! L'action est grande : c'est la fondation d'une république ; elle intéresse tout un pays et même l'humanité : elle est nouvelle. Dans Léonidas, c'est une nation qui défend sa liberté contre un conquérant ; ici, c'est un peuple qui brise le joug de fer que lui impose un maître cruel. Elle est instructive et morale : quelles leçons frappantes elle donne à tous les rois, à tous les chefs des Empires ! Qu'ils lisent cet ouvrage ; et qu'ils osent, après l'avoir lu, traiter leurs sujets, leurs frères, leurs semblables, comme de vils troupeaux d'esclaves.

L'auteur a refondu ce poëme et l'a publié de nouveau en 1797, sous le titre des *Bataves*. On le trouve dans la collection des Œuvres de l'estimable Bitaubé, Paris, 1804, 9 vol. in-8°.

## CAZOTTE.

Le poëme d'Ollivier, par Cazotte, en douze chants, et en deux volumes, imprimés en 1763, est un amas de jolis contes, narrés en style souvent poétique, et tous liés par une action principale ; ce qui les distingue des ouvrages de cette espèce, et leur a fait donner par l'auteur, le nom de poëme, quoiqu'il l'ait écrit en prose. Les amours d'Ollivier, page d'un ancien comte de Tours, et amant d'Agnès, fille du comte, devenue mère entre les bras d'Ollivier, en sont le sujet. On feroit tort à Cazotte, si l'on en examinoit la fable scrupuleusement. Dans le dessein qu'il a eu, d'y donner des exemples de tout le merveilleux qui fait l'âme des compositions de ce genre, d'y présenter des tableaux et des images de toutes les espèces, d'y employer tous les styles, une fable toujours héroïque, majestueuse et sage, ne lui convenoit pas : il a mieux aimé lier des groupes à la manière de Raphaël, de Michel-Ange, de Poussin, de Teniers et de Calot : ce que la peinture peut-être ne sauroit entreprendre, ici la poésie l'a exécuté avec quelque succès.

## LE CLERC.

Le poëme de Tobie, en quatre chants, en prose, par le Clerc, en un volume in-12, petit format, 1773, paroît fait à l'imitation de la *Mort d'Abel*, par Gessner, et de *Joseph*, par M. Bitaubé. C'est une preuve que l'Ecriture Sainte est une mine féconde, dont les poëtes n'ont pas assez connu toutes les richesses, et qui peut fournir des sujets aussi heureux, et des exemples de vertu bien plus admirables, que le fond si usé de l'ancienne mythologie.

Tobie est divisé en quatre chants; et quoiqu'embelli de tous les ornemens dont il est susceptible, le texte sacré y est suivi avec exactitude. L'ordonnance de ce poëme m'a paru simple, noble et bien conçue; elle est chargée de peu d'incidens; et les événemens que fournit le sujet, ont suffi à l'auteur pour distribuer, dans tous ses chants, des situations intéressantes, et les richesses de la poésie et du sentiment. Son style est naturel, harmonieux et sans aucune des recherches de ce mauvais goût, qui gâteroit encore plus ce sujet que tout autre. Ce qui surtout est inestimable, est cette morale douce et affectueuse, ce tableau continuel des mœurs des anciens patriarches; c'est, pour ainsi dire, cet air pur de la vertu, qu'on respire dans cette lecture. Enfin, je pense que cet ouvrage est un de ceux qui approchent le plus de l'excellent poëme d'Abel, qu'on peut regarder comme le premier modèle de ces sortes de productions.

MARMONTEL.

## MARMONTEL.

Le but de cet auteur, en publiant l'*Histoire des Incas*, 1777, 2 vol. in-8°., avec figures, a été de contribuer à faire détester de plus en plus le fanatisme; d'empêcher qu'on ne le confonde jamais avec une religion compatissante et charitable, et d'inspirer pour elle autant de vénération et d'amour, que de haine et d'exécration pour son cruel ennemi. Il a mis sur la scène, d'après l'histoire, des fourbes et des fanatiques; mais il leur a opposé de vrais chrétiens. Barthélemi de Las Casas est le modèle de ceux qu'il révère; c'est en lui qu'il a voulu peindre la foi, la piété, le zèle pur et tendre, enfin l'esprit du christianisme dans toute sa simplicité. Fernand de Luques, Davila, Vincent de Valverde, sont les exemples du fanatisme qui dénature l'homme et qui pervertit le chrétien; c'est en eux qu'il a mis ce zèle absurde, atroce, impitoyable, que la religion désavoue, et qui, s'il étoit pris pour elle, la feroit détester.

Quant à la forme de l'ouvrage, Marmontel a cru devoir joindre aux événemens que lui a fournis l'histoire, les réflexions que ces faits inspirent; il leur a souvent donné l'action et l'intérêt du drame, et a quelquefois orné ce fonds historique, de fictions, pour rendre la moralité des faits plus sensible, et mieux remplir l'objet que tout écrivain moraliste doit se proposer, qui est de plaire, de toucher et d'instruire.

*Bélisaire*, du même auteur, est encore un roman poétique qui a eu beaucoup de succès. Lorsqu'il parut, il effaroucha les faux dévots. La Sorbonne, dont le métier étoit de persécuter les gens de lettres qui avoient le courage de dire des vérités utiles, sonna le tocsin contre l'auteur de *Bélisaire*; mais ce dernier parvint à détourner l'orage qui le menaçoit. Cette petite persécution donna plus de vogue à l'ouvrage; il en a été fait une multitude d'éditions.

## L'ABBÉ DE REYRAC.

*L'Hymne au Soleil*, 1777, in-8°., est un de ces ouvrages indépendans des circonstances, du caprice des modes et de l'esprit du jour: il faut le ranger dans le petit nombre de ces productions qu'on relira toujours avec un nouveau plaisir; on y reconnoît partout cette chaleur continue, ce coloris vif et pur, ces détails poétiques, maintenant ignorés, mais qui seuls annoncent le véritable talent. Il ne manque à ce poëme que les ornemens de la versification. Un ami de l'auteur, l'abbé Métivier, l'en a revêtu, en le traduisant avec beaucoup d'élégance dans la langue de Virgile, Orléans, 1778, in-8°.

On doit à M. Desessarts une jolie édition des Œuvres de l'abbé de Reyrac, avec des observations sur ses poésies et sur ses ouvrages en prose, 1799, in-8°.

## PECHMÉJA.

Le roman poétique de *Téléphe* parut, pour la première fois, en 1784, in-8°. On l'a réimprimé en 1795, 2 vol. in-18. Cet ouvrage jouit d'un succès d'estime. On n'y trouve ni la riche imagination, ni les beautés antiques, ni le style mélodieux du divin Fénélon ; mais c'est la production d'un homme de mérite et de sens, d'un vrai philosophe. Le style en est assez pur et ne manque pas de fermeté et d'énergie ; quelquefois il manque de mouvement et tombe dans l'emphase : le meilleur morceau du roman se trouve dans les derniers livres. C'est un épisode qui peint la vie et les sentimens de deux amis. On voit qu'il a été fait de cœur; et il contient sur la manière de former et d'entretenir l'amitié, les préceptes les plus sages, comme les plus aimables. L'auteur étoit digne de les donner : il connoissoit par expérience cette amitié, ce sentiment si sacré, dont nous ne connoissons plus guères que le nom. On sait que Pechméja et Dubreuil renouvelèrent dans le dernier siècle l'exemple trop rare d'Oreste et de Pylade.

## FLORIAN.

Florian publia, en 1782, sa *Galathée*, en quatre livres. Les trois premiers sont une imitation embellie de Michel de Cervantes. Le quatrième livre est entièrement de l'invention de Florian. On sait que l'auteur espagnol n'avoit pas complété son ouvrage. Florian donna quelque temps après son *Estelle*, en six livres. Ces deux romans, et surtout le premier, eurent un succès qui s'est toujours soutenu.

Numa est connu dans l'histoire comme un roi juste, bienfaisant, pacifique, plein de sagesse et de prudence, ami de la religion, de l'agriculture et des arts utiles; qui sut adoucir les mœurs d'un peuple de brigands, et asservir aux lois des guerriers féroces; qui eut l'art de tromper les hommes pour les rendre heureux. Quelle a été ma surprise, quand j'ai vu le grave et paisible Numa travesti en héros de roman, en chevalier errant, qui court le pays et cherche des maîtresses? Presque toute la fable est sans vraisemblance; c'est un amas d'aventures bizarres, sans suite, sans plan, sans dessein, inférieures par-là même aux plus médiocres romans, qui du moins offrent une intrigue principale, à laquelle tous les incidens se rapportent.

De ce défaut de plan naît le défaut total d'intérêt. Ce héros, jusqu'au onzième livre, joue le rôle le plus mince. Il n'éprouve que des disgrâces très-communes, et ne se trouve jamais dans un danger qui fasse trembler pour lui. Ses amours sont fades et insipides; qu'il épouse ou non *Hersilie, Tatia, Anaïs*, c'est ce dont personne ne s'embarrasse. N'y a-t-il donc rien à louer dans ce poëme? Avec l'esprit et le talent de Florian, étoit-il possible de faire un ouvrage qui fût absolument sans mérite? Non, sans doute; on trouve dans Numa un style pur, élégant, gracieux, beaucoup plus soigné, mais aussi bien moins naturel, bien moins touchant, et surtout d'une harmonie bien moins variée que celui de Télémaque, qui, dans sa simplicité et même dans sa négligence, a un charme particulier. *Numa Pompilius* parut en 1786, in-8°. Ce roman n'avoit point joui du succès que l'auteur avoit espéré. Il crut qu'en choisissant un sujet entre le roman politique et le roman pastoral, il le traiteroit avec plus de bonheur. *Gonzalve de Cordoue*, ou *Grenade reconquise*, en dix livres, 1791, 2 vol. in-8°., n'eut pourtant pas un succès aussi brillant ni aussi soutenu que Galathée et qu'Estelle. Cependant cet ouvrage fait encore beaucoup d'honneur à son talent; il est précédé d'un *Précis historique sur les Maures d'Espagne*, composé avec méthode, plein de recherches intéressantes et écrit du style qui convient à l'histoire. Didot l'aîné a publié une jolie édition des Œuvres complètes de Florian, en 24 vol. in-18.

## M. BERNARDIN DE SAINT-PIERRE.

L'espèce de conte moral, intitulé *Paul et Virginie*, a obtenu le succès le plus brillant et le plus mérité. Il a paru, pour la première fois, en 1788, dans le quatrième volume des

*Etudes de la Nature*. Peu de mois après, Didot le jeune en publia une jolie édition in-18, ornée de quatre gravures. En 1806, l'auteur en a donné une magnifique édition in-fol. et in-4°., enrichie de 6 gravures, et augmentée d'un nouveau préambule. Son but a été de prouver que notre bonheur consiste à vivre suivant la nature et la vertu. Il paroit que le fond de cette petite aventure est vrai, et que M. de Saint-Pierre en a appris la plupart des faits sur les lieux mêmes où ils sont arrivés. Le principal caractère du génie de cet auteur est une sensibilité inépuisable, sans exaltation, sans emphase ; une simplicité aimable qui ne fuit pas les ornemens, mais qui les choisit ; ajoutez-y un goût exquis, aussi éloigné des raffinemens de l'élégance et du style académique, que de la négligence et de l'incorrection de ce style inculte et grossier, qu'on veut nous donner quelquefois pour celui de la nature.

## M. DE CHATEAUBRIAND.

Des hommes d'un mérite distingué ont trouvé dans *Atala*, l'empreinte d'un talent original ; la profondeur et le charme des sentimens, la naïveté des mœurs, l'élévation des pensées et la beauté de la morale. Mais des critiques d'un goût sévère croient qu'en aucun genre d'ouvrage, on ne peut se dispenser d'être vrai, de la vérité qui convient au genre ; d'éviter l'enflure et l'exagération, qui sont une fausseté toujours contraire à l'effet ; d'être toujours clair, puisqu'on n'écrit que pour être entendu ; d'être d'accord avec soi-même, et de tenir les personnages d'accord avec leur caractère, parce que sans cela il n'y a ni intérêt, ni plaisir ; et enfin d'être toujours raisonnable, parce que la raison est la règle universelle à laquelle il faut que toute composition se rapporte. Il est essentiel de relever les défauts d'un ouvrage que les éloges qu'on en a faits présentent comme un modèle à l'admiration de nos jeunes écrivains, qui peuvent être tentés d'en imiter les défauts mêmes.

Le *René*, du même auteur, mérite à peu près les mêmes éloges et la même censure.

On a publié, en 1805, une jolie édition d'*Atala et René*, en un vol. in-12.

En récapitulant ce qu'on a dit sur les *Martyrs* du même auteur, 1809, 2 vol. in-8°, ou 3 vol. in-18 ; on trouve que ce prétendu poëme est le mauvais ouvrage d'un homme

qui

qui a un grand talent. A ne le considérer que sous le rapport de l'art, l'ouvrage est froid et d'un intérêt médiocre. Le style produit deux sensations bien différentes ; partout où l'auteur est simple, il offre des morceaux du plus grand mérite : des pages, des livres entiers sont écrits avec une rare élégance ; les descriptions mêmes qui, par leur multitude, fatiguent et rebutent le lecteur, sont, pour la plupart, extrêmement agréables, à ne les considérer qu'isolément ; mais partout où l'auteur se livre à la fougue de son imagination, son style devient, comme ses idées, affecté, bizarre, extravagant, et quelquefois ridicule : il semble avoir fait la gageure de ne rien dire comme un autre, et de faire entrer de force dans la langue française, les idées, les métaphores et les tournures hébraïques, grecques et romaines. Enfin, ce roman, tel qu'il est, mérite d'être conservé comme un modèle à fuir, et d'être montré aux jeunes littérateurs comme un exemple des folies dont les grands talens sont capables, lorsque leur imagination n'est pas guidée par le bon goût et par le bon sens.

Les Martyrs ont reparu en 1810, 3 vol. in-8°., avec des changemens et des augmentations qui font disparaître la cause de plusieurs des précédentes critiques.

## § IX. NOUVELLES ET CONTES.

### LA REINE DE NAVARRE.

Il y a dans les Monts Pyrénées des sources fameuses, appelées Caulderets, dont les eaux, prises en bains ou en boissons, sont également salutaires. La reine de Navarre, dans la préface de ses *Contes*, suppose que sur la fin du temps destiné à prendre ces eaux, il vint des pluies si considérables, que tout le monde fut obligé de quitter les maisons de Caulderets. Les uns voulurent traverser des rivières, et furent emportés par la rapidité de l'eau ; d'autres, pour prendre des routes détournées, s'enfoncèrent dans les bois, et furent mangés par des ours ; quelques-uns vinrent dans des villages inconnus qui n'étoient habités que par des voleurs. Les plus sages se réfugièrent à l'abbaye de Notre-Dame de Serrance ; et tandis qu'on leur bâtit un pont pour traverser la rivière, ils forment le projet de composer chaque jour chacun un conte, et de s'amuser mutuellement. Ces contes, toujours suivis de réflexions, sont distribués par journées.

Le sérieux et le plaisant y trouvent leur place tour à tour. La reine de Navarre a parlé de tout, et en a parlé avec cette liberté que les princesses se permettent, et que celle-ci tâche de réparer néanmoins par la morale qui termine chaque conte. Elle est souvent placée à propos, et l'auteur garde presque toujours le respect dû à la religion. Je ne parle point du style, il est quelquefois diffus, quelquefois agréable, et en général simple et naturel; d'ailleurs, c'est une reine qui écrit, et qui n'écrit que pour s'amuser.

Les *Contes* de la reine de Navarre parurent, pour la première fois, en 1558, par les soins de Boistuau, dit Launay, sous le titre des *Amans fortunés* ; Claude Gruget, valet de chambre de l'auteur, les remit dans un nouvel ordre, et les publia sous le titre d'*Heptameron*, en 1560, in-4°., à Paris. L'édition la plus recherchée a pour titre : Contes et Nouvelles de Marguerite de Valois, reine de Navarre, mis en beau langage, Amsterdam, George Gallet, 1698, 2 vol. in-8°.

On estime aussi l'édition de Berne, 1780 et 1781, 3 vol. in-8°., avec des figures de Chodoviechi et une préface de Sinner.

## MARMONTEL.

Les contes en prose redevinrent à la mode, lorsqu'un homme de beaucoup d'esprit, Marmontel, eût donné les siens, en 1761, en deux tom. in-12, réimprimés depuis en trois volumes. L'auteur les intitula *Moraux*, non qu'ils enseignent la morale, mais parce qu'ils peignent nos mœurs, dont il a saisi les nuances les plus fines. Ils sont en général bien faits, bien écrits; mais le style en est quelquefois trop maniéré; et l'art y laisse trop peu apercevoir la nature. Le dialogue est vif et agréable; mais il est quelquefois un peu roide; et il y règne dans certains endroits une précision trop étudiée. Quoique ces contes soient moraux dans le titre, il n'est pas toujours facile d'en apercevoir la morale dans la lecture. Leur mérite particulier est d'être propres à s'accommoder au théâtre. Il auroit été à souhaiter que l'auteur, qui a fourni des sujets à tant de petits drames, eût mieux observé le costume, en représentant les mœurs antiques ou étrangères. Il est tellement violé dans Alcibiade, dans Soliman, dans les Mariages Samnites, etc., etc., qu'il en résulte, pour le lecteur instruit, le mélange le plus bizarre. Marmontel vouloit se faire lire par les femmes; et il a pensé, sans doute, que ç'auroit été les dépayser trop, que de peindre les Grecs en Grecs, et les Romains en Romains. Il a voulu écrire pour son siècle, et il a réussi.

On remarque une différence entre les premiers et les derniers contes de Marmontel. Il faut l'attribuer au changement survenu dans la situation de l'auteur entre les époques de ces diverses compositions. En écrivant les premiers, il vivoit dans une grande dissipation, au milieu des sociétés bruyantes où l'on cherchoit le plaisir sous toutes ses formes et l'esprit dans toute sa parure. Il a composé les derniers, lorsque son mariage lui avoit fait connoitre une vie intérieure moins agitée et plus morale.

Les anciens contes, fruits d'une imagination jeune et vagabonde, se ressentent d'une sorte de libertinage de l'esprit. Les nouveaux, écrits dans une situation plus calme, auprès de sa femme et au bruit des jeux de ses enfans, sont plus près de la nature, qui se fait mieux entendre à la maturité de l'âge et dans le silence des passions.

## VOLTAIRE.

Les Contes de feu Guillaume Vadé vinrent à la suite de ceux de Marmontel. Cet ouvrage est un phénomène de la vieillesse de l'auteur; il respire toute la gaieté du premier âge. Il y a dans ce recueil des contes en vers, et d'autres en prose. Parmi ceux-ci, on lira avec plaisir et sans risque, celui de Jannot et Colin, dont les aventures sont revêtues de ce style enchanteur, et contées avec cette grâce qui étoit propre à Voltaire.

## M. DE BOUFFLERS.

Un défaut considérable du conte très-ingénieux de la *Reine de Golconde*, par M. de Boufflers, est d'être gâté par de puériles antithèses, par des jeux de mots, par des tours affectés et pénibles. L'auteur est par son esprit, par ses talens, fort au-dessus de toutes ces petites misères du faux bel-esprit. On souhaiteroit encore qu'il eût donné plus d'étendue et de développement à son sujet; il avoit de quoi faire un conte très-agréable; et l'on ne peut regarder celui qu'il nous a donné, que comme un joli croquis. Au reste, je suis bien éloigné d'applaudir au fond voluptueux de cette historiette. Je n'en ai parlé qu'à titre d'ouvrage de littérature, qui a fait quelque bruit dans le monde.

## L'ABBÉ DE VOISENON.

*Tant mieux pour Elle*, conte plaisant, est un petit ouvrage de l'abbé de Voisenon, où l'esprit a plus de part que le sentiment ; c'est le fruit d'une imagination vive, qui s'abandonne à des idées qui n'ont pas toujours la décence qu'elles devroient avoir. Il auroit pu mieux occuper son loisir : on pourroit dire la même chose des autres romans du même auteur, recueillis en cinq petites parties, petit in-12, 1777 ; et réimprimés depuis sa mort, tels que le *Sultan Misapouf*, l'*Histoire de la Félicité*, *Zulmis et Zelmaïde*.

## § X. ROMANS ESPAGNOLS.

### CERVANTES.

Nous empruntions autrefois nos romans des Espagnols. J'en ai indiqué quelques-uns, en citant le Sage ; mais celui de tous qui a eu le plus de réputation, chez tous les peuples qui se piquent d'esprit, est l'*Histoire de l'invincible Don Quichotte de la Manche*, trad.

en français par Filleau de Saint-Martin et Challes, en 6 vol. in-12. Je ne connois point de livre où il y ait autant d'esprit, de gaieté, de bonne plaisanterie, de naïveté. C'est un roman judicieux, moral, plein de sel et de ces agrémens qui égayent la vertu même. La plus piquante ironie y est soutenue d'un bout à l'autre. Les nœuds, les épisodes, l'intrigue, tout sent l'homme de génie. La traduction française de Saint-Martin pourroit être plus saillante ; mais l'original a tant de mérite, qu'on ne s'aperçoit pas de la langueur que le traducteur a quelquefois répandue sur son style. Les entretiens que Cervantes, l'auteur de ce roman, suppose entre Sancho et Don Quichotte, sont toujours vifs, fins, naïfs, et respirent toutes les grâces du meilleur comique. Le but principal de l'écrivain fut de décrier ce tas d'imaginations extravagantes, de chimères romanesques, de fictions gigantesques et puériles, qui, sous le nom de romans, infectoient le goût et bouleversoient les cervelles en Espagne. Il réussit. Les folies de la chevalerie disparurent ; et un homme inconnu, qu'un ministre barbare détenoit dans un cachot, eut la gloire de corriger la nation qui méconnoissoit son génie.

La

La précédente traduction n'a pas été effacée par celle de Florian, ouvrage posthume qui vit le jour en 1799, 3 vol. in-8°., ou 6 vol. in-18, ni par celle de M. Bouchon du Bournial, 1808, 8 vol. in-12.

Florian, habitué à imiter plutôt qu'à traduire, a peut-être trop cherché à donner sa manière et son coloris à Cervantes. M. Bouchon du Bournial s'est souvent écarté du sens de l'auteur original.

M. Petitot a publié, en 1809, 4 vol. in-18, une traduction mutilée des *Nouvelles* de Cervantes.

## MATTEO ALÉMAN.

L'auteur des *Aventures plaisantes de Gusman d'Alfarache*, Paris, chez la veuve Duchesne, 1777, 2 vol. in-12, est un certain *Matteo Aléman*, des environs de Séville en Espagne, et qui vivoit sous le règne de Philippe II. Après avoir passé plusieurs années à la Cour, il s'occupa à composer des ouvrages. Le plus connu est l'*Histoire de Gusman d'Alfarache*. Quand il parut, il fut reçu si favorablement, qu'on appela par excellence son auteur *le divin Espagnol*. On en a fait depuis beaucoup d'éditions, et il a été traduit en italien, en français, en allemand. La dernière traduction française est du célèbre le Sage, dont les ouvrages se font lire avec un si vif intérêt. Il y a près de quatre-vingts ans qu'elle vit le jour. M. Alletz a cru rendre service au public, en la faisant réimprimer. Mais il en a sagement retranché les épisodes inutiles, les histoires lugubres, les déclamations vagues, en un mot, tout ce qui est étranger à la vie du plus grand des héros en fait de subtilité, d'escroquerie, de fourberie, etc. Quoique le tissu de toutes ses aventures ne paroisse pas d'abord pouvoir fournir des leçons fort instructives, on y trouve cependant des caractères frappés de main de maître, des tableaux de la vie civile, et des portraits qui, dit l'éditeur, corrigent sans qu'on s'en aperçoive, et qui font plus d'impression que ne pourroient faire tous les préceptes de la morale.

## § XI. ROMANS ITALIENS.
### J. A.-MARINI.

Cet écrivain du 17e. siècle fut le premier italien qui retraça en prose, dans ses romans, les usages, les mœurs, les dangers et les exploits de l'antique chevalerie. Il est l'auteur du *Caloandre Fidèle*, trad. en français par le comte de Caylus, 1740, 3 vol. in-12, et des *Désespérés*, trad. par de Serré, magistrat connu dans son temps par la délicatesse de son esprit et de son goût, 1731, 2 vol. in-12.

Le *Caloandre Fidèle* offre une imagination riche, une intrigue qui se développe avec art, et des caractères assez habilement diversifiés.

On trouve dans les *Désespérés*, des intrigues et des situations intéressantes, qui le seroient pourtant davantage, si elles étoient plus conformes aux mœurs. On y voit trop de mariages secrets et de reconnoissances; trop d'événemens, quoique bien liés et bien développés, trop de merveilleux; mais il faut songer que c'est un roman de chevalerie. Celui-ci est ingénieux et amusant; et c'est assez pour les lecteurs de ces petits ouvrages.

J.-M. Bruyset a réimprimé ces deux traductions en 1788, sous le titre de *Romans Héroïques* de Marini, 4 vol. in-12. Ce recueil est précédé d'un discours sur les romans de chevalerie et d'une notice sur Marini, par M. Delandine.

## BOCCACE.

Le principal titre de la gloire de Boccace est le *Decaméron*, ouvrage qui renferme cent nouvelles, qu'on suppose racontées en 10 jours, par sept dames et trois jeunes gentilshommes. On croit que toutes ces nouvelles ont un fondement historique, qui a été comme le canevas que l'auteur n'a fait qu'étendre et embellir. Les récits sont composés avec un art si admirable, qu'on peut dire que la prose italienne doit autant à Boccace, que la poésie est redevable à Pétrarque. Le *Decaméron*, pour la beauté du style, le choix des expressions, le naturel du récit et l'éloquence des discours sera toujours regardé comme le plus parfait modèle de l'italien le plus pur et le plus élégant. On ne doit donc pas être surpris si on en a fait une multitude innombrable d'éditions, et s'il a été traduit dans presque toutes les langues. Cependant M. Denina prétend que le style de Boccace ne doit pas être imité à tous égards ; qu'on y trouve quantité de mots vieux et surannés, et qu'il est à propos de s'être prémuni par la lecture de plusieurs autres bons écrivains des siècles postérieurs, pour pouvoir, en lisant Boccace, éviter d'en prendre des expressions qui, étant usées aujourd'hui, ne pourroient que défigurer le style. D'un autre côté, le moraliste, même le moins sévère, peut regretter que cet ouvrage, si parfait d'ailleurs, soit souillé par quelques contes obscènes, et par quelques images trop libres.

Ceux qui aiment notre ancien langage, lisent encore la traduction du Decaméron, publiée, pour la première fois, vers 1540, in-fol., par Antoine le Maçon. Les libraires de Paris en ont donné une belle édition avec des figures gravées en taille-douce sur les dessins de Gravelot, 1757, 5 vol. in-8°.

M. Sabatier de Castres passe pour l'auteur de la traduction nouvelle qui parut en 1779, 10 vol. petit in-12. On lui préfère celle du comte de Mirabeau, imprimée en 4 vol. in-8°.

## GRAZZINI, dit LASCA.

La première traduction française des *Nouvelles* de cet auteur, mort en 1583, parut en 1776, 2 vol. in-8°. Il a le défaut de sa nation, celui d'être quelquefois un peu trop diffus; tous les sujets, quoique souvent un peu libres, suivant l'usage de ce temps, sont intéressans. D'ailleurs, il y a dans son recueil la plus heureuse variété, de la gaieté, du plaisant et du pathétique. Comme les Contes de Lasca ne parurent qu'après sa mort, on ne trouva d'abord que ceux de la seconde soirée, qui fut imprimée, pour la première fois, en 1740. On découvrit, en 1766, la première et la seconde Nouvelle de la troisième soirée, et l'on en fit une édition plus complète. On a enfin trouvé un manuscrit qu'on croit être du temps d'Henri IV : c'est une traduction française des Nouvelles de Lasca, avec les neuf Contes, dont l'original est perdu. S'ils ne sont pas réellement de cet auteur, le traducteur, qu'on assure être M. Imbert, et non M. le Fevre de Villebrune, a si bien imité sa manière, qu'il est difficile de ne pas s'y méprendre.

## § XII. ROMANS ALLEMANDS.

### M. WIELAND.

Cet auteur a su fondre avec beaucoup d'art, dans le roman d'Agathon, qui passe, à juste titre, pour un de ses chefs-d'œuvres, la philosophie, l'érudition, la sensibilité et la galanterie. Cependant il manque à cet ouvrage un caractère marqué, une idée dominante, une fin reconnue qui en concentre les effets et qui serve, soit à en déterminer le genre, soit à lui donner cette unité, la première règle de tous les genres. Frenais en avoit publié, dès 1768, une traduction française, ou plutôt un extrait peu digne d'être lu; M. Pernay en a donné une traduction nouvelle en 1802, 3 vol. in-12; il a abrégé quelques chapitres et supprimé des longueurs. Son style se ressent beaucoup de la pesanteur et de l'enchevêtrement des périodes allemandes.

M. Ladoucette, préfet du département de la Roër, a donné une imitation d'Agathon, sous le titre de Philoclès, Paris, 1802, 2 vol. in-8°. Non-seulement il a changé le nom du héros, mais encore il a réduit à douze les quinze livres de l'original, élagué ou resserré les réflexions, les monologues, les entretiens philosophiques, etc. Quant au style, cette imitation est fort supérieure à la traduction.

Le caractère particulier du génie de Wieland consiste dans une extrême flexibilité, dans une fécondité inépuisable qui se prête tour à tour à tous les sujets, à toutes les nuances, et nulle part ce caractère ne s'est fait remarquer d'une manière plus saillante, que dans *Peregrinus Protée*, ou les Dangers de l'Enthousiasme, ouvrage bien traduit en français par la Baume, Paris, 1795, 2 vol. in-18, mais si mal imprimé qu'on ne peut le lire sans se fatiguer la vue. On doit aussi à M. la Baume la traduction des Abderites, 1802, 3 vol. in-8°.

*L'Histoire du sage Danischmond*, traduite en français par un anonime, Paris 1800, 2 vol. in-8°. et in-12, appartient à la classe des romans philosophiques. On n'y trouve point de ces aventures invraisemblables, de ces atrocités rebutantes, de ces assertions hardies, ou de ces pensées exagérées qui, seules pendant trop long-temps, purent assurer le débit des productions littéraires. Le style de cette traduction est agréable, facile, mais pas toujours correct. Celui des notes, qu'on a quelquefois voulu rendre plaisant, est un peu entaché de ce jargon scientifique, censuré par Molière dans ses Précieuses Ridicules.

On a encore traduit de Wieland l'Histoire d'un jeune Grec, conte moral, Leyde, 1777, 2 vol. in-8°.; le Miroir d'or, ou les Rois du Chéchian, Neufchâtel, 1774, 2 parties in-8°. C'est un roman politique. Madame d'Ussieux, qui joignoit au mérite de savoir plusieurs langues, celui de bien écrire dans la sienne, a imité le nouveau Don Quichotte, Bouillon, 4 parties, 1770, in-8°.

## M. AUGUSTE LA FONTAINE.

Les anciens et nouveaux *Tableaux de Famille*, *Hermann et Emilie*, *l'Homme singulier*, *le Village de Lobenstein*, *Amour et Coquetterie*, etc., etc., ont placé Auguste la Fontaine au rang des meilleurs romanciers de l'Allemagne. Cet auteur a ramené l'imagination dans la réalité de la vie : il a su décorer pour nous cet intérieur des mœurs domestiques, hors desquelles nous cherchons à nous élancer. La traduction de plusieurs de ces romans est digne, à tous égards, du talent de madame de Montolieu.

Le roman d'*Aristomène* est d'un genre différent de tous ceux de cet auteur qui ont été traduits en français, et paroît être le premier d'une suite non moins nombreuse que celle des *Tableaux de Famille*. L'auteur intitule cet ouvrage : *Traditions antiques* ; première partie, *Aristomène et Gorgus*. Il a recueilli, en effet, quelques traditions antiques sur Aristomène, consignées dans les ouvrages de MM. Gillies et Mitfort.

Les *Contes*, du même écrivain, ne sont

point au-dessous de sa réputation. L'on y retrouve dans des cadres plus étroits, la fécondité d'invention, la connoissance du cœur humain, surtout la sensibilité qui ont fait le succès de ses autres ouvrages. Madame de Montolieu a traduit aussi les *Contes*, 1804, 3 vol. in-12. On doit à M. Girard de Propiac la traduction de huit des *Nouveaux Contes moraux*, 1802, 2 vol. in-12.

## M. GOËTHE.

*Les Passions du jeune Werther* sont un ouvrage intéressant pour ceux qui veulent suivre les progrès de la littérature allemande. Il a excité la plus vive sensation chez un peuple autrefois plus riche en savans qu'en hommes de génie. Plusieurs écrivains l'ont loué avec enthousiasme, d'autres l'ont critiqué avec amertume. La voix publique a proclamé son auteur, M. Goethe, le digne émule de Klopstock pour l'énergie pittoresque du style, la chaleur des mouvemens et la hardiesse de l'imagination. Il étoit aisé à l'auteur de composer un livre excellent avec son génie, ses matériaux et plus de goût. Nous sommes redevables de la première traduction à M. Aubry : elle parut en 1777.

M. Deyverdun en a publié une autre à Maestricht en 1786, 2 vol. in-12. Nous en devons une nouvelle à M. de Sevelinges, 1803, in-8°. Elle a été faite sur une nouvelle édition, augmentée par l'auteur de douze Lettres et d'une partie historique entièrement neuve.

## M. KOTZEBUE.

Quelques situations attachantes, une peinture assez vraie du cœur humain, des réflexions d'une justesse frappante font pardonner, dans les nombreux romans de cet auteur, l'invraisemblance des événemens et les négligences de style : les plus remarquables sont les *Aventures de mon Père*, traduites par Muller, 1799, in-8°.; *Ildegerte, ou l'Héroïne de Norwège*, traduction libre, par Petit, 1804, 2 vol. in-12; *Léontine de Bleinheim*, traduction libre, par M. H. de Coiffier, 1808, 5 vol. in-12.

## MADAME DE WOLZOGEN.

*Agnès de Lilien*, traduite de l'allemand, Paris, 1802, élevée par un vieillard estimable, ministre du culte protestant dans un petit village, parvint, après beaucoup de souffrances, à reconnoître sa mère, princesse d'une petite cour d'Allemagne, qui, s'étant liée d'un mariage clandestin avec un gentilhomme au-dessous de son rang, est en butte à mille persécutions. Madame de Wolzogen, belle-sœur du célèbre Schiller, a su embellir ce sujet par des remarques spirituelles puisées dans une connoissance approfondie du cœur humain, et par des tableaux frappans de l'ennui qui ronge le courtisan, et des petites intrigues si communes dans les cours des princes foibles.

## § XIII. ROMANS ANGLAIS.

Les Anglais, qui ont produit tant d'ouvrages, sans avoir presque jamais su faire un livre, ont mieux connu que nous le véritable esprit du roman, par cela seul qu'ils sont observateurs plus profonds et plus minutieusement asservis à la loi du *costume*: leurs romans sont vraiment *nationaux*, et c'est tant pis pour leurs romans qui, imprégnés d'un bout à l'autre de cette teinte locale, sont par fois ennuyeux, surchargés de détails qui n'en finissent point, de descriptions parasites, et d'un merveilleux burlesque, capable tout au plus d'en imposer à des enfans.

## DE FOÉ.

Robinson est le fondement le plus solide de la réputation de cet auteur, ou plutôt, ce qui est assez bizarre, c'est lui qui a beaucoup de réputation dans l'Europe; son auteur, qui le fut de tant d'autres productions de tout genre, n'en a pas.

Presque tout le monde connoît en France les *Aventures de Robinson Crusoé*. Elles sont pour beaucoup d'enfans la première lecture, comme elles furent celle d'Emile, et comme avant de connoître Emile, je me rappelle fort bien qu'elles furent la mienne.

Daniel de Foé publia ce roman en 1719; le succès en fut prompt et universel. Il valut, dit-on, plus de mille livres sterling au libraire qui avoit acheté le manuscrit *refusé par tous ses confrères*. Les critiques et les parodies l'assaillirent d'abord, mais elles tombèrent bientôt dans l'oubli, tandis que les éditions de Robinson se multiplioient, et qu'on le traduisoit dans toutes les langues de l'Europe. Il est devenu en Angleterre un livre national, et l'on en fait cinq ou six éditions par année pour amuser les matelots.

Ce n'est pas à cet usage que le libraire

Stockdale a destiné celle qu'il donna en 1790 ; elle est magnifique et faite pour être placée dans toutes les bibliothèques anglaises avec celles des auteurs classiques ; car chez ce peuple, dont nous devons haïr le gouvernement, mais digne, sous plusieurs rapports, de servir de modèle, il y a un esprit public, ou, si l'on veut, un orgueil national qui se porte sur les productions littéraires, comme sur toutes les autres sources de gloire et de prospérité publiques ; et l'homme aisé qui n'auroit pas dans sa bibliothèque la plus belle édition de Shakespeare, de Milton, de Pope, d'Addisson, de Thompson, de Richardson, de Hume, etc., etc., passeroit pour un mauvais anglais.

La traduction française de Robinson est due à Van Effen et à Saint-Hyacinthe. Charles Panckoucke, éditeur de l'*Encyclopédie méthodique*, avoit entrepris d'en donner une édition revue et corrigée sur la belle édition de Stockdale. Cette édition a été publiée par sa veuve en 1800, 3 vol. in-8°. avec figures. Elle est augmentée de la vie de l'auteur, traduite librement par Griffet-Labaume, de celle qui se trouve à la fin de l'édition de Stockdale, et qui a pour auteur G. Chalmers.

On a du même de Foé beaucoup d'autres ouvrages tombés dans l'oubli, à l'exception peut-être d'une *Histoire politique du Diable*, publiée en 1726, et traduite en français en 1729, à Amsterdam, 2 vol. in-12. Cet ouvrage est écrit d'un style fort enjoué ; en quelques endroits l'auteur énonce des principes assez hardis ; mais il se contredit souvent. Le *Journal des Savans* donna dans le temps une légère idée de cette production, et dit que les principes de Bekker y régnoient. L'abbé de Claustre n'ayant pas examiné assez attentivement cette dernière phrase, crut que Bekker étoit désigné comme auteur de l'ouvrage ; il présenta donc dans la *table du Journal des Savans* l'auteur de l'*Histoire du Monde enchanté*, comme celui de l'*Histoire politique du Diable*. L'erreur est évidente. D'autres bibliographes ont attribué la même histoire à Schwindenius, trompés apparemment par la ressemblance qu'elle peut avoir en quelques points avec les *Recherches de cet auteur sur le feu de l'enfer*. J'ai consigné la même erreur dans mon *Dictionnaire des Ouvrages anonymes*, en ajoutant aussi faussement que l'Histoire du Diable avoit eu pour traducteur le ministre Bion.

## SWIFT.

On a donné plusieurs éditions des *Voyages de Gulliver*, trad. en français par l'abbé Desfontaines, 1727, 2 vol. in-12. Les deux premiers sont fondés sur l'idée d'un principe de physique très-certain, savoir : qu'il n'y a point de grandeur absolue, et que toute mesure est relative. L'auteur a travaillé sur cette idée, et en a tiré tout ce qu'il a pu pour réjouir et instruire ses lecteurs, et pour leur faire sentir la vanité des grandeurs humaines. Dans ces deux voyages il semble, en quelque sorte, considérer les hommes avec un télescope : d'abord il tourne le verre objectif du côté de l'œil, et les voit par conséquent très-petits ; c'est le Voyage de Lilliput : il retourne ensuite son télescope, et alors il voit les hommes très-grands; c'est le Voyage de Brobdingnag; cela lui fournit des images plaisantes, des allusions, des réflexions : à l'égard des autres Voyages, Swift a eu dessein, encore plus que dans les deux premiers, de censurer plusieurs usages de son pays. L'île aérienne de la Puta paroît être la cour d'Angleterre, et ne peut avoir de rapport à aucune autre cour.

Dans tous ces Voyages, l'auteur attaque
l'homme

l'homme en général, et fait sentir le ridicule et la misère de l'esprit humain. Il nous ouvre les yeux sur des vices énormes, que nous sommes accoutumés à regarder tout au plus comme de légers défauts; et il nous fait sentir le prix d'une raison épurée et plus parfaite que la nôtre. Au reste, l'idée de ces voyages n'est pas originale. Nous avons plusieurs romans philosophiques anciens et modernes, qui ont précédé ceux du docteur Swift; il a bien connu surtout Lucien, notre Rabelais et notre Cyrano de Bergerac. Mais sa manière est à lui, et ses développemens ont le caractère de l'invention.

## RICHARDSON.

L'Angleterre fournit des caractères plus décidés, plus profonds, plus fermes que la France. Aussi les romans de Richardson, *Paméla*, *Clarisse*, *Grandisson*, ont été regardés chez nous comme un nouveau genre, qui fournit beaucoup au touchant et au pathétique. On a reproché à ce célèbre auteur de donner dans de longs détails, d'épuiser le sentiment à force de l'étendre; mais on est dédommagé de ce défaut par des morceaux très-bien écrits. Il peint la nature avec autant de mérite que de grâces. Tous les traits de ses tableaux servent à faire connoître les hommes, et à développer les replis du cœur humain.

On doit à l'abbé Prevost la traduction la plus répandue des trois romans que nous venons de citer. Il a fait beaucoup de retranchemens, surtout dans *Grandisson* et dans *Clarisse*. Grandisson a été traduit avec plus d'exactitude par M. Monod, ministre protestant, Gottingue et Leyde, 1756, 7 vol. in-12. Le Tourneur a publié, en 1784, une traduction complète de Clarisse, en 10 vol. in-8°.

### FIELDING.

Henri Fielding, autre romancier anglais, dont nous avons presque tous les ouvrages traduits en français, possède les mêmes talens que Richardson, mais à un degré bien inférieur.

Le but de *Tom-Jones*, traduit par de la Place, en 4 vol. in-12, est de montrer les dangers où l'imprudence peut conduire quelquefois les hommes les plus vertueux. La vertu paroît ici sous toutes les formes qui peuvent la faire aimer. Dans Alworthy on la voit toujours constante et inébranlable; susceptible peut-être de quelques surprises, mais incapable du moindre travers. Si elle souffre de légères éclipses dans la conduite de Tom-Jones et de Sophie, c'est pour donner lieu à des remords qui la vengent. Le crime, en contraste avec elle, n'en devient que plus méprisable : il est peint dans cette histoire sous ses couleurs les plus odieuses; la prospérité qui le suit n'y est que passagère; la honte, l'infamie, les disgrâces y marchent toujours à sa suite.

C'est la variété des événemens, la finesse des portraits, les délicatesses de l'amour, l'analise de nos sentimens, et les peintures brillantes de nos mœurs, qui rendent la plupart de nos bons romans si intéressans. L'on n'aperçoit ici presque rien de toutes ces choses-là; et cependant on lit cet ouvrage avec beaucoup de plaisir. C'est qu'il règne partout une simplicité et un naturel qui attachent et qui lui donnent l'air d'une histoire véritable, plutôt que d'un roman. On y peint l'homme plutôt que le grand seigneur; et il ne faut être ni prince, ni duc, ni marquis, pour se reconnoître aux tableaux qu'on y fait de nos passions, de nos vertus et de nos vices; on y raconte des aventures de voyages, que tout le monde peut rencontrer également : ce n'est point dans des châteaux superbes, dans des palais magnifiques que se passent tous ces événemens ; des maisons particulières, de simples hôtelleries sont le théâtre de la plupart des scènes épisodiques qui forment cette histoire.

On a obligation à de la Place d'avoir retranché fort à propos du roman de Tom-Jones, plusieurs endroits qui en eussent rendu la lecture languissante et ennuyeuse. Bien des gens souhaiteroient aussi qu'il eût donné un air un peu plus français au reste de l'ouvrage. Ils prétendent que la scène où l'on représente des gentilshommes qui se battent à coups de poing, et qui se font d'énormes meurtrissures, est un spectacle révoltant à nos yeux, et que la supériorité dans ces sortes de combats, ne donne pas une grande idée du vainqueur. Mais malgré ces défauts, ce roman attache et intéresse par ce goût, par cette estime naturelle que nous avons pour la vertu. Nous sentons qu'elle est faite pour nous rendre heureux ; rien ne nous satisfait tant, que l'espèce de bonheur qu'elle nous procure.

Feu M. Chéron a publié, en 1804, une traduction complète de cet excellent roman, 6 vol. in-12.

Le fond des *Aventures de Joseph Andrews et du Ministre Adams*, trad. en français par l'abbé Desfontaines, 1743, 2 vol. in-12, donne l'idée d'un genre de vertu tout-à-fait inconnu dans le monde, la sévérité des mœurs dans un jeune homme, jointe à l'ingénuité du caractère. La simplicité de l'intrigue est ornée de détails épisodiques, où l'on retrouve toute la gaieté de Fielding. Les caractères parfaitement nuancés, sont de la plus grande vérité. Le vicaire Adams, personnage rempli de vertus et de simplicité, y donne une multitude d'exemples et de préceptes, dont l'effet est de lier le sentiment de la vertu aux événemens les plus plaisans de l'histoire. Si Fielding charge l'intrigue, s'il met en événemens et en descriptions ce qu'à la faveur du genre épistolaire, Richardson met en détails domestiques, le lecteur n'a point à se plaindre; partout il est occupé, ému, attendri, et disposé à bien dire et à bien faire.

On a recueilli, en 14 vol. in-12, Genève, 1781 et 1782, les traductions françaises des romans de Fielding; mais on a inséré dans cette collection les Aventures de Roderic Random, qui sont de Tobie Smolett, et la Vie de David Simple, qui est de Sara Fielding, sœur de l'auteur.

On n'y a point mis les Mémoires du Chevalier de Kilper, trad. en 1768, par M. de Montagnac. Peut-être M. de Montagnac s'est-il servi du nom de Fielding pour donner du cours à un ouvrage composé en français.

La traduction d'Amélie est celle de M. de Puisieux, publiée en 1762, quatre parties in-12. La même année, madame de Riccoboni avoit donné une imitation libre du même roman, en 3 vol.

## SMOLETT.

Les *Aventures de Roderic Random*, roman très-connu, ont été trad. en français, sous le nom de Fielding, par Hernandez et Puisieux, 1761, 3 vol. in-12. On sait aujourd'hui que l'historien Tobie Smolett est le véritable auteur de cet ouvrage. On lui doit encore l'*Histoire et les Aventures de Sir William Pickle*; trad. de l'anglais par Toussaint, 1753, 4 vol. in-12, ou 1799, 6 vol. in-18.

Un anonime a traduit de l'anglais, sur la quinzième édition, *Fathom et Melvil*, 1798; 4 vol. in-12. Ce roman tient, par sa gaieté et son originalité, le premier rang après *Tom-Jones*. Les romans de Smolett se distinguent surtout par cette sorte d'esprit, qui paroît exclusivement appartenir aux Anglais, et qu'ils nomment *humour*. On peut dire, en général, que si le célèbre Richardson a composé *Paméla* et *Grandisson* pour inspirer le goût de la vertu, Smolett s'est proposé le même but en peignant le vice sous toutes ses formes, et en montrant les suites funestes dont il est toujours accompagné.

## STERN.

Toutes les saillies d'une imagination libre et originale caractérisent *la Vie et les Opinions de Tristram Shandy*, trad. de l'anglais de Stern, par M. Frenais, 4 vol. in-12, 1785. Cette production, malgré ses irrégularités bizarres, étincelle d'esprit, de gaieté et de bonne philosophie. Son auteur est regardé comme le Rabelais de l'Angleterre ; et ses écrits méritent en effet d'être placés dans les bibliothèques, sur la même tablette que ceux du jovial curé de Meudon, par toutes les plaisanteries, toutes les scènes bouffonnes, toutes les situations comiques que présente ce roman. Il ne faut pas croire cependant que tout l'esprit de l'auteur s'évapore en saillies frivoles; on trouve dans son ouvrage des allusions fines et ingénieuses, une critique adroite des mœurs et des faux savans, des réflexions pleines de justesse et de solidité. Stern, quoique philosophe, ne paroît pas avoir été grand admirateur de nos Encyclopédistes.

On trouve dans le *Voyage Sentimental* du même auteur, à peu près le même caractère que dans les opinions de *Tristram Shandy*. C'est une production singulière, où l'originalité domine autant au moins que le sentiment. On y trouve l'exposé, tantôt comique, tantôt touchant, des diverses sensations que l'auteur éprouve dans son voyage en France, des aventures qui lui arrivent, des différentes rencontres qu'il fait. L'auteur n'a point cherché à mettre de la suite dans sa narration. Un de ses plus grands mérites, c'est de n'avoir point cherché à exciter l'intérêt par ces aventures romanesques et extraordinaires qui sont presque toujours hors de la nature. Ses tableaux sont puisés dans l'ordre commun de la société, saisis avec finesse, et tracés avec esprit et gaieté. Il a enfin le secret, si rare actuellement, de nous intéresser par des peintures et des détails que nous voyons tous les jours, et que nos auteurs, toujours guindés et précieux, affectent de dédaigner, faute de pouvoir les rendre.

GOLDSMITH.

## GOLDSMITH.

Un roman que la littérature, la philosophie et la religion revendiquent à l'envi, c'est le Ministre de Wakefield, trad. en français par madame de Montesson, Paris, 1767, in-12; par feu M. Gin, 1797, in-8°.; par M. Aignan, 1803, in-12. Le plan en est simple et régulier, tous les caractères finis concourent à faire ressortir le caractère principal; les situations touchantes et bien enchaînées se précipitent vers le dénoûment sans gêner l'intrigue, et la morale douce et touchante est celle de la philosophie sans enthousiasme et de la religion sans fanatisme. Ici, la morale n'est pas en dissertations comme dans les romans de l'abbé Prevost; elle naît de l'action même et est inséparablement liée au sujet.

## MACKENSIE.

On regrette dans l'*Homme Sensible*, trad. en français par M. de Saint-Ange, Paris, 1775, in-12, que le sujet ne soit pas mieux prononcé. Harley joint à la douceur de l'Yorick de Stern, cette teinte de mélancolie qui accompagne presque toujours le sentiment.

On lui reproche une sensibilité minutieuse, et peut-être un peu molle : mais qui pourroit blâmer l'attendrissement que lui cause la destruction de cette maison d'école ? Il me semble que ce que nous avons vu dans notre enfance, les murs mêmes où nous avons été élevés, deviennent pour nous des ancêtres....

L'*Homme du Monde*, trad. aussi par M. de Saint-Ange, 1776, in-12, présente une suite d'événemens mieux liés et des caractères plus exactement dessinés : entre tous ceux-là, celui du bon M. Rawlinson, et celui du vertueux Annesly frappent et attachent le lecteur. Les chagrins et la mort de cet homme de bien présentent la scène la plus déchirante qui se trouve dans aucun roman, si l'on en excepte *Clarisse*.

## M. LEWIS.

Le *Moine* a mérité dès son apparition, et conserve encore une grande célébrité; l'effet de ce livre terrible fit époque en Angleterre, et la traduction française, dont on est redevable à MM. Deschamps, Després, Benoît et Lamare, Paris, 1797, 4 vol. in-12, tourna pour un moment plus d'une tête parmi nous. Il s'en faut cependant que ce soit un bon ouvrage; mais c'est une production de génie, écrite avec tout le feu de la jeunesse. Son plus grand défaut est d'avoir introduit et accrédité en France ce genre détestable de drames et de romans, dont le diable et les sorciers font tous les frais, mais dont aucun ne rachète ces bizarreries monstrueuses par des beautés comparables à celles du *Moine*.

## JOHN MOORE.

J. Moore, célèbre voyageur, mort le 20 février 1802, sera mis au rang des auteurs classiques de l'Angleterre. Le style de ses voyages est un modèle de facilité et de clarté. Son roman intitulé *Zélucco*, dont Cantwel nous a procuré une trad. française, Paris, 1796, 4 vol. petit in-12, est écrit avec une vérité de caractère, une force et une originalité de style qui en feront un monument durable du génie anglais. La sensibilité et la bonté de son caractère faisoient le charme de la société. Son roman d'*Édouard*, trad. aussi en français par Cantwel, Paris, 1797, 3 vol. in-12, a aussi de la célébrité; mais on ne paroît pas faire autant de cas d'un troisième ouvrage de l'auteur, intitulé : *Mordaunt*, ou *Esquisse de Mœurs et de Caractères dans divers pays*, contenant l'*Histoire d'une*

*Française de qualité*. On a accusé Moore de s'être mis lui-même à contribution. Son style est naturellement élégant, plein de sel et de finesse ; mais ces qualités mêmes deviennent des défauts, lorsque dans un ouvrage épistolaire, on les prête indistinctement à ses divers personnages, et c'est le reproche qu'on fait à celui-ci. Le lieutenant-général anglais, John Moore, fils de notre auteur, a été tué en Espagne d'un boulet de canon, le 16 janvier 1809.

## MADAME BROOKE.

Madame Brooke mit au jour, en 1763, l'Histoire de Julie Mandeville, qui eut un grand succès. Nous en avons une traduction estimée par le célèbre Bouchand, 1764, deux parties in-12. On regrette que l'auteur ait adopté un dénoûment aussi tragique qu'inopiné. Ayant accompagné son époux en Canada, elle voulut décrire les sites romantiques qu'elle eut occasion d'admirer dans cette région lointaine. C'est ce qui lui fit composer le roman d'*Émilie Montague*, traduit en français par Frenais, Paris, 1770, quatre parties in-12.

## MADAME BURNEY-D'ARBLAY.

Les romans de madame Burney-d'Arblay ont été autrefois très-goûtés en Angleterre, mais ils commencent malheureusement à paroître trop raisonnables. On y chercheroit vainement, à la vérité, quelques vues nouvelles sur la vie et le cœur humain ; mais ce qu'on y trouve, ce sont beaucoup de choses vraies, heureusement présentées, exprimées dans un style élégant et pur, une peinture fidèle des mœurs et des opinions anglaises, une morale saine et des instructions utiles. Qui n'a lu avec plaisir *Évélina* et *Cécilia!* Le premier a été traduit et abrégé par la Baume, 1785, 2 vol. in-16. Un anonime a traduit *Cécilia*, Paris, 1795, 7 vol. in-18.

*Camilla*, le dernier ouvrage de cette aimable auteur, offre quelques caractères fort intéressans ; mais on peut trouver de la roideur et de l'exagération dans les autres. MM. Després et Deschamps ont revu la traduction française de *Camilla*, Paris, 1797, 5 vol. in-12 ; c'est annoncer qu'on doit la lire avec plaisir.

L'époux de miss Burney, M. d'Arblay, est un émigré français.

## CHARLOTTE SMITH.

Charlotte Smith est une femme très-malheureuse, dont les ouvrages portent tous la couleur de sa triste destinée, et laissent percer une certaine irritation, une habitude de la plainte et du murmure, qui altère son talent et l'empêche d'en varier les formes. Elle a fait des sonnets cependant où sa mélancolie prend quelquefois un caractère élevé et vraiment poétique. Les principaux romans de Charlotte Smith sont : Ethelinde, ou la Recluse du Lac, trad. par M. de la Montagne, Paris, 1796, 4 vol. in-12, et le Proscrit, traduit par feu M. Marquand, 1803, 3 vol. in-12.

## MADAME ROCHE.

Toutes les passions qui maîtrisent les hommes, qui dominent la société, sont représentées avec les traits qui leur sont propres dans les *Enfans de l'Abbaye*, trad. de l'anglais de madame Maria-Regina Roche, par M. Morellet, Paris, 1798, 6 vol. in-12. Depuis *Grandisson* et *Cécilia*, il n'avoit rien paru dans ce genre de composition d'un intérêt aussi soutenu, d'une moralité aussi pure, d'un ensemble aussi attachant. La bonté et la vengeance, la vertu et le crime, la candeur et la duplicité, l'honnêté et le libertinage, l'amour et la haine s'y montrent successivement dans des tableaux en action aussi variés que ressemblans.

La *Visite Nocturne*, trad. en français par J.-B.-J. Breton, Paris, 1801, 6 vol. in-18, sembleroit annoncer un roman merveilleux; mais ce titre trompe l'attente du lecteur, qui n'y trouve que des événemens simples et naturels; il n'a rapport qu'au dénoûment, qui a le mérite d'être imprévu. Cependant on doit savoir gré au traducteur d'avoir retranché quelques longueurs et quelques imperfections échappées à la chaleur de la composition et surtout à la facilité de l'auteur.

*Clermont*, traduit par M. Morellet, 1799, 3 vol. in-12, est une conception assez inextricable; elle réunit aux détails minutieux et souvent indifférens, aux descriptions trop multipliées et souvent déplacées, des invraisemblances, des obscurités, des situations forcées, des négligences répétées, qui feroient douter que cette fable fût de l'auteur des *Enfans de l'Abbaye*, si le titre de l'ouvrage et le nom du traducteur pouvoient le permettre.

## MADAME RADCLIFFE.

Il est plus facile et plus ingénieux peut-être de troubler l'imagination par une attente et des craintes mystérieuses, que de la frapper par des scènes réelles et détaillées. C'est ce que madame Radcliffe a très-bien senti dans quelques-uns de ses romans, et cette idée n'est pas sans mérite. Madame Radcliffe conduit naturellement à la plus forte terreur par l'attente, la crainte, le mystère et la curiosité ; on ne voit point de spectre, mais on l'attend toujours ; on n'entend qu'avec incertitude des soupirs, des gémissemens ; c'est peut-être le sifflement du vent, le murmure de l'onde ou les sons plaintifs de la voix d'un être intéressant qui existe et qui souffre. Est-ce un fantôme ? On l'ignore, on n'a que des soupçons ; on veut s'éclaircir, on ne peut quitter le livre ; tout y est voilé, les crimes et le merveilleux ; et ce plan produit la plus longue et la plus vive émotion.

Si dans ses romans, les scènes d'un autre genre étoient mieux faites, et si les dénoûmens étoient meilleurs, on les citeroit comme des ouvrages originaux, qui peuvent donner quelques idées générales, mais qui ne doivent assurément

assurément pas former un mauvais genre.

Madame Anne Radcliffe est morte en 1809, à Brougton près Stampford, âgée de 71 ans. Ses principaux romans ont été traduits en français; en voici les titres :

La Forêt, ou l'Abbaye de Saint-Clair, Paris, an 8, 4 vol. in-18. Les Mystères d'Udolphe, traduits par mademoiselle Victorine de Chastenay, Paris, 1808, 6 vol. in-18. L'Italien, ou le Confessionnal des Pénitens noirs, trad. par A. Morellet, Paris, 1798, 4 vol. in-18. Julia, ou les Souterrains de Mazzini, Paris, 1798, 2 vol. in-18. Les Châteaux d'Athlin et de Dunbayne, Paris, 1797, 3 vol. in-18. Les Visions du Château des Pyrénées, Paris, 1809, 4 vol. in-12.

## MADAME HELME.

Madame Helme, dont le nom est presque inconnu en France, jouit en Angleterre d'une assez grande réputation. Cette dame, qui vit peut-être encore, a publié plusieurs romans, dont la morale est pure et les intentions utiles. Clara et Emmelina, trad. en français par M. Dubois Fontanelle, 1788, 2 vol. in-12; Louisa, ou la Chaumière, trad. en français par un anonime, 1793, 2 vol. in-18, sont les plus répandus;

Duneau et Peggy, le Fermier de la Forêt d'Inglewood, Albert, trad. en français par M. Edouard Lefèvre, sous le titre d'Albert, ou le Désert de Strathnavern, 1800, 3 vol. in-12; James Manners, trad. en français par M. Hennequin, Riom, 1801, in-12; la Caverne de Sainte-Marguerite, Sainte-Claire des Isles sont, je crois, encore à traduire. Madame Helme ne s'est pas bornée à écrire des romans, elle a consacré sa plume à d'autres travaux d'un genre plus grave et d'une utilité plus directe. On lui doit un abrégé des Vies de Plutarque; elle a traduit de l'allemand, de Camps, Colomb, Pizarre et Cortès, trois ouvrages composés pour l'instruction de la jeunesse, et parfaitement propres à bien remplir ce but; il est fâcheux seulement que M. Campe ait eu l'idée d'y établir un dialogue ridicule entre un père et une douzaine d'enfans qu'il a faits niais et ennuyeux, croyant les faire ingénus et naturels; peut-être madame Helme aura-t-elle eu le bon esprit de faire ce que n'a pas fait le traducteur français, d'abréger ce trop long bavardage. Je trouve encore de cette dame deux ouvrages qui se recommandent par leurs titres : Promenades instructives dans Londres et les villages voisins, destinées à amuser et perfectionner l'esprit de la jeunesse, trad. en français par le Bas, 1799, 3 vol. in-8°.; Instructions maternelles, ou Conversations de famille sur des sujets moraux et amusans.

## MADAME INCHBALD.

Madame Inchbald est la fille d'un riche fermier de Suffolk, nommé Simpson. Dans sa jeunesse, elle avoit un défaut dans l'organe de la parole qui la rendoit presqu'inintelligible pour ceux qui n'étoient pas habitués à l'entendre. Malgré ce défaut, on lui indiqua le théâtre comme une ressource convenable à ses talens, et surtout à la position où l'avoient placée différentes aventures de sa vie. Elle joua sur plusieurs théâtres. On pardonnoit généralement son défaut de prononciation en faveur de sa beauté ; et les agrémens de son caractère lui firent des amis dans tous les lieux où elle résida.

Bientôt madame Inchbald se livra à la composition. On joua d'elle plusieurs pièces de théâtre. Toutes réussirent. La réputation de cette dame, comme auteur, s'est étendue par ses romans. Qui ne connoît *Simple Histoire* et sa suite, si bien trad. par M. Deschamps, aujourd'hui secrétaire des commandemens de Sa Majesté l'Impératrice Josephine !

Il seroit à désirer que le traducteur d'un nouvel ouvrage de madame Inchbald, intitulé la *Nature et l'Art*, 1797, 2 vol. in-18, y eût mis autant de pureté de style, de grâce et de goût qu'il y en a dans les deux précédentes traductions. Ce titre de la *Nature et l'Art* est un peu vague, métaphysique, et ne donne pas une idée de l'ouvrage ; il eût été mieux intitulé, peut-être, le *Riche et le Pauvre*, ou *les Deux Frères*.

Une circonstance de la vie de madame Inchbald lui fait beaucoup d'honneur. Depuis l'instant de son union avec l'acteur Inchbald, son mari lui avoit montré l'affection la plus tendre et une fidélité rigoureuse ; mais il pressoit en vain sa femme de lui montrer de l'amour : elle laissoit percer son indifférence. Cependant un sentiment profond de reconnoissance et de devoir l'inspiroit dans ses relations avec son époux; et bientôt elle eut besoin de tout l'appui que ce sentiment donnoit à sa vertu. Un homme d'une haute naissance, attrayant dans sa personne, plein de ces talens d'agrément qui séduisent, s'attacha à lui plaire, et réussit à faire impression sur elle. Dans ce combat du cœur et de la raison, sa santé s'altéra. Elle avoua à son mari ce qu'elle éprouvoit, implora son pardon d'un sentiment involontaire ; le supplia de la diriger, de l'éloigner du péril, et lui déclara qu'elle étoit prête à se soumettre à tout ce qu'il croiroit nécessaire. Elle étoit alors si sérieusement malade, que les médecins lui avoient ordonné un voyage dans les provinces méridionales de France, comme sa seule ressource. Ce voyage se fit et sa santé fut bientôt rétablie. L'absence de celui qui avoit troublé la paix de son cœur, contribua sans doute à lui rendre la tranquillité ; mais elle dut surtout cet avantage aux tendres soins de son mari, qui, bien loin de lui témoigner ni mécontentement, ni jalousie, sut compatir à ses peines et soutenir son courage.

Cette conduite de madame Inchbald est une belle apologie de celle que madame de la Fayette fait tenir à la *Princesse de Clèves*, et qui a été si sévèrement critiquée.

## § XIV. ROMANS DANOIS ET RUSSES.

### M. HENRI DE COIFFIER.

Quelques romans étrangers ont obtenu parmi nous un succès mérité. On peut mettre dans ce nombre les romans du nord, imités du russe et du danois de Karamsin et de Suhm, par M. Henri de Coiffier, nouvelle édition revue par le traducteur, Paris, 1808, 3 vol. in-12. Nous avons à M. de Coiffier la double obligation de nous avoir fait connoître des plantes nées sur un sol étranger, et en piquant notre curiosité, d'avoir satisfait notre amour-propre, puisque celles que le nôtre a produites sont d'une espèce plus rare et beaucoup meilleure. Mais il est une justice particulière qu'on lui doit et que nous nous plaisons à lui rendre : ses imitations intéressent le lecteur, parce que le style, toujours adapté aux sujets, a toujours la couleur qui leur convient ; qualité rare, et infiniment plus rare qu'on ne le croit.

M. de Coiffier est aujourd'hui l'un des inspecteurs généraux de l'Université Impériale.

## § XV. VOYAGES IMAGINAIRES ET CONTES DE FÉES.

Les romanciers n'auroient pas rempli leur but, s'ils n'eussent cherché à nous intéresser que par la peinture simple de nos passions, de nos défauts et de nos vices. Ils ont été souvent obligés d'employer d'autres ressources. Leur imagination nous a promenés dans les contrées les plus diverses, élevés dans les régions éthérées ; elle nous a fait errer de planètes en planètes, descendre dans l'intérieur du globe, jusque dans le séjour des morts. Elle nous a bercés par des songes agréables et des visions ingénieuses ; enfin, elle nous a ouvert le monde des esprits, révélé les mystères de la nature, enseigné l'art des enchantemens. De là cette multitude de *Voyages imaginaires* que l'on a divisés en romanesques, en merveilleux, en allégoriques, en voyages amusans, comiques et critiques ; de là les *Songes* et *Visions*, les *Romans cabalistiques et de magie*. Il n'est aucune de ces classes et de ces divisions qui ne soit distinguée par un ou plusieurs chefs-d'œuvres. On estime la collection des *Voyages imaginaires*, publiée par le libraire Cuchet en

1787, 39 vol. in-8°. Elle a été dirigée par un homme d'esprit, feu M. Garnier. Il a fait disparoître les longueurs et les dissertations inutiles qui défiguroient beaucoup d'ouvrages. Quand le style avoit un peu vieilli, il l'a rétabli, de manière à ne rien faire perdre du ton et de la naïveté de l'original. C'est ainsi qu'il a retouché l'*Histoire des Imaginations de M. Oufle*, dont le style pesant n'auroit pas été supportable.

M. de Mayer a dirigé le *Cabinet des Fées*, publié par le même libraire en trente-sept vol. in-8°. Le 37ᵉ. volume contient la notice des auteurs qui ont écrit dans ce genre. Beaucoup d'articles sont tirés de nos *Dictionnaires historiques*, mais quelques-uns renferment des anecdotes qu'on ne trouve point ailleurs.

Ces deux collections sont enrichies de figures dessinées par Marillier, et gravées sous la direction de M. Delaunay.

CHAPITRE

# CHAPITRE II.

## § I. DES OUVRAGES PÉRIODIQUES.

### PORTRAIT D'UN JOURNALISTE.

« Dans un temps où le progrès des connois-
» sances inspire à tout le monde le goût et
» l'émulation du savoir, mais où tout le
» monde n'a pas le temps ou la patience d'é-
» tudier, les journaux sont utiles, peut-être
» même nécessaires; et l'emploi de journa-
» liste est digne d'être exercé par les meil-
» leurs esprits. Il est même bien intéressant
» qu'il ne tombe jamais en d'autres mains.
» Il importe souverainement aux lettres et
» aux mœurs que le journaliste réunisse des
» qualités dont l'assemblage n'est pas com-
» mun; la pureté du goût et les trésors du
» savoir, le mérite du style et surtout au-
» tant de justice dans le cœur que de justesse
» dans l'esprit; car le journaliste exerce une
» sorte de ministère public et légal. C'est un
» rapporteur qui, après avoir fait le dépouil-

» lement des matériaux dont il extrait la subs-
» tance, ne peut, sans prévarication, rien
» déguiser, rien exagérer, rien omettre. Ses
» fonctions sont de rigueur, et il doit être
» impassible comme la loi. Il est coupable
» si l'esprit de satire ou de partialité lui font
» pallier ou aggraver des fautes, s'il s'atta-
» che malignement à relever des défauts,
» ou si, entraîné par quelque affection par-
» ticulière, il ne s'occupe qu'à faire valoir
» les beautés. Mais celui qui ne perdant ja-
» mais de vue ses devoirs et la dignité de
» son emploi, n'offre au lecteur que des
» analises exactes et précises, des résultats
» clairs et légitimes, des conclusions judi-
» cieuses et impartiales, celui-là mérite la
» reconnoissance des auteurs, des lecteurs et
» de la république des lettres. »

Ce passage est la plus belle leçon qu'il soit possible de donner à MM. les Journalistes; elle est d'autant plus imposante, qu'elle vient d'un homme à qui des talens éminens en tout genre donnent la plus grande autorité dans la littérature. Quant aux qualités indiquées et prescrites, c'est à chaque journaliste à examiner s'il les possède ; il doit tâcher de les acquérir. Il n'a rien de mieux à faire que d'avoir sans cesse sous les yeux ce beau modèle tracé d'une manière si supérieure par le feu Duc de Nivernois.

## DE SALLO.

La manière de faire savoir au public, par une espèce de journal, ce qui se passe dans la république des lettres, est une des plus belles inventions du dix-septième siècle. La gloire en est due à M. de Sallo, conseiller au parlement de Paris, qui fit paroître le *Journal des Savans*, l'an 1665, sous le nom de *Hedouville*. Nous avons joui paisiblement de l'honneur de cette invention jusqu'en 1687, que M. Wolfius, savant allemand, s'avisa de nous la contester pour en revêtir Photius, qu'on doit ranger plutôt dans la classe des bibliographes que dans celle des journalistes.

La forme du *Journal des Savans* n'a pas toujours été la même. Dans les commencemens, on se contentoit d'indiquer l'usage des livres modernes, et d'en porter des jugemens sans aucun extrait; mais, peu à peu ce Journal est devenu analitique, et passa entre les mains d'une société de gens de lettres, aussi estimables par leur érudition que par leur politesse. Quand un auteur s'étoit trompé, on le reprenoit honnêtement ; et lorsqu'il y avoit du ridicule dans un livre, on le citoit avec tant de circonspection, que l'écrivain pouvait seulement se le reprocher à lui-même. Les analises sont longues ou courtes, selon que l'importance de la matière le demande ; et le style noble, pur, élégant, est proportionné aux différens sujets. Ce Journal cessa de paroître à la fin de décembre 1792.

Voici le jugement qu'en porte le célèbre Gibbon, dans ses Mémoires, sous la date du 20 décembre 1763. « Je ne saurois dire combien je suis content de ce Journal ; le savoir, la précision et le bon goût en font le caractère ; mais j'aime surtout un ton qui lui est unique, un ton de modération, d'impartialité, qui distingue avec sûreté et avec plaisir les beautés d'un ouvrage, et qui en relève les défauts avec beaucoup de sang froid et même de tendresse. Ce Journal, le père de tous les autres, en est actuellement le meilleur ; il doit même avoir nouvellement acquis des travailleurs. Je voudrois connoître celui à qui nous devons un morceau excellent, c'est l'analise et la critique de la nouvelle tragédie de Zelmire. On ne peut souhaiter à ce Journal qu'un peu plus de hardiesse et de philosophie; mais il est fait sous les yeux du chancelier. »

L'article dont parle Gibbon, étoit de l'académicien Gaillard.

On doit à l'abbé de Claustre, la Table générale des matières contenues dans le Journal des Savans de l'édition de Paris, depuis 1665 jusqu'en 1750 exclusivement, suivie d'un Mémoire historique sur le Journal des Savans ( par M. Dupuy ), et d'une notice des journaux formés à l'imitation de celui-ci, Paris, 1753-1764, 10 vol. in-4°. Les savans font beaucoup de cas de cette table, et ce seroit leur rendre un véritable service que de la continuer jusqu'à la cessation du Journal.

## BAYLE.

Le Journal des Savans fut le père d'une quantité d'autres journaux. Depuis 1665, on en a vu paroître et disparoître plus de quatre cents, écrits en diverses langues. Bayle, surpris de voir qu'en Hollande, où il y avoit tant de libraires et une si grande liberté d'imprimer, on ne se fût pas encore avisé de donner un journal de littérature, en publia un au commencement de 1684, sous le titre de *Nouvelles de la République des Lettres*. Il avoit l'art d'égayer toutes ses matières, et de renfermer en peu de mots l'idée d'un livre. Il étoit ordinairement sage et retenu dans ses jugemens; mais son style étoit un peu trop libre. Il s'étoit flatté que son ouvrage ne seroit pas défendu en France : cependant il le fut, parce que l'on prétendoit qu'il renfermoit des semences d'erreur. Mais cette défense n'empêcha pas qu'il n'y en passât tous les mois un grand nombre d'exemplaires, qui étoient lus avec avidité.

Bayle ne put continuer son Journal que jusqu'au mois de février 1687; ses maladies l'obligèrent même à laisser incomplètes les nouvelles de février. Le ministre la Roque essaya de le remplacer pour le mois de mars et les cinq mois suivans, avec l'aide de quelques amis. En septembre, J. Barrin, ministre français réfugié, se chargea tout seul du travail. En effet, il y travailla jusqu'en avril 1689. Alors les *Nouvelles de la République des Lettres* furent interrompues jusqu'en janvier 1699, que Jacques Bernard les reprit et les poussa jusqu'à la fin de 1708, qu'il les interrompit lui-même pour ne les reprendre qu'en janvier 1716. Il y travailla deux ans ; mais en 1718, il ne put achever le mois de mars. J. le Clerc en fit les derniers articles et tous ceux du trimestre suivant, où finissent ces *Nouvelles*. L'ouvrage complet de Bayle et de ses continuateurs forme cinquante-six volumes in-18.

## BASNAGE.

Lorsque Bayle fut déterminé à abandonner ses *Nouvelles* de la République des Lettres, il jeta les yeux sur Basnage, comme sur celui qu'il jugeoit le plus capable de les continuer avec succès. Celui-ci voulut bien accepter l'emploi de journaliste, mais non à titre de continuateur des *Nouvelles*. On auroit toujours cherché, dit-il, dans la continuation des Nouvelles, l'illustre auteur qui leur a donné la naissance ; et le même titre, mal soutenu, n'auroit servi qu'à redoubler les regrets d'avoir perdu un homme inimitable. Basnage publia donc au mois de septembre de la même année, l'*Histoire des Ouvrages des Savans*, et la poussa jusqu'au mois de juin 1709. Elle est composée de 24 volumes in-18. La modération et le désintéressement conduisoient sa plume, et quoiqu'il écrivît dans un pays libre, il observoit les règles de la politesse et de l'honnêteté. Ses extraits étoient bien faits; mais son style étoit trop gêné, trop maniéré.

## LE CLERC.

Jean le Clerc, ministre à Amsterdam, émule de Bayle, entreprit aussi un journal, dès 1686, et le publia sous le titre de *Bibliothèque universelle et historique*; mais après le vingt-cinquième volume de cet ouvrage savant et curieux, il lui donna celui de *Bibliothèque choisie*, pour servir de suite à la Bibliothèque universelle. Cette Bibliothèque choisie commença en 1703, et finit en 1713, après le vingt-septième volume. En 1715, M. le Clerc fit encore paroître la *Bibliothèque ancienne et moderne*, qu'il continua jusqu'à ce qu'affoibli par l'âge, il fut obligé de quitter la plume. Chacun de ces trois journaux a un volume de *table*; qui en facilite l'usage.

## AUTRES JOURNALISTES.

De tous les journaux qui parurent ensuite en Hollande, aucun ne fut mieux écrit que le Journal Littéraire, commencé à la Haye en en 1713. Divers écrivains connus, tels que s'Gravesande, Sallengre, Van-Effen, Saint-Hyacinthe, y travaillèrent successivement. Les auteurs lisoient les ouvrages avec réflexion; leurs jugemens étoient exacts et sans partialité; mais sous prétexte de donner des analises, ils copioient une partie du livre qu'ils analisoient; défaut qu'on a reproché à plusieurs autres journalistes. Le *Journal littéraire* contient vingt-trois volumes et la première partie du vingt-quatrième.

## JOURNAL DE TRÉVOUX.

Les Jésuites ont été long-tems en possession d'un journal connu sous le titre de *Mémoires pour l'Histoire des Sciences et Beaux-Arts*. Il seroit difficile de faire connoître les différentes personnes qui ont eu part à ce travail, commencé en 1701. On y trouvoit des extraits très bien faits; mais pendant un certain temps, les controverses du jansénisme et du molinisme y tenoient trop de place. Le néologisme et les phrases de collége défiguroient le style; et l'on sentoit un peu trop que dans la distribution des éloges et du blâme, les auteurs distinguoient leurs amis de leurs ennemis. Ce journal n'a jamais été plus intéressant ni plus utile, que quand le Père Berthier y a travaillé. Il a su répandre dans ses différens extraits, une sagesse de critique, une pureté de goût, une sûreté d'érudition, qu'il seroit à souhaiter de voir dans tous les journaux. Sa pénétration à démêler les piéges de l'incrédulité, son courage à les mettre au grand jour lui ont attiré les sarcasmes des esprits forts ; mais il leur répondit avec autant de lumière que de modération.

A l'époque de l'expulsion des Jésuites, c'est-à-dire, au mois de juillet 1762, le Père Mercier, Genovéfain, si connu depuis sous le nom d'*abbé de Saint-Léger*, fut chargé de la rédaction du Journal. Il la quitta à la fin du mois de mai 1766, pour la remettre à M. l'abbé Aubert.

L'abbé Mercier avoit eu pour coopérateur l'abbé Guyot, depuis septembre 1764 jusqu'en octobre 1765.

En janvier 1768, le Journal de Trévoux prit le nom de *Journal des Beaux-Arts et des Sciences* ; il passa, en 1775, dans les mains de Jean Castillon, avocat de Toulouse, qui lui donna une autre forme. De petit in-12, il devint un volume in-12 ordinaire. Ce Journal finit en 1778. Castillon se fit estimer par l'équité de ses jugemens. Cet écrivain a poussé sa carrière jusqu'en 1799. Il est mort à Toulouse, âgé de 82 ans.

M. l'abbé Grosier annonça, en 1779, la reprise de cet ouvrage périodique, et l'intitula : *Journal de Littérature, des Sciences et des Beaux-Arts.* Feu M. Jean-Baptiste Dubois y travailla depuis le mois de février 1780. Ce nouveau Journal cessa entièrement de paroître vers l'année 1782.

## L'ABBÉ DESFONTAINES.

Il y a eu une autre espèce de journaux littéraires, plus piquans encore que ceux qui sont connus ordinairement sous ce nom. On voit que j'ai en vue les feuilles périodiques dont l'abbé Desfontaines donna la première idée vers l'an 1730. Son premier ouvrage en ce genre parut sous le titre de *Nouvelliste du Parnasse.* Il fut supprimé peu de temps après; mais en 1735, l'auteur obtint un nouveau privilége pour des feuilles périodiques. Ce sont celles qu'il intitula : *Observations sur les Ecrits modernes.* On les supprima encore en 1743; cependant l'année suivante il en donna de nouvelles sous

le titre de *Jugemens sur les Ouvrages nouveaux*. Il explique lui-même à la tête de son Nouvelliste du Parnasse, comment il prétendoit exécuter son projet. « Notre but n'a
» jamais été, dit-il, de faire des extraits des
» livres nouveaux ; nos lettres sont destinées
» à des réflexions sur les ouvrages d'esprit,
» et sur d'autres, lorsqu'ils amènent l'occa-
» sion de dire des choses agréables ou cu-
» rieuses. Ce n'est pas sans raison que nous
» avons choisi le genre épistolaire ; outre
» que le style en est libre et aisé, certains
» tours qui lui sont familiers, donnent de
» l'éclat et de la vivacité aux réflexions. »

Il y a en effet de la chaleur dans les feuilles périodiques de l'abbé Desfontaines. Son style est vif, clair, naturel, et assaisonné du sel de la critique ; il avoit surtout une adresse cruelle et singulière à donner le change aux auteurs mêmes qu'il critiquoit ; et tel écrivain a été le remercier d'une louange ingénieusement équivoque, qui s'est ensuite aperçu qu'il s'étoit laissé honteusement tromper par son style à deux faces. On n'auroit peut-être que des louanges à lui donner, s'il se fût toujours montré un censeur impartial ; s'il eût toujours eu soin de couvrir de fleurs l'épine dont il piquoit : mais l'humeur et la passion ont souvent conduit sa plume. La mordante ironie n'a pas épargné les auteurs les plus illustres. Peut-être n'agissoit-il ainsi, que pour s'attirer un plus grand nombre de lecteurs. Il n'ignoroit pas que le vulgaire s'amuse volontiers des querelles, et voit avec une secrète satisfaction ceux qui ont forcé son estime, exposés eux-mêmes à la risée publique.

Boileau, comme poëte, n'a fait qu'effleurer les auteurs et jeter en passant du ridicule sur quelques-unes de leurs productions, au lieu que l'abbé Desfontaines est entré dans des détails aussi instructifs qu'agréables. Personne n'avoit plus étudié que lui les règles et les raisons des règles; personne ne les a développées avec plus de finesse, d'agrément et de clarté. Le brillant et la solidité, la justesse et la vivacité, l'érudition et le choix, la force et la légèreté, l'abondance et la précision, la délicatesse et l'enjouement, l'exactitude et la pureté du langage : voilà ce qui caractérise cette plume célèbre. Il avoit le coup d'œil infaillible; il saisissoit parfaitement le ridicule, dans le goût d'Horace et de Lucien; il tiroit habilement d'un ouvrage tout ce qui pouvoit prêter à la plaisanterie, et tourner à l'amusement ou à l'instruction de son lecteur. Il surprenoit en quelque sorte l'endroit foible qui échappoit aux yeux les plus attentifs, et que l'indulgent auteur se cachoit à lui-même. Formé, dès sa plus tendre jeunesse, à l'école des bons écrivains de tous les siècles, il s'étoit fait sur la nature des ouvrages d'esprit, des principes invariables, dont le flambeau l'éclairoit dans la lecture des écrits modernes. Avec quel courage et quel succès ne s'est-il pas opposé à l'irruption de ces hardis novateurs, de ces ingénieux pygmées, ivres du fol espoir de détruire l'ancien Parnasse, d'y élever une autre montagne à leur fantaisie, et de substituer aux couleurs de la nature, le vernis de l'art; à l'or des Rousseaux, le clinquant des la Mothes ! Semblable au dragon gardien du jardin des Hespérides, il veilloit à la porte du Temple du Goût, pour empêcher l'invasion de l'ignorance et du faux bel esprit. Il repoussoit d'un bras d'airain le précieux néologisme, l'affectation du style, l'importun étalage de la fausse érudition, la ridicule recherche des idées singulières, la bizarre alliance de mots étonnés de se voir mariés, la tournure sophistique des pensées triviales : ennemis sans cesse renaissans, qu'il terrassoit toujours avec de nouvelles armes.

## L'ABBÉ GRANET.

L'abbé Desfontaines, malgré son activité infatigable et sa facilité d'écrire, n'auroit pu remplir lui seul ses engagemens, s'il ne se fût associé des écrivains habiles qui saisissoient sa manière et l'aidoient avec d'autant plus de succès, qu'ils étoient eux-mêmes très-exercés dans le genre polémique. L'abbé Granet travailla avec lui pendant sept ans aux *Observations.* C'étoit un homme d'honneur et de probité, modeste, d'humeur douce et d'un esprit égal, philosophe dans ses sentimens et sa conduite, exempt d'ambition, excellent humaniste, et savant dans l'histoire de la littérature ancienne et moderne.

Indépendamment de la part qu'eut l'abbé Granet aux feuilles de l'abbé Desfontaines, il publia seul douze volumes de *Réflexions sur les Ouvrages de Littérature*, qui sont encore recherchées par les gens de goût. Devenu critique plus par intérêt que par caractère, il ne travailloit qu'à contre-cœur à ces ouvrages hebdomadaires, qui font souvent beaucoup d'ennemis, sans procurer beaucoup de gloire; mais peu accommodé des biens de la fortune, il embrassa le genre de littérature le plus aisé, et se fit journaliste. On trouve dans ses Réflexions périodiques, plus de goût et de savoir que d'esprit et de noblesse.

## FRÉRON.

Il seroit difficile de distinguer, dans la vaste collection qui porte le nom de ce critique, l'esprit qui lui appartenoit en propre, de celui qu'il avoit coutume d'emprunter à tous ceux qui vouloient bien le seconder dans sa compilation périodique. On sait que l'abbé de la Porte avoit contribué, pendant un long espace de temps, à la composition de *l'Année Littéraire*, et des *Lettres sur quelques Ecrits de ce temps*; et qu'il n'étoit pas, à beaucoup près, le seul coopérateur de Fréron. Plusieurs gens de lettres, sans avoir avec lui des relations plus intimes, se prêtoient volontiers à lui fournir des extraits. Ce ne seroit donc que dans les deux ou trois volumes qu'il a donnés sous le titre de ses *Opuscules*, qu'on pourroit saisir le véritable caractère de son esprit; et sa réputation n'y perdroit rien. En effet, dans ces productions de sa jeunesse, on trouve fréquemment des principes de goût, présentés d'une manière piquante, une critique judicieuse et fine, de la gaieté, des grâces même, enfin, tout ce qui sembloit promettre un bon journaliste, du moins pour la partie légère de la littérature.

L'agrément étoit le principal mérite de cet écrivain, qui n'avoit ni assez de connoissances, ni assez de méthode pour faire l'analise d'un ouvrage un peu considérable. On croit même pouvoir assurer, sans témérité, que dans son immense recueil, on n'en citeroit pas une seule de cette espèce qui fût réellement de sa main : il réussissoit surtout dans ces petits démêlés polémiques, où par un changement de scène, qu'il avoit l'art de rendre à peine sensible, la critique cessoit d'être purement littéraire, et dégénéroit en combat personnel. Quand il n'étoit animé par aucune passion, ce qui étoit assez rare, on pouvoit compter, non-seulement sur une analise agréable, mais sur un jugement rendu avec goût ; c'est ce qu'on ne remarque nulle part plus sensiblement, que dans ses Opuscules.

Né avec de l'esprit, et l'ayant cultivé par de bonnes études ; écrivain pur et correct, quoique son style, trop surchargé d'épithètes oiseuses, de métaphores péniblement recherchées, et du jargon rebattu de la mythologie antique, sentît quelquefois la déclamation et le collége, Fréron employant d'ailleurs assez heureusement l'ironie, et familiarisé, par un long usage, avec toutes les petites ruses du genre polémique, auroit pu, sans doute, se distinguer dans cette carrière, s'il n'avoit pas eu la fatale manie d'attaquer les écrivains les plus respectables, dans l'espérance de s'illustrer lui-même en se faisant d'illustres ennemis. Il joignit à ce travers singulier, la maladresse de préconiser souvent des hommes ignorés, et de s'abandonner trop ouvertement à la partialité et aux préventions.

## L'ABBÉ DE LA PORTE.

On lit dans les *Trois Siècles* de M. l'abbé Sabatier, que l'abbé de la Porte débuta dans la carrière des lettres, par des journaux et d'autres ouvrages de critique, où il sut observer les règles du goût et de la politesse ; mais qu'il renonça au dangereux emploi de critique et de journaliste, dans la crainte d'être forcé de louer des ouvrages foibles, ou de s'attirer des ennemis, en les appréciant à leur juste valeur. En effet, il a commencé, en 1749, par un ouvrage de critique, intitulé, *Voyage au séjour des Ombres*, dont il y a eu plusieurs éditions. Il a continué ce genre par des *Observations sur la Littérature moderne*, dont il a publié quarante-cinq cahiers, formant neuf volumes in-12 ; et il a fini cette carrière épineuse, par dix-huit volumes de l'*Observateur Littéraire*. Nous avons dit plus haut, qu'il avait été associé au travail de Fréron, avec lequel il a fait les huit derniers volumes des *Lettres sur quelques Ecrits de ce temps*, et les quarante premiers de l'*Année Littéraire*.

Il fit plus de la moitié de l'ouvrage, et ne reçut cependant, suivant le traité fait avec le journaliste en chef, que le quart du produit, parce que Fréron, meilleur écrivain que lui, polissoit son style. On fit dans le temps cette épigramme :

> Fréron de la Porte diffère.
> Voici leur devise à tous deux :
> L'un fait bien, mais est paresseux ;
> L'autre est diligent à mal faire.

Après l'abbé de la Porte, les principaux collaborateurs de Fréron ont été MM. Marin,

Sautreau de Marsy, l'abbé de Verteuil, l'abbé de Saint-Léger, Daillant de la Touche, Grosier et Geoffroy.

A la mort de Fréron, c'est-à-dire, en 1776, l'*Année Littéraire* tomba entre les mains de son fils. Les abbés Grosier et Royou firent la plupart des articles. M. l'abbé Grosier se retira en 1779. M. Geoffroy, qui avoit eu beaucoup de part à l'Année Littéraire du vivant même de Fréron, en devint le principal rédacteur. MM. Clément de Dijon, Hérivaux, Dumouchel, l'abbé Brotier neveu, et autres, l'aidèrent dans ce penible travail.

L'Année Littéraire est composée de 292 vol. in-12, publiés depuis 1754, jusqu'en novembre 1791. *Voyez* l'excellent *Manuel du Libraire et de l'Amateur de Livres*, par M. Brunet fils, t. II, pag. 691.

L'*Année Littéraire* fut reprise en 1800, par MM. Geoffroy et Grosier; mais la vivacité des critiques qu'ils se permirent, leur attira la disgrâce du Gouvernement, et ils n'ont publié que 8 vol. in-12.

L'*Esprit de l'Année Littéraire*, c'est-à-dire, un choix d'articles sur les principaux ouvrages des philosophes modernes, formeroit une lecture très-agréable.

## LE MERCURE.

Le *Mercure de France*, si vilipendé par la Bruyère, eût été plus épargné, s'il avoit été fait de son temps avec le même soin qu'aujourd'hui. Il est entre les mains d'une société de savans et de gens de lettres. Son origine remonte à l'an 1672. De Visé en avoit fait un ouvrage purement agréable. Ses successeurs l'ont rendu utile sans lui faire perdre ses agrémens.

L'époque la plus brillante de ce Journal fut celle du commencement de la révolution; on y lisoit en même temps les extraits littéraires de MM. Laharpe, Champfort et Ginguené, les nouveaux Contes de Marmontel, les articles politiques de Mallet du Pan.

J'ai indiqué dans mon *Dictionnaire des Anonimes* les principaux auteurs de ce Journal, jusqu'en 1806. Vers la fin de 1807, il commença à être rédigé, en grande partie, par les auteurs de la *Revue philosophique*, c'est-à-dire, MM. Ginguené, Auger, Amaury-Duval et le Breton. On y remarque des articles de MM. Biot et Frédéric Cuvier. M. de Féléts y travaille depuis quelques mois, sous la lettre *F*. Les lecteurs du Mercure aimeront à retrouver en lui l'auteur des articles signés *A*. dans le Journal de l'Empire.

## JOURNAL DE VERDUN.

Le Journal de Verdun, commencé en 1701, débutoit par des annonces de livres nouveaux, et donnoit quelques morceaux de poésie : mais les nouvelles politiques en occupoient la plus grande partie ; et c'est un recueil qui servira à l'histoire. Il a été rédigé pendant long-temps par M. Bonami, de l'Académie des Belles-Lettres ; il l'a été ensuite par d'autres personnes qui n'ont pas jugé à propos de se faire connoître ; mais ce Journal n'existe plus depuis 1776, c'est-à-dire, depuis qu'on a permis à d'autres journalistes de donner, tous les dix jours, à d'autres tous les quinze, et à d'autres tous les mois, un recueil de nouvelles politiques.

Dreux du Radier en a publié une table très-utile et très-commode, 1759 et 1760, 9 vol. in-12 : elle va jusqu'en 1756.

On pourroit tirer de la collection du Journal de Verdun un bon choix de morceaux d'histoire et de littérature.

## CLÉMENT DE GENÈVE.

Les *Cinq Années Littéraires* de cet auteur, la Haye, 1754, 4 vol. in-12, et Lyon, 1757, 2 vol., ont eu une vogue étonnante, et cette vogue se soutient encore, non-seulement en France, mais dans les pays étrangers. On ne sauroit disconvenir qu'elles ne méritent, à beaucoup d'égards, ce succès : elles contiennent des critiques excellentes, des observations pleines de goût, mille traits d'un esprit piquant ; mais il faut avouer aussi, dit M. l'abbé Sabatier, qu'avec un style agréable, l'auteur fatigue souvent son lecteur par une profusion et une monotonie de gentillesses qui ne s'accordent pas avec le ton convenable à un journaliste. Il paraît plus s'occuper de la manière de dire les choses, que du soin de les faire comprendre, de leur donner de la netteté, de la suite, du poids.

## LE JOURNAL ÉTRANGER.

Ce Journal, qui a assuyé bien des révolutions, a toujours été regardé comme un dépôt précieux de littérature ancienne et moderne. Ses rédacteurs ont établi l'état des connoissances chez les différentes nations de l'Europe, et ont fait connoître surtout les productions nouvelles qui caractérisoient les divers esprits, et la manière dont ils avoient traité des genres inconnus : c'est ainsi que les poésies des anciens Bardes et les ouvrages des Allemands prirent place dans notre littérature, et furent plus généralement répandus. Des essais de traductions, aussi fidèles qu'élégantes, préparèrent des traductions plus étendues, auxquelles elles servoient de modèles ; mais ce qui est aussi honorable que souverainement utile aux lettres, c'est que l'esprit d'équité présida toujours aux jugemens et aux analises consignés dans cet ouvrage périodique. Il éprouva malheureusement diverses interruptions, et cessa trop tôt de paroître. Il eut successivement plusieurs rédacteurs ; mais il suffit de nommer Toussaint, l'abbé Prevost, Fréron, Moette, Deleyre, l'abbé Arnaud, J.-J. Rousseau, l'abbé Beraud et M. Suard pour faire voir combien la lecture de cet ouvrage périodique peut être agréable et utile. Il parut, pour la première fois, au mois d'avril 1754, et pour la dernière, en septembre 1762. Sa collection est de 45 vol. : le mois de décembre 1754 et l'année 1759 n'ont point été donnés.

MM.

## MM. SUARD ET ARNAUD.

Les hommes qui cultivent les arts et les sciences, sont considérés comme ne faisant qu'une seule république. *La Gazette Littéraire*, qui pouvoit être regardée comme la suite du *Journal Etranger*, embrassoit les productions de tous les savans de l'Europe, et leur faisoit parler une langue commune, en rendant leur esprit et leurs idées en français, par des extraits ou des morceaux entièrement traduits. Deux hommes distingués par leurs talens ont composé cette Gazette, dont la réputation s'étendoit dans tous les lieux où le nom français a pénétré. Elle est composée de 8 vol. in-8°., 1764 — 1766.

## L'ABBÉ DE FONTENAY.

Cet ex-jésuite a succédé à M. de Querlon dans la composition des *Petites Affiches de Province*. Comme son prédécesseur, l'abbé de Fontenay jugeoit avec tant d'impartialité, discernoit les beautés et les défauts avec tant de finesse, et écrivoit avec tant de précision, que quoique son ouvrage fût particulièrement destiné à la province, il a eu une quantité considérable de souscripteurs dans la capitale.

En 1784, le rédacteur lui donna le titre de *Journal général de France*, et le lui conserva jusqu'à l'époque de son émigration, en 1792.

## JOURNAL ENCYCLOPÉDIQUE.

Ce Journal embrassoit tous les objets des sciences et des beaux-arts. Rousseau, de Toulouse, mort en 1785, en est l'inventeur et en a été le rédacteur pendant long-temps; MM. Castillon en ont été les principaux auteurs, quant à la partie française. Bret en fut chargé pendant plusieurs années. Cet ouvrage, qui réunissoit la légèreté des petites feuilles à la solidité des grands journaux, reçut en France, comme dans les pays étrangers, un accueil très-favorable. L'instruction s'y trouvoit avec l'agrément; il y a de la profondeur dans quelques-uns des extraits. La collection est composée de 288 vol., depuis 1756 jusqu'en 1791.

## JOURNAL ŒCONOMIQUE.

Le *Journal Œconomique*, composé par une société de gens de lettres, vit le jour, pour la première fois, en 1751, in-12. Il avoit pour objet l'œconomie considérée dans les parties relatives au commerce, à l'agriculture, et aux arts qui en dépendent. Le zèle du bien public a suggéré l'idée de cet ouvrage : on y trouve de très-bons morceaux. Depuis 1758 jusqu'en 1772, époque de son interruption, il a été publié dans le format in-8°., et composoit un vol. par année. La collection est de 43 vol.

### PHILIPPE DE PRÉTOT.

Les *Amusemens du Cœur et de l'Esprit*, de Philippe de Prétot, en 15 vol. in-12, doivent tenir un des premiers rangs parmi les recueils de ce genre. Dissertations critiques, histoires, mœurs, voyages, pièces de poésie dans tous les genres, dans le noble, le simple, le grave, le badin, le plaisant, le galant et le tendre, tout y est extrêmement varié. Philippe commença cet ouvrage en 1737, et le continua sans interruption jusqu'en 1745, où des occupations d'une autre nature le lui firent abandonner totalement. Le public, qui en avoit lu quelques volumes avec plaisir, s'aperçut avec peine qu'on en interrompoit la suite : c'est ce qui engagea l'auteur à reprendre son premier travail ; le seizième tome parut en 1748, et le dix-septième en 1749.

Quoiqu'on eût applaudi d'abord au projet de M. Philippe, on n'étoit cependant pas tout-à-fait content de l'exécution ; on lui reprochoit d'admettre trop facilement dans sa collection, les pièces de quelques auteurs qui vouloient sonder, à ses dépens, le goût du public. Les journaux de Hollande ne laissèrent point ignorer au compilateur le mauvais effet de sa complaisance ; ils louèrent beaucoup son ouvrage, comme un des meilleurs recueils qui eût paru depuis long-temps en ce genre ; mais ils firent sentir en même temps qu'on y trouvoit plus d'une pièce de mauvais choix. On s'aperçut bientôt que M. Philippe avoit profité de l'avis ; et l'on vit dans les volumes suivans, des morceaux plus intéressans et travaillés avec plus de soin.

## CHOIX LITTÉRAIRE.

Il paroît tous les jours quantité d'opuscules qui, par la petitesse de leurs volumes, sont en danger de se perdre. Tout ce qui n'a point assez d'étendue pour mériter le nom de livre, tout ce qui ne peut être relié et faire corps, ne jouit que d'une existence éphémère et retombe dans le néant. Ce n'est qu'en réunissant ces feuilles volantes qu'on leur donne de la consistance et qu'on les sauve de l'oubli. Il est encore des morceaux excellens enfouis dans des collections volumineuses, d'où ils ne peuvent se dégager pour voir le jour. Ce sont ces différentes pièces que Jacob Vernes, ministre du Saint Evangile, à Genève, s'est proposé de recueillir pour en former un *Choix Littéraire*; il a mis à contribution tous les pays où les lettres sont cultivées, la France, l'Angleterre, l'Italie, l'Allemagne, etc.; tous les journaux qui se publioient dans l'Europe, tous les recueils académiques, lui ont fourni une moisson très-abondante. Ce *Choix Littéraire*, composé de 24 vol. in-8°., Genève, 1755 — 1760, me paroît, en général, justifier son titre, très-difficile à remplir. Les pièces que le goût en auroit bannies, sont en petit nombre. Vernes n'étoit pas simplement l'éditeur de cette collection; il est auteur lui-même de plusieurs morceaux qui s'y rencontrent.

On y trouve divers morceaux de l'ingénieux Cérutti.

## BRUIX, TURBEN ET LE BLANC.

Il est un nombre infini de livres qui sont ignorés et qui ne méritent point de l'être. Il en est d'autres qu'on ne lit plus et qui tombent dans l'oubli, par l'éloignement que donne pour leur lecture l'ancienneté du style dans lequel ils sont écrits, le peu d'ordre qui y règne ou leur prolixité ; il est enfin un nombre infini de livres qui sont morts en naissant, dans lesquels il se trouve des choses faites pour être conservées.

De Bruix et Turben se proposèrent, en 1756, de faire connoître ceux de ces ouvrages qui étoient ignorés, de préserver ceux qui étoient connus, de l'oubli qui les menaçoit, d'empêcher, enfin, que l'on n'eût fait des efforts inutiles pour instruire ou pour amuser ; tel est le but qu'ils voulurent atteindre en publiant le *Conservateur*, ou Collection de morceaux rares et d'ouvrages anciens, élagués, traduits et refaits en tout ou en partie.

Ces auteurs en publièrent un volume par mois, depuis novembre 1756, jusqu'en novembre 1758. Après une interruption de 14 mois, ils s'adjoignirent le Blanc de Guillet, et firent encore paroître douze volumes pendant l'année 1760. Ils donnèrent aussi deux volumes de supplément pour compléter l'année 1758. Le *Conservateur* est donc composé de 38 volumes, qui se relient ordinairement en 19. On trouve dans ce recueil, ainsi que les premiers auteurs l'avoient promis, des opuscules qui méritoient d'être réimprimés, des analises bien faites d'ouvrages anciens; enfin, de bons morceaux de littérature ou d'histoire.

Le Comte de Mirabeau, pendant sa détention à Vincennes, conçut un projet du même genre; il en parle souvent dans ses Lettres à Sophie de Ruffey : l'ancien recueil lui parut si bien fait, qu'il s'en appropria quinze morceaux, en y faisant quelques légères corrections de style. On les imprima en 1780, sous le titre de *Recueil de Contes*, 2 parties in-8°. Le titre a été rafraîchi en 1785. Ils forment le troisième volume de la traduction de Tibulle par le même auteur, publiée en 1796.

*Les Diversités galantes et littéraires*, 1777, 2 vol. petit in-12, sont tirées, en très-grande partie, du *Conservateur*.

## M. DELANDINE.

M. Delandine, littérateur estimable, est le rédacteur des quatre nouveaux volumes in-12 intitulés : *le Conservateur*, ou *Bibliothèque choisie de littérature, de morale et d'histoire*, 1787 et 1788. Il donne lui-même, dans un court avertissement, une idée de son ouvrage.

« Des morceaux de littérature que leur peu
» d'étendue peut faire oublier ou perdre,
» des fragmens d'ouvrages trop volumineux
» pour que le grand nombre de lecteurs
» puisse en jouir, de petites pièces compo-
» sées en diverses langues, et que la tra-
» duction a naturalisées parmi nous, tels sont
» les objets de ce recueil. »

Nous conviendrons volontiers qu'il peut être d'une grande utilité. S'il n'ajoute rien à la masse générale des richesses littéraires, il peut contribuer à les répandre ; et c'est en littérature, plus encore qu'en politique, qu'on peut dire que *conserver* vaut souvent mieux qu'acquérir.

## M. FRANÇOIS DE NEUFCHATEAU.

Le *Conservateur*, publié par M. François de Neufchâteau, 1800, 2 vol. in-8°., contient des

des morceaux d'un genre plus relevé. Je puis citer la traduction en vers métriques du quatrième livre de l'Enéide et de quelques Eglogues de Virgile, par le ministre Turgot, ouvrage dont l'auteur avait fait tirer douze exemplaires seulement; le précis rédigé par le célèbre et malheureux Thouret, du grand ouvrage de l'abbé Dubos sur l'établissement des Français dans les Gaules; un mémoire de Vauban concernant la course et les priviléges dont elle a besoin pour se pouvoir établir; divers articles tirés du *Spectateur du Nord*, propres à donner une idée de la philosophie de Kant, qui a fait tant de bruit en Allemagne.

## MM. JUNCKER, SAUTREAU DE MARSY ET AUTRES.

On peut regarder comme de véritables conservateurs : 1°. l'Ambigu Littéraire, 1770, in-12; on trouve en tête le beau discours de Gueneau de Montbelliard, sur l'étude de la philosophie;

2°. Le Choix de Philosophie morale (par M. Juncker), Avignon, 1771, 2 vol. in-12;

3°. Les Tablettes d'un Curieux, publiées par M. Sautreau de Marsy, 1789, 2 vol. in-12.

On trouve dans ces deux recueils l'excellent discours du P. Guénard, sur l'Esprit philosophique.

4°. Les Opuscules philosophiques et littéraires publiés, en 1796, in-12, avec des notices littéraires, par MM. Suard et Bourlet de Vauxcelles.

## CHOIX DU MERCURE, etc.

On ne sauroit disconvenir que cette collection ne soit une des plus curieuses, des plus variées, des plus agréables et des plus utiles qu'on puisse se procurer. Par sa nature elle est non-seulement un corps d'ouvrage indispensable pour les grandes bibliothèques, mais encore un répertoire précieux, instructif et amusant pour tout le monde : c'est un choix non-seulement de ce que renferment plus de quinze cents volumes du Mercure de France, mais encore tout ce que les autres journaux, ceux de *Hollande*, surtout, présentent de curieux dans tous les genres. Il y en a cent huit parties in-12, qui, reliées par deux, forment cinquante-quatre volumes. Il faut y joindre un volume de table, imprimé en 1765.

## CHOIX DU JOURNAL DES SAVANS, etc.

Dès l'année 1669, Pierre le Grand, libraire d'Amsterdam, fit réimprimer, dans le format in-18, le *Journal des Savans*, qui paroissoit à Paris, in-4°. On reprocha aux éditeurs d'en retrancher quelques extraits pour insérer d'autres articles. En 1713, les libraires de Hollande intitulèrent ainsi leur réimpression : le Journal des Savans, augmenté de divers articles tirés des *Mémoires de Trévoux*. En 1721, on lut ces mots sur le frontispice : augmenté de divers articles qui ne se trouvent point dans l'edition de Paris. En 1754, M. Rey l'annonça sous le titre de Journal des Savans combiné avec les *Mémoires de Trévoux*. A dater de cette époque jusqu'en 1763, on trouva dans la moitié de chaque volume des articles tirés du Journal des Savans, et dans l'autre moitié, des articles choisis dans les Mémoires de Trévoux. En 1764, le frontispice fut ainsi conçu : le Journal des Savans, avec des extraits des meilleurs journaux de France et d'Angleterre. Cette série, conduite jusqu'en 1776, présente des extraits tirés du *Mercure*, de l'*Année Littéraire*, du *Journal de Médecine*, des *Affiches de Province*, du

*Monthly Review*, etc.; enfin, en 1776, ce Journal fut seulement combiné avec les meilleurs journaux anglais. On trouve dans cette collection beaucoup d'articles que la *censure* n'auroit pas laissé passer à Paris.

Ces détails prouvent que ce petit journal renferme des morceaux d'une littérature très-variée. J'ai souvent éprouvé beaucoup de plaisir à comparer l'extrait du même ouvrage par les auteurs du Journal des Savans et par ceux des Mémoires de Trévoux. Cette collection paroît avoir été interrompue au mois de juin 1782. Elle forme 381 volumes.

M. Robinet a rédigé la table générale alphabétique de ce Journal, depuis 1665 jusqu'à l'année 1753 inclusivement, 2 vol. in-18, publiés en 1765. La suite du mois de décembre 1763 contient la continuation de cette table jusqu'à la fin de l'année 1763.

## CATALOGUE HEBDOMADAIRE.

Le Catalogue ou Liste alphabétique des Livres, tant nationaux qu'étrangers; des arrêts du conseil et des parlemens, déclarations et édits du roi, extraits du conseil et des registres des parlemens; lettres patentes du roi, ordonnances, sentences, etc.; cartes géographiques, musique et estampes, qui étoient mis en vente chaque semaine, avec l'indication des auteurs, du format, des prix et du nombre des volumes, et les adresses des libraires et autres qui les vendent, a été commencé en 1763, et continué sans interruption jusqu'en novembre 1789.

Cette nomenclature bibliographique est un recueil actuellement précieux pour les personnes qui, livrées à l'étude de la bibliographie ancienne, ont pu négliger la nouvelle. Par le moyen des tables alphabétiques de chaque année, rédigées, la plupart, par l'estimable M. Moutonnet de Clairfons, il est facile de trouver : 1°. les titres exacts de tous les livres imprimés depuis 1763, tant en France que chez l'étranger, avec les noms des libraires qui les vendent, et leurs prix; 2°. les édits, ordonnances, etc.; ce qui, par la suite, pourroit servir de répertoire à quiconque désireroit les réunir. Les amateurs de l'art de la gravure qui voudront compléter l'œuvre d'un habile artiste, y trouveront aussi, par le secours d'une table séparée de celle des livres, chaque ouvrage de ce genre; il en est de même des cartes géographiques et des productions musicales. Il seroit à désirer que, depuis l'origine de l'imprimerie, on eût imaginé et continué jusqu'à nos jours, un semblable recueil. Que de doutes s'évanouiroient sur l'existence de certains ouvrages dont la date nous est inconnue; que cette collection seroit intéressante, surtout pour ceux qui exercent la librairie!

## JOURNAL DE LITTÉRATURE FRANÇAISE.

*Le Journal de la Littérature française*, publié par MM. Treuttel et Wurtz, depuis l'année 1798, remplace avantageusement le *Catalogue Hebdomadaire*. Il forme un volume par année; des douze numéros dont il est composé, le dernier renferme une table des matières qui fait découvrir, avec assez de facilité, les ouvrages que l'on cherche; cependant ces tables ne sont pas aussi commodes que celles du *Catalogue Hebdomadaire*.

## JOURNAL DE LITTÉRATURE ÉTRANGÈRE.

Ce Journal, créé sur le même plan que le précédent, est destiné à lui servir de complément et à former avec lui une bibliographie vraiment universelle, soit relativement aux lieux, soit relativement aux choses. Il embrasse les productions de toutes les nations existantes. Il présente des détails que ne fournissent pas les journaux ordinaires, sur les travaux des diverses sociétés savantes, les inventions et les découvertes ; les bibliothèques et les musées, les institutions relatives à l'éducation publique, etc. Ce Journal a été commencé en 1801; il forme un volume par an. Les éditeurs ont publié, en 1806, un Répertoire méthodique des ouvrages annoncés depuis 1800 jusqu'en 1805. C'est une table fort utile pour les cinq premiers volumes.

## ANNALES CIVILES, POLITIQUES ET LITTÉRAIRES.

Linguet commença, en Angleterre, les fameuses *Annales Politiques et Littéraires*, 1777-1790, 17 vol. in-8°. C'est dans ce Journal qu'il s'érige en juge suprême des hommes d'Etat, des ministres, des parlemens, du barreau, des gens de lettres, de ses prétendus ennemis, enfin, des affaires politiques de l'Europe. Ce Journal eut un plein succès, quoique l'auteur s'y occupe sans cesse de lui, et veuille même forcer le lecteur à s'en occuper, à prendre intérêt à lui et à ses aventures. Au moyen d'un correspondant que Linguet avoit à Paris, les Annales Politiques et Littéraires se répandirent partout et avec une profusion incroyable.

## ESPRIT DES JOURNAUX.

L'Esprit des Journaux, fait avec quelque soin, devoit exciter la curiosité de ceux qui aiment les lettres et qui veulent connoître ce qu'elles offrent chaque jour de plus intéressant. L'attrait d'une pareille collection consiste dans l'abondance et la variété des matériaux; l'utilité de ce travail en fait le principal mérite. Les seules qualités qu'on puisse raisonnablement exiger des rédacteurs, sont de l'ordre, pour tout mettre à sa place, ne rien confondre, ne rien répéter; de la clarté pour présenter les objets de discussion sous le point de vue le plus naturel et le plus facile à saisir; de l'exactitude, pour ne rien omettre de ce qui peut instruire, intéresser ou amuser; de l'impartialité, pour rejeter tout ce qui porte l'empreinte de la passion dans les jugemens des journalistes, et n'admettre que la saine critique ou au moins la critique honnête et raisonnée. Pendant

dant nombre d'années, les rédacteurs de *l'Esprit des Journaux* se conduisirent d'après ces principes; le favorable accueil que le public fit à leur Journal, fut bien capable d'animer leur zèle.

Cette utile entreprise fut commencée en 1772 par l'ex-jésuite Coster, bibliothécaire de l'évêque de Liége. En 1775, le médecin de Lignac y fut associé. M. Millon, aujourd'hui professeur au Lycée Napoléon, y travailla depuis 1780 jusqu'en 1787.

Vers cette dernière époque, les rédacteurs, au lieu de combiner ensemble différens extraits de journaux, se contentèrent d'en adopter un pour chaque ouvrage. C'est la méthode qui est suivie encore aujourd'hui par l'éditeur actuel, M. Weissenbruch. La collection de ce Journal forme en ce moment plus de 400 volumes. On en trouve une notice exacte dans l'ouvrage de M. Brunet fils.

Des tables sont presqu'indispensables pour l'usage d'une si nombreuse collection; il en existe 5 vol.; quatre indiquent ce qui est contenu dans l'Esprit des Journaux depuis 1772 jusqu'en 1784 inclusivement; le cinquième est relatif aux matières contenues dans les 28 volumes qui ont paru depuis le premier septembre 1803, jusqu'au 13 décembre 1805.

## JOURNAL LITTÉRAIRE.

M. Clément, de Dijon, entreprit, en 1796, un *Journal Littéraire*, où l'on trouve des morceaux de critiques sévères, mais pleins de justesse. M. de Fontanes lui a fourni plusieurs articles signés L. Ils se font remarquer par la profondeur des vues et par l'élégance du style. Des discussions étrangères à la littérature occasionnèrent la suppression de ce Journal, vers l'époque du fameux 18 fructidor. Les quatre volumes qui en existent, méritent d'être recherchés par les amateurs de la saine littérature.

## DÉCADE PHILOSOPHIQUE.

Au milieu, pour ainsi dire, des horreurs de la révolution, une société d'amis des sciences, des arts et des lettres, publia un journal qui fit une vive sensation, sous le titre de *Décade Philosophique, Littéraire et Politique*. Le premier numéro parut le 10 floréal an 11 (avril 1794). Le 10 vendémiaire an 13, ce journal fut intitulé : *Revue Phi-*

*losophique*, *Littéraire et Politique*. Il cessa de paroître à la fin de septembre 1807 : sa collection est de 54 volumes.

M. Ginguené peut être considéré comme le fondateur de ce Journal; il l'a enrichi d'une multitude d'extraits, qui mettent leur auteur au rang des meilleurs critiques de ces derniers temps : ses articles sont généralement suivis de la lettre G. On trouve au bas de beaucoup d'articles les signatures suivantes : A. (Andrieux), L. B. (Le Breton), E. B. (Encyclopédie Britannique, ou M. Antoine-Prosper Lottin, qui possède dans son portefeuille une Encyclopédie britannique, (encore manuscrite), V. B. (V. Boisjolin), L. C. (La Chabeaussière), A. D. (Amaury Duval), P. C. (Paulin Crassous), L. (la Baume), M. (Marinié), V. D. M. (Victor-Donatien Musset), O. (Auger), G. P. (Guillaume Petitain), H. S. (Horace Say), J. B. S (Jean-Baptiste Say), Ch. T. (Charles Therémin), G. T. (Guillaume Toscan).

Feu Horace Say a rédigé les chapitres de la politique intérieure, depuis le mois de nivose de l'an IV, jusqu'au mois de floréal de l'an V. Son frère, M. J.-B. Say, a eu la principale part à la composition de ce Journal, depuis l'origine jusqu'en l'an VIII, époque où il en céda la rédaction à M. Amaury Duval.

## MAGASIN ENCYCLOPÉDIQUE.

Pour faire sentir convenablement le mérite de cet ouvrage périodique qui embrasse les sciences, les lettres et les arts, il suffiroit peut-être de citer les savans qui, depuis son origine, en 1795, l'ont enrichi et l'enrichissent tous les jours de dissertations curieuses sur toutes sortes d'objets d'antiquités, d'analises très-bien faites d'ouvrages nouveaux, de notices biographiques pleines d'intérêt; que l'on ouvre, en effet, ce Journal, le seul qui représente aujourd'hui l'ancien Journal des Savans, on rencontre souvent au bas des articles les noms ou les lettres initiales des noms de MM. J. F. Adry, A. J. de Bassinet, Chardon de la Rochette, Caillard, Cuvier, Dacier, L. T. Hérissant, Lanjuinais, Langlès, Millin, de Sainte-Croix, Silvestre de Sacy, de Villoison, etc., etc. Quelques articles portent mon nom ou mes initiales A. B. M. Lottin a fourni beaucoup d'articles sous la signature E. B., comme dans la *Décade Philosophique*. On peut dire cependant que ce Journal est peu répandu en France; il est mieux apprécié dans les pays étrangers.

## MELANGES DE PHILOSOPHIE, D'HISTOIRE, DE MORALE ET DE LITTÉRATURE.

Ce titre feroit croire que l'on trouve dans ce Journal un agréable mélange de morceaux capables de plaire aux gens de lettres et aux gens du monde ; vous n'y rencontrez, pour l'ordinaire, que des analises d'ouvrages ascétiques, des discussions théologiques, des invectives contre les philosophes du dix-huitième siècle, et contre les prêtres mariés, des nouvelles relatives au culte catholique. Ce Journal n'est donc, à proprement parler, qu'une continuation du *Journal Chrétien* de l'abbé Joannet, et du *Journal Ecclésiastique* de MM. Dinouart et Barruel.

Les prétendus Mélanges de Philosophie font suite aux *Annales Littéraires* et *Morales* de M. l'abbé Boulogne, et aux *Annales Catholiques* de M. l'abbé Sicard. Depuis 1796 jusqu'à ce jour, ces Journaux forment 17 volumes in-8°., Paris, Leclere, quai des Augustins. M. Picot est aujourd'hui le principal auteur des *Mélanges*. Il s'y montre le défenseur des principes ultramontains.

## ANNALES DE LA RELIGION.

Il y avoit plus de franchise dans le titre d'un ouvrage du même genre à peu près, intitulé, *Annales de la Religion,* ou Mémoires pour servir à l'histoire des dix-huitième et dix-neuvième siècles, par une société d'amis de la religion et de la patrie, Paris, imprimerie-librairie chrétienne, 1795-1803, 18 vol. in-8°. Les principaux auteurs de ce Journal étoient MM. Desbois de Rochefort, ancien évêque d'Amiens, et Grégoire, ancien évêque de Blois. Ils y développoient avec autant de courage que de talent, les principes sur lesquels sont fondées les libertés de l'Eglise gallicane.

## SOIRÉES LITTÉRAIRES.

Les troubles de la révolution forçoient beaucoup de gens de lettres à conserver dans leurs portefeuilles, le fruit de leurs études. Dès qu'ils parurent avoir cessé, les possesseurs de ces portefeuilles les ouvrirent au public. L'on distingue parmi eux M. Coupé, auteur des *Soirées Littéraires,* dont le premier volume parut en 1795, et le vingtième en 1800. Ce littérateur estimable a traduit du grec et du latin, plusieurs morceaux pleins d'intérêt. Une partie de son travail est consacré à la littérature du moyen âge, trop peu connue aujourd'hui. Il a aussi inséré dans son recueil, nombre d'opuscules inédits ou revus avec soin. Les *Soirées Littéraires* embrassent donc la littérature ancienne, celle du moyen âge et celle de nos contemporains. On a justement reproché à l'auteur d'avoir donné des imitations plutôt que des traductions du grec et du latin. On a aussi fait remarquer des défauts d'exactitude dans ses citations et dans ses récits.

## LE SPECTATEUR DU NORD.

En janvier 1797, plusieurs émigrés français, distingués par leur esprit et par leurs connoissances, entreprirent à Hambourg un journal politique, littéraire et moral, qu'ils intitulèrent *Spectateur du Nord*. Ce Journal cessa de paroître en novembre 1802. On y remarque des articles très-curieux de MM. de Rivarol, de Mesmond, Chenedollé, Villers, de Pradt, etc. Pendant la première année, M. Baudus, ancien procureur-général syndic du département du Lot, en rédigea la partie politique. On en publioit un numéro par mois. La collection entière peut former 25 vol. in-8°.

## ARCHIVES LITTÉRAIRES DE L'EUROPE.

Des littérateurs d'un mérite distingué annoncèrent, en 1804, un nouvel ouvrage périodique qui devoit traiter de tous les objets des connoissances humaines susceptibles d'un intérêt général. L'intention des éditeurs n'étoit pas de faire un recueil d'annonces et de critiques des ouvrages nouveaux. Offrir à toutes les personnes qui aiment l'instruction, une suite de lectures intéressantes, solides et variées ; tenir le public au courant de toutes les *nouveautés importantes* que l'Europe littéraire devait produire, voilà le double but qu'ils se sont proposé et qu'ils ont atteint. Dans les premiers mois de 1808, des motifs d'un ordre supérieur déterminèrent les propriétaires de cet ouvrage à en discontinuer la publication. Il en existe dix-sept volumes in-8°. On y trouve d'excellens articles de MM. Bernardi, Morellet, Muller, Sainte-Croix, Suard, etc., etc. ; des ouvrages posthumes du président d'Aiguille, du cardinal de Brienne, de l'abbé Conti,

Conti, de Deleyre, du P. Laguille, de Métastase, de l'abbé de Vauxcelles, etc.; des traductions d'ouvrages écrits en italien, en allemand et en anglais, par Alfieri, Pignotti, Boettiger, Heider, Jacobi, W. Jones, Kant, Schiller, Wieland, etc.

M. Vanderbourg, qui a inséré dans les dix-sept volumes beaucoup de morceaux de littérature, et quelques-uns d'histoire et de morale, a joint à chaque volume, sous le titre de *Gazette Littéraire universelle*, un supplément qui contient l'annonce des ouvrages les plus importans dont les auteurs n'ont pas donné l'analise, et de plus l'indication des principaux événemens du monde littéraire.

Il faut joindre aux 17 volumes une table de 32 pages publiée séparément. On y apprend que la signature E. H. désigne mademoiselle de Meulan, qui a fourni aux deux derniers volumes des *Mélanges Littéraires* publiés par M. Suard, un grand nombre d'articles signés P.

## ANNALES DES VOYAGES.

Nous jouissons, depuis le 1er. septembre 1807, d'un ouvrage périodique aussi neuf par son objet que par la manière dont il est traité: je veux parler des *Annales des Voyages*, rédigées par M. Malte-Brun. Plusieurs voyages très-intéressans restoient perdus pour le public français, ou recevoient trop tard les honneurs de la traduction. Les auteurs des Annales des Voyages se sont emparés de cette riche mine, en présentant, par extrait, ce qu'il y a de bon dans ces ouvrages. Les analises sont entremêlées de Mémoires sur diverses questions de géographie, physique et politique. Ces sortes de Mémoires embrassent quelquefois des recherches sur la différence d'origine et de langue qui caractérise les diverses nations.

Les sciences géographiques possèdent donc, comme l'histoire naturelle, l'agriculture, la chimie et la médecine, un *dépôt* où les amateurs peuvent consigner en commun des travaux qui tendent au même but, discuter les difficultés qui les arrêtent, faire un échange continuel de lumières et de découvertes, et surtout répandre de plus en plus le goût de ces connoissances, en offrant aux gens du monde une variété agréable de petits morceaux où l'instruction se cache sous les attraits d'un tableau neuf et piquant.

Il paroît un cahier par mois des Annales des Voyages; chaque année forme 4 volumes.

On souscrit chez Buisson. Il a paru, à la fin de l'année 1809, une seconde édition de la première année; elle a, sur la première, l'avantage d'être rédigée avec plus d'ordre, de soin, de critique. On avoit reproché à quelques cahiers de la première souscription, des fautes de langage, des erreurs de géographie et d'histoire naturelle : ces défauts étoient peu nombreux et n'ôtoient rien au mérite général de l'ouvrage; mais il étoit important néanmoins de les faire disparoître.

## GAZETTE DE FRANCE.

Ces relations des affaires publiques, inventées en France en 1631, par le médecin Théophraste Renaudot, sont très-multipliées aujourd'hui en Europe. Il seroit difficile de dire à laquelle de ces feuilles on doit donner la préférence; chaque lecteur doit se décider suivant son goût.

La Gazette de France a presque toujours été revue par le ministère; on n'y disoit pas tout, mais, en général, ce qu'on y disoit étoit vrai. La rédaction en étoit confiée à des écrivains d'un mérite reconnu ; *voy.* le Dictionnaire des Anonymes, n°. 2440. Le style de la Gazette de France est aussi simple que correct; c'est un bon modèle pour ces sortes d'ouvrages.

Parmi les journaux que la révolution a fait éclore, un seul a conservé l'ancienne dénomination; pendant quelque temps ce journal mérita plutôt le nom de Gazette ecclésiastique, que celui de Gazette de France; depuis deux ans on y lit des morceaux de littérature assez piquans, mais peu approfondis; un de ses collaborateurs reprocha aux auteurs de la Bibliothèque d'un Homme de Goût, de ne pas avoir parlé d'une traduction estimée des Commentaires de César, par Nicolas Samson. La méprise de ce journaliste est risible, car il vouloit parler de la traduction de Perrot d'Ablancourt, avec des remarques sur la carte de l'ancienne Gaule, tirée des Commentaires de César, par le géographe *Nicolas Samson*. Or nous avons parlé de cette traduction. *Voyez* tom. III, pag. 329.

## JOURNAL DE PARIS.

Le *Journal de Paris* commença de paroître en 1777. Il est donc le plus ancien des ouvrages périodiques qui se publient tous les jours. Jusqu'en 1789, M. Sautreau de

Marsy en rédigea la partie littéraire, à la satisfaction du public éclairé. Pendant les premières années de la révolution, ce Journal fut presque exclusivement consacré à la politique. On se rappelle encore avec quel talent les travaux de nos assemblées représentatives y ont été analisés par MM. Garat, Condorcet, Regnaud de Saint-Jean-d'Angely. La littérature a commencé vers l'année 1796 à reprendre son ancien rang dans le *Journal de Paris*, grâces au zèle éclairé d'un de ses propriétaires, M. le Sénateur Rœderer. Depuis quelques années, la rédaction de ce Journal est confiée à M. Gallais. Les principaux collaborateurs sont MM. Villeterque, Lécuy, Fabien Pillet et de Sevelinges.

M. Mugnerot a fait paroître un *Abrégé du Journal de Paris*, ou Recueil des articles les plus intéressans insérés dans ce Journal, et rangés par ordre de matières, depuis 1777 jusqu'en 1781, Paris, 1789, 4 vol. in-4°.

## LE MONITEUR.

Ce Journal, essentiellement consacré à la politique, présente cependant très-fréquemment de bons articles de littérature. Les collaborateurs se font surtout remarquer par un ton de critique décente et modérée, et en cela, ils imitent l'exemple que leur donne le rédacteur actuel, M. Sovo, qui s'est réservé la partie des théâtres. Les tables de ce Journal, publiées en l'an VIII, sont d'une grande utilité. On en attend la suite avec impatience, et l'on assure qu'elle ne tardera pas à paroître.

## LE JOURNAL DE L'EMPIRE.

On sait assez généralement à Paris, que M. Geoffroy, ancien professeur d'éloquence, rédige le feuilleton de ce Journal, quant à ce qui concerne les pièces représentées sur les différens théâtres de la capitale. Nombre d'abonnés des départemens attribuent à ce littérateur distingué, les extraits d'ouvrages insérés dans le même feuilleton, ceux mêmes qui se trouvent dans le corps du Journal; c'est une erreur dans laquelle ils tombent, parce qu'ils n'examinent pas les lettres de l'alphabet placées au bas de ces différens articles. La lettre A désignoit M. l'abbé de Felets, qui travaille maintenant au *Mercure* sous la lettre F. Les lettres M. B. sont les initiales des noms de M. Boutard : tous ses articles concernent les ouvrages d'arts. M. Hoffman signe ses articles de la première lettre de son nom. M. Jeannin se cache sous la lettre D., M. de Saint-Victor sous la lettre N. La signature S. a été pendant quelques années celle d'un ex-doctrinaire nommé Guairard; elle est depuis environ un an celle de M. Henri la Salle. Ces nouveaux articles, sous le rapport du style, du goût et de l'érudition, sont bien supérieurs aux anciens. Les articles signés X étoient tirés des *Annales Littéraires* ou des *Mélanges de Philosophie* de M. l'abbé Boulogne ; M. Dussault a adopté l'Y, et M. Charles Delalot le Z. Je ne dois pas oublier M. Boissonade, helléniste distingué qui a choisi l'ω, c'est-à-dire, la dernière lettre de la langue grecque, qui lui est si familière.

Parmi les collaborateurs qui signent leurs articles de leur nom entier, on distingue M. Malte-Brun.

Les talens de la plupart de ces littérateurs ont procuré à ce Journal une multitude d'abonnés ; mais les lecteurs impartiaux n'approuvoient pas le ton déclamatoire qui régnoit dans beaucoup d'articles littéraires ; ils voient avec plaisir, depuis environ deux ans, que les auteurs de ces articles se renferment dans les bornes d'une discussion purement littéraire.

## LE COURRIER DE L'EUROPE ET DES SPECTACLES.

M. Salgues, ancien professeur de rhétorique, a été chargé, jusqu'à ces derniers temps, de rédiger les articles de ce Journal, qui concernent les spectacles. Ils font honneur à ses talens et à son impartialité : les autres morceaux de littérature qui portent son nom, prouvent que cet auteur est en même temps un critique judicieux et un bon écrivain.

## LE PUBLICISTE.

On remarque assez souvent dans le *Publiciste* des articles d'une saine littérature. M. Hochet, aujourd'hui secrétaire de la *Commission des affaires contentieuses*, a rédigé, avec un talent distingué, pendant plusieurs années, le feuilleton des spectacles. Mademoiselle de Meulan, sous la lettre P., et M. Vanderbourg, sous la lettre G, lui ont succédé dans cette mission délicate. Les articles signés R. sont de M. Guizot. M. Dupont de Nemours en fournit quelques-uns, sous les lettres D. D. N. La partie politique de ce journal a été long-temps rédigée par M. Suard.

## BIBLIOTHÈQUE BRITANNIQUE.

Ce Journal, rédigé par MM. Pictet, Maurice et Prevost, s'imprime à Genève depuis 1796. Il est exclusivement destiné à offrir l'analise et quelquefois la traduction de celles des productions littéraires ou scientifiques d'origine anglaise, qui, sous le double rapport de l'utilité ou de l'agrément, peuvent mériter l'accueil du public.

Les matières de cette collection sont classées en deux divisions générales, chacune de douze numéros par an. L'une de ces divisions est intitulée, Littérature, et comprend aussi la morale; la seconde est intitulée, Sciences et Arts. Les rédacteurs ont publié une table raisonnée des matières des deux séries, à l'expiration des cinq premières années. Un second volume du même genre de travail, à compris les cinq premières années suivantes. En 1806, on a distribué à tous les abonnés une table renfermant l'indication de tous les articles insérés dans la Bibliothèque Britannique, pendant dix ans, classés par ordre de matières. Ce répertoire, peu volumineux, forme à la fois un *index* et un *tableau* de l'ouvrage entier. La Bibliothèque

Britannique mérite le succès qu'elle a obtenu. La guerre n'a point arrêté le zèle des habiles rédacteurs ; elle n'a pas nui à leur correspondance, et il n'y a pas lieu de s'en étonner : sur la fin du dix-huitième siècle et au commencement du dix-neuvième, les lettres ne doivent avoir d'ennemies que l'ignorance et la sottise. Les savans dispersés dans tous les pays du monde, sont frères et ne forment qu'une seule république. Aussi la guerre et les armes se font gloire de respecter leurs personnes, leurs talens et leurs productions immortelles. C'est ainsi qu'au mois de juin 1809, S. M. L'Empereur et Roi daigna permettre que la Société d'Agriculture de Paris envoyât à celle de Londres le blé de mars que celle-ci désiroit, pour en essayer la culture. Voyez les *Œuvres* de M. le sénateur François de Neufchâteau, Paris, 1809, in-12, tom. II, p. 429.

## RÉPERTOIRE DE LA LITTÉRATURE ANGLAISE.

Nous avons une vraie obligation à ceux qui cherchent à nous faire connoître d'une manière exacte et positive les littérateurs étrangers. Le Journal que publient en anglais MM. Parsons et Galignani, depuis le mois d'avril 1807, sous le titre de *Répertoire de la Littérature anglaise*; remplit ce but relativement aux auteurs anglais; il est d'autant plus propre à fixer notre jugement sur eux, que les articles qui le composent sont tirés des journaux anglais les plus estimés, tels que *The London Magazine*, *The Monthly Review*, etc. Il nous apprend ainsi de quelle manière la nation anglaise juge elle-même ses écrivains; et c'est là ce qui lui donne le plus grand intérêt.

Il paroit de ce Journal un numéro par mois.

## CHOIX D'ARTICLES DE DIFFÉRENS JOURNAUX.

La multitude de volumes que renferment les différens journaux que j'ai fait connoître dans les articles précédens, effrayera sans doute les personnes qui aiment à se former un cabinet de livres peu nombreux, mais choisis. Je puis entrer dans leurs vues, en leur faisant connoître des ouvrages dans lesquels on a réuni les meilleurs articles de plusieurs Journaux.

Les Variétés historiques, physiques et littéraires, ou Recherches d'un savant, contenant plusieurs pièces curieuses et intéressantes, Paris, 1752, 3 vol. in-12, ne sont que des morceaux tirés du *Mercure*. M. Merle a publié tout récemment un *Choix* du même *Mercure* en 3 vol. in-8°. M. l'abbé Grosier a fait paroître un Choix du Journal de Trévoux, sous le titre de *Mémoires d'une Société célèbre*, considérée comme Corps littéraire et académique, Paris, 1792, 3 vol. in-8°. MM. Suard et Arnaud ont recueilli les articles les plus piquans, fournis par eux au *Journal Etranger* et à la *Gazette Littéraire*, sous le titre de *Variétés Littéraires*, 1768, 4 vol. in-12. M. Clément, de Dijon, a réuni dans ses *Essais de Critique* sur la littérature ancienne et moderne, les articles qu'il a fournis à l'*Année Littéraire* et au *Journal de Monsieur*. Linguet a publié lui-même des Mélanges de politique et de littérature, extraits de ses Annales, Bouillon, 1778, 1779 et 1780, 3 vol. in-8°. On peut y joindre les articles qu'il a recueillis postérieurement sous ce titre : Examen des ouvrages de Voltaire, considéré comme poëte, comme prosateur, comme philosophe, 1788, in-8°.

Les *Mélanges académiques et littéraires* de M. Gaillard, Paris, 1806, 4 vol. in-8°., contiennent les principaux articles qu'il a fournis au Journal des Savans pendant près de 50 ans. On trouve dans les Œuvres de la Harpe, édition de 1778, des extraits d'ouvrages qu'il avoit insérés dans plusieurs Journaux. Le mêmes morceaux ont été réimprimés dans le tome XV du Cours de Littérature. Les *Opuscules* de M. Rœderer, 1800, 1802 et 1804, 3 vol. in-8°., contiennent des articles très-piquans du *Journal de Paris*. Les *Essais de Littérature et de Morale*, Paris, 1802, in-8°., papier vélin, ne sont autre chose que des articles fournis par mademoiselle de Meulan au *Publiciste*. Les morceaux très-ingénieux fournis au même Journal par feu M. Devaines, Conseiller d'Etat, ont été réunis sous le titre de *Recueil* de quelques articles tirés de différens ouvrages périodiques, 1799, in-4°. On a aussi sous le titre peu modeste de *Spectateur Français au dix-neuvième siècle*, un Choix d'articles tirés du Journal de l'Empire, du Mercure et de la Gazette de France, Paris, 1805-1810, 7 vol. in-8°.

## ESPRITS DE DIFFÉRENS JOURNAUX.

Si je recommande aux jeunes gens la lecture d'extraits choisis dans l'immense collection de nos ouvrages périodiques, je n'attache pas la même importance aux *Esprits* de différens journaux ou de différens journalistes, publiés pendant le dix-huitième siècle. Ces ouvrages sont nécessairement superficiels, puisqu'ils ne présentent que des portions d'extraits. Je range dans cette classe l'*Esprit de l'abbé Desfontaines*, par l'abbé de la Porte, 1757, 4 vol. in-12; l'*Esprit des Journalistes de Trévoux*, 1771, 4 vol. in-12, et l'*Esprit des Journalistes de Hollande les plus célèbres*, 1777, 2 vol. in-12. Ces deux recueils sont de l'infatigable M. Alletz, qui a rendu de véritables services à la littérature par d'autres compilations faites avec autant de soin que de goût.

## CHAPITRE IIII.

### ESPRITS.

JE ferai connoître dans ce chapitre les *Esprits* d'auteurs dont les collections ne se lisent guère, ou ne peuvent se trouver que dans les grandes bibliothèques.

### DUGUET.

Le discours préliminaire de l'*Esprit de M. Duguet*, ou *Précis de la Morale chrétienne, tiré de ses ouvrages*, volume in-12, 1764, est une discussion très judicieuse sur la manie du dernier siècle, de présenter l'analise des meilleurs écrivains, sous le nom d'*Esprit*. L'accueil fait aux ouvrages qui annoncent l'esprit des écrivains célèbres, indique assez l'estime qu'on feroit de ces productions, si l'on y trouvoit en effet tout ce que leur titre semble promettre. Il est agréable, sans doute, de voir réuni dans un espace borné, et comme dans une miniature, les pensées et les sentimens de ces hommes de génie;

mais pour en rendre l'âme, suffit-il d'entasser des pensées sans choix et sans liaison ? Ces sortes de pensées sont-elles en trop grand nombre ; elles s'entre-nuisent et s'étouffent mutuellement ; elles causent la même obscurité et la même confusion, que la trop grande multitude de personnages dans un tableau. Ce sont comme des éclairs qui peuvent nous éblouir pendant quelques instans, et qui nous laissent bientôt dans les ténèbres. Elles ne peuvent servir à embellir le discours, qu'autant qu'elles sont employées avec la plus grande sobriété. Quintilien veut qu'on ne les regarde que comme les yeux du discours : or, les yeux ne sont pas faits pour être répandus dans tout le corps.

Feu M. André, bibliothécaire de M. d'Aguesseau, rédacteur de l'*Esprit* de Duguet, blâme donc avec raison ces mutilations de la plupart de nos meilleurs auteurs ; il indique la façon de nous donner les Esprits. Il veut qu'on préfère d'abord les pensées solides à celles qui ne sont que brillantes. « En effet, dit-il, la vérité n'est que trop souvent étouffée sous ces pensées qui n'ont qu'un éclat passager. » Il ajoute que ces pensées doivent être placées, autant qu'on le peut, dans un ordre

ordre qui les rende moins étrangères les unes à l'égard des autres. Il nous annonce que par l'ouvrage qu'il nous donne, il a mis sous les yeux du lecteur un Abrégé de la Morale chrétienne, où les principales vérités de la religion sont présentées avec l'ordre, la noblesse et la dignité dont elles sont susceptibles.

## CICÉRON.

Le succès des *Pensées de Cicéron*, traduites par l'abbé d'Olivet, pour servir d'instruction à la jeunesse, imprimées en 1744, in-12, n'est point un succès d'intrigue, de cabale et de parti : l'estime pure et durable du public en a consacré le mérite. Personne n'étoit plus en état que l'abbé d'Olivet, de nous donner cet excellent ouvrage. On sait avec quelle supériorité et quel goût il possédoit la littérature latine ; particulièrement les Œuvres de Cicéron. Il a recueilli les passages les plus instructifs et les plus moraux de l'orateur romain. Ce grand homme étoit peut-être aussi philosophe qu'éloquent. On trouve dans ses ouvrages ce que les païens ont pensé de plus solide et de plus judicieux ; on y voit jusqu'à quel point la raison humaine peut aller dans la morale. L'abbé d'Olivet n'a laissé rien à désirer dans le choix des morceaux et dans la manière dont il les a traduits. Il prévient dans son titre et dans sa préface, que les jeunes gens ont été l'objet de son travail; mais l'homme fait peut en profiter aussi-bien que l'adolescent. Ces pensées, pleines de vérité, de raison et de saine philosophie, sont de tous les âges, de tous les temps, de tous les lieux et de tous les états de la vie.

## SÉNÈQUE.

Les beautés de Sénèque sont des beautés mâles, fortes, touchantes. Cet auteur pense presque toujours noblement: c'est dommage que l'antithèse énerve quelquefois ses pensées. Il a un autre défaut, c'est de tourner long-temps autour de la même idée; mais il y avoit une moisson aussi abondante à faire dans ses Œuvres que dans celles de Cicéron. Peut-être même Sénèque est-il autant au-dessus de Cicéron, en fait de morale, que cet orateur est au-dessus de lui en tout le reste. Telle étoit au moins l'opinion du fameux la Beaumelle, traducteur des Pensées de Sénèque, volume in-12, imprimé, pour la première fois, en 1742, et devenu classique.

## SULLY.

L'*Esprit de Sully*, avec le portrait de *Henri IV*, ses *Lettres à M. de Sully*, et ses *Conversations avec le même*, par mademoiselle de Saint-Vast, 1766, in-12, est divisé par chapitres. Ce n'est peut-être pas un homme comme Sully qu'il faut extraire : ses réflexions, ses pensées demandent à être méditées. Combien en est-il qui auroient mérité d'entrer dans ce Recueil et qui n'y sont point ! Un des avantages de cette compilation, c'est que l'on relit toujours avec plaisir les détails de la vie privée de Henri IV, et que son ministre intéresse tous les Français.

## MONTAGNE.

Dans les excellens Essais de Montagne, que de choses peuvent dégoûter et dégoûtent en effet beaucoup de lecteurs ! 1°. Le vieux style, si rebutant pour ceux qui sont bien moins frappés de son énergie, que du gothisme qu'ils y voient ; 2°. le défaut d'ordre et de liaison dans les matières qui sont souvent décousues ; 3°. les digressions continuelles qui déroutent à chaque instant le lecteur ; 4°. les citations fréquentes, dans lesquelles est noyé le texte ; 5°. enfin, les répétitions sans nombre, si contraires à l'impatience française. Pour faire lire Montagne avec plus d'ordre et plus de goût, Pesselier a pris la peine de rassembler et de rapprocher toutes les pensées qui regardent un même objet, puis de les ranger sous des titres généraux : ainsi les matières dispersées et confondues dans les trois livres des Essais, Maximes, Réflexions, Jugemens sont ici remises à leur place, et l'on a, par ce moyen, l'*Esprit de Montagne*, 1753, deux volumes in-12, sous la forme d'un écrit didactique. L'auteur s'est gardé de toucher au style de Montagne ; il a seulement eu l'attention d'expliquer tous les mots peu intelligibles pour ceux qui ne sont pas familiarisés avec le langage du seizième siècle.

Beaucoup de personnes préfèrent au Recueil de Pesselier, celui qui a pour titre : *Pensées de Montaigne*, propres à former l'esprit et les mœurs, Paris, Anisson, 1700, in-12 ; nouvelle édition, Paris, imprimerie bibliographique, 1805, petit in-12.

On attribue ce volume à un M. Artaud, qui passe aussi pour l'auteur d'une critique du Dictionnaire de l'Académie Française, intitulée, Dictionnaire des Halles, Bruxelles, 1696, petit in-12.

## CHARRON.

Il est naturel que dans un siècle philosophe, on ait pensé à nous donner une *Analise raisonnée de la Sagesse de M. Charron*, deux petits volumes in-16, 1763. On peut mettre Charron à côté de Montagne à bien des égards. Il est vrai qu'il n'a pas l'énergie, la saillie de génie de ce dernier; mais il est aussi philosophe, et porte ses vues aussi loin dans la nature humaine. On prend plaisir à revoir, dans ces anciens moralistes, les routes qu'ils ont ouvertes à nos modernes : bienfaits que ceux-ci taisent très-prudemment. Charron, Montagne, la Motte le Vayer, Balzac, Saint-Evremont ont donné naissance à une infinité d'écrivains, qui se gardent bien de nous parler de leurs pères. Par ces analises, on découvre ces espèces de plagiats ; et l'on remonte à la source des idées philosophiques, qu'on regarde comme neuves aujourd'hui. On ne peut que donner des éloges à M. de Luchet, auteur de l'analise de Charron. Le précis est fait avec beaucoup de goût;

il épargne de l'ennui et des inutilites sans nombre. Le marquis de Luchet est mort vers l'année 1792.

## BACON.

L'*Analise de la Philosophie de Bacon*, par M. Deleyre, 1755, 2 vol. in-12, seroit beaucoup plus utile, si l'auteur, au lieu de joindre partout ses propres pensées à celles du philosophe anglais, eut eu soin de les distinguer par un astérisque, ou, ce qui étoit encore plus simple, de les rejeter, en forme de notes, au bas des pages : son travail, alors mieux apprécié, auroit ajouté, sans doute, à sa réputation ; et Bacon, réduit ainsi aux seules forces de son génie, et montré dans la simplicité noble et pittoresque de sa parure, en eût paru plus original, plus riche et même plus grand.

M. Naigeon, en faisant réimprimer l'extrait de Deleyre, dans le Dictionnaire de la Philosophie ancienne et moderne de l'Encyclopédie méthodique, article Bacon, a eu soin d'en retrancher la plupart des idées et des réflexions qui appartiennent à cet élégant paraphraste ; il a fait plus encore ; il a offert au lecteur, dans une assez longue suite de passages, quelques-unes des grandes idées de Bacon, exprimées dans la langue latine, avec cette originalité, cette précision et cette énergie qu'il a su donner à son style, d'ailleurs très-souvent embarrassé, selon l'usage du temps, d'un certain jargon scolastique qui le dépare.

## BALZAC.

Les Œuvres de Balzac se composent de Traités, de Dissertations, de Poésies latines et françaises, de Lettres sur différens sujets, réunis en deux volumes in-folio.

Malgré la réputation dont les premiers ouvrages ont joui dans le temps, on connoît à peine aujourd'hui le *Prince, Aristippe* et le *Socrate* chrétien. On ne cite guère que quelques Lettres de Balzac. Balzac est cependant considéré comme le père de l'éloquence française. Le seul moyen de rendre la lecture de Balzac utile à la jeunesse, étoit d'extraire de tous ses ouvrages les pensées les plus remarquables, et d'accompagner celles qui offroient quelqu'équivoque dans le sens ou dans l'expression, de notes grammaticales et littéraires. C'est ce qu'a exécuté avec autant de goût que de succès, M. Mersan, dans les Pensées de Balzac, précédées d'observations sur cet écrivain et sur le siècle où il a vécu, Paris, 1807, in-12.

## LA MOTTE LE VAYER.

Nos auteurs modernes ont beaucoup puisé dans la Motte le Vayer; et peut-être a-t-il donné à J.-J. Rousseau, cet esprit philosophique qui le distingue. Il est vrai qu'aucun de ces Messieurs ne daigne le citer; mais on retrouvera une partie des idées dont ils se font honneur, dans la collection intitulée : l'*Esprit de la Motte le Vayer*, vol. in-12, publié en 1763 par l'abbé de Montlinot.

## SAINT-EVREMONT.

Un écrivain dont les idées sont dépendantes les unes des autres, comme les anneaux qui forment une chaîne, et qui n'a d'autre but que d'établir un système philosophique, ne peut que perdre à être analisé, divisé, rompu dans l'ensemble de son ouvrage; mais ceux qui n'ont que de l'esprit, des éclairs d'imagination, des saillies heureuses, sont faits pour être présentés sous ce point de vue; et il est bon de nous en donner l'*Esprit*. C'est donc un grand service qu'on a rendu au public, et à Saint-Evremont lui-même, que de l'avoir

débarrassé

débarrassé de treize ou quatorze volumes, et réduit en un seul tome in-12, 1761. On n'a pas dû, ni même pu s'astreindre à aucune espèce d'ordre et de liaison dans l'abrégé d'un auteur qui pensoit et écrivoit sans suite, et sans système, avec le ton et la dissipation d'un homme de cour.

Ce recueil ôte à Saint-Évremont tout l'ennuyeux, toutes les longueurs, tout le fatras dont on avoit surchargé ses œuvres. C'est présentement un beau corps proportionné dans toutes ses parties. Le philosophe Deleyre n'est point l'auteur de l'Esprit de Saint-Évremont.

## SAINT-RÉAL.

Parmi d'excellentes choses qui se trouvent dans les ouvrages de l'abbé de Saint-Réal, il y en a de très-communes; il étoit donc à propos de faire un choix, pour épargner au public une lecture fastidieuse. C'est ce qu'a eu probablement en vue, et a parfaitement exécuté, M. de Neuvillé, auteur de l'*Esprit de Saint-Réal*, in-12, 1768, par le choix, l'ordre, la méthode et le goût qu'il a observés dans la rédaction de ce volume.

## BAYLE.

On recherchait avant la révolution l'Analise raisonnée de Bayle, ou Abrégé méthodique de ses ouvrages, particulièrement de son *Dictionnaire historique et critique*, dont les remarques ont été fondues dans le texte, pour former un corps instructif et agréable de lectures suivies, Londres, 1755 et 1773, 8 vol. in-12. Les quatre premiers volumes de cet ouvrage firent une grande sensation, lorsqu'ils parurent; ils sont de l'ex-jésuite de Marsy: les jésuites les critiquèrent avec énergie dans le Journal de Trévoux. Les quatre derniers volumes sont attribués à M. Robinet. Bayle parle des miracles, des conciles et des Pères de l'Eglise dans un goût et dans un style si profane et si libre, que tout lecteur chrétien ne peut manquer d'en être scandalisé. Plusieurs personnes pensent qu'il y a plus de danger à courir dans la lecture de l'*Analise* que dans celle du *grand Dictionnaire critique*.

En parlant de ce Dictionnaire au tome 4º. de cet ouvrage, page 219, j'ai dit, d'après Voltaire, « cherchez l'article César, vous trouverez Jean Cesarius, professeur à Cologne, et au lieu de Scipion, vous aurez six grandes pages sur Gerard Scioppius. » Voltaire a voulu jouer sur les mots, mais il l'a un peu fait aux dépens de la vérité; car si l'on ne trouve pas dans Bayle l'article de Scipion, on y voit au moins celui de César. Bayle n'a pas donné d'article au professeur Cesarius.

## LEIBNITZ.

L'Esprit de Leibnitz, Lyon, 1772, 2 vol. in-12, est une collection faite avec autant de goût que d'intelligence, par M. Emery, aujourd'hui supérieur du séminaire de Paris et l'un des conseillers à vie de l'Université Impériale. L'éditeur auroit pu intituler cet ouvrage, l'Esprit et le Cœur de Leibnitz; car le cœur de ce grand homme ne s'y peint pas moins que son esprit et son génie; et ce qui étoit vrai pour la première édition, l'est encore plus pour la seconde, intitulée : Pensées de Leibnitz sur la religion et la morale, Paris, 1804, 2 vol. in-8°.

## BOSSUET.

Bossuet laisse fort au-dessous de lui tous ses rivaux; il semble que son naturel commence où la grandeur des autres finit. Il n'y a pas un de ses ouvrages qui n'en fournisse des preuves nombreuses : et cependant si l'on excepte le Discours sur l'Histoire Universelle et les Oraisons Funèbres, tout le reste trouve plus d'éloges que de lecteurs. Bossuet avoit trop de solidité dans l'esprit pour ne pas mêler dans toutes ses productions nombre de ces vérités éternellement importantes qui sont le fruit naturel du génie, des pensées fortes, indépendantes de tout intérêt de secte, et précieuses par l'expression vive dont elles sont revêtues. *Le Génie de Bossuet*, ou Recueil des plus grandes pensées et des plus beaux morceaux d'éloquence répandus dans tous les ouvrages de cet écrivain, Paris, 1808, in-8°., nous rend ces richesses dédaignées et nous les présente sous une forme très-propre à les faire goûter. Abandonnant le dogme, l'éditeur (M. E. Lavaisse) n'a pris que les pensées morales et politiques, et des morceaux d'une éloquence inimitable.

On doit au même éditeur l'*Esprit des Orateurs Chrétiens*, en deux volumes in-12.

## NICOLE.

Tout le monde connoît le mérite des ouvrages de Nicole ; mais ces ouvrages sont-ils aussi lus qu'ils devroient l'être ? La gravité des sujets qui y sont traités, la profondeur qui y règne, et plus encore la multitude des volumes, détourne peut-être bien des personnes du commerce avec un auteur qui ne tend pourtant qu'à rendre meilleurs tous ceux qui le lisent. L'abbé Cerveau, qui a dressé l'*Esprit de M. Nicole*, Paris, 1765, in-12, ne s'est pas borné à extraire les pensées les plus fortes ou les plus saillantes de Nicole; il a rassemblé les passages de son auteur sur la même matière, et les a réduits sous différens chapitres; ce qui forme une instruction suivie, un corps complet de doctrine chrétienne.

L'*Esprit de M. Nicole* est un ouvrage bien supérieur aux Pensées de Nicole, recueillies sans ordre par M. Mersan, ex-législateur, Paris, 1806, in-18.

## LA MOTTE-HOUDARD.

Aucun poëte n'a peut-être joui d'une aussi grande célébrité que M. de la Motte. Cet éclat de réputation s'est effacé. Son *Iliade*, qu'on ne lit plus et qu'on ne réimprimera jamais, a eu, de son vivant, quatre éditions consécutives; on a fait autant d'éditions du recueil de ses fables; enfin, ses odes et ses autres pièces ont également été réimprimées plusieurs fois. L'édition de ses Œuvres, donnée en 1754, 11 vol. in-12, n'a pas eu, à beaucoup près, le même succès, parce que le temps détruit le préjugé, éteint le fanatisme et met un auteur à sa place. Alors une critique impartiale lui rend la justice qui lui est due ; c'est le but que s'est proposé M. Lottin, éditeur de l'*Esprit des Poésies* de M. de la Motte, accompagné de quelque notes, de la vie de l'auteur ( par M. L. T. Hérissant ), et de remarques historiques sur quelques-uns de ses ouvrages, 1767, petit in-12. Il a jugé, comme on le pense aujourd'hui, que tout, dans cet auteur, n'est pas excellent, mais que tout non plus n'est pas à dépriser. Il y a des odes qui étincellent de vraies beautés, quelques fables charmantes; et dans les quarante cantates qu'il nous a laissées, et dont on ne pourroit soutenir la lecture de suite, il s'en rencontre quelques-unes qui sont très-belles et très-lyriques, élaguées. La vie de la Motte est intéressante et très-bien écrite. Le biographe entre dans des détails curieux, et présente des anecdotes que l'on ne trouve nulle part, pas même dans le recueil des *Mémoires* rassemblés et publiés par l'abbé Trublet, ce fervent admirateur de tout ce qu'a fait, dit, écrit et pensé M. de la Motte.

## L'ABBÉ PREVOST.

Les *Pensées de M. l'abbé Prevost* ont été recueillies en un seul volume in-12, en 1765, par D. Dupuis. Deux pages de Cléveland, le morceau de la Caverne, par exemple, sont plus frappantes et plus instructives que ce long étalage de sentences solitaires : ce sont des branches arrachées du tronc ; pour juger de l'arbre, il faut le voir dans toute sa proportion. Cependant, comme les ruines de Palmyre, de Bagdad, de la Grèce et de Rome, ne laissent pas de plaire, et qu'il y a même des connoisseurs qui s'extasient à la vue d'un membre mutilé d'architecture et de sculpture antique, je ne doute point que beaucoup de personnes, surtout celles qui ne lisent point de romans, et qui aiment la morale, de quelque façon qu'elle soit présentée, n'embrassent cette ombre de l'abbé Prevost. Elles trouveront de la vérité, de la raison, de la justesse dans la plupart de ses Pensées, de la nouveauté même dans quelques-unes.

## MONTESQUIEU.

Lorsque parut l'*Esprit des Lois*, ouvrage qui honore notre nation, les gens de lettres furent partagés : les uns s'efforcèrent de répandre des nuages sur cet astre qui les éblouissoit ; les autres se prosternèrent pour l'adorer ; ceux-ci le critiquèrent par jalousie ; ceux-là le louèrent par vanité. Ce qui a paru sous le titre de *Génie de Montesquieu*, n'est ni une censure, ni une apologie de ce livre, mais un abrégé en un volume in-12. On a détaché les maximes principales ; on a rangé dans la même classe celles qui pouvoient avoir rapport à un même objet ; on a distribué le tout dans vingt-neuf chapitres ; et par ce moyen, on a cru avoir déterminé le genre particulier de *l'Esprit de Montesquieu*, ou plutôt son *Génie*. Ce recueil a été faussement attribué à M. Deleyre.

## LE PÈRE CASTEL.

Sous le titre d'*Esprit, saillies et singularités du Père Castel*, vol. in-12, 1763, on a réuni tout ce que ce jésuite célèbre a écrit de plus piquant dans un grand nombre d'ouvrages de différens genres. Cette espèce d'*Ana* est d'autant plus intéressant, qu'il donne une idée des talens du Père Castel, peu connu dans le monde, parce qu'il étoit religieux, sans prôneurs et sans parti. Cet auteur

teur a un avantage, c'est que ses fautes mêmes font penser. L'éditeur, qu'on sait avoir été l'abbé de la Porte, a mis du soin dans cette compilation; il y a du mérite à nous tracer de pareilles esquisses. Ce n'est, à la vérité, présenter les écrivains que de profil; mais encore est-ce nous les faire voir assez, pour que nous soyons excités à les connoître davantage.

## VOLTAIRE.

Un éditeur intelligent auroit pu faire un choix plus heureux pour Voltaire et pour le public, dans deux volumes in-12, publiés en 1766, par Contant d'Orville, sous le titre de *Pensées philosophiques de M. de Voltaire;* ou *Tableau Encyclopédique des Connoissances humaines.* L'auteur de cette collection s'est appliqué à tirer des ouvrages de Voltaire, toutes les professions de foi les plus authentiques, et les plus propres à guérir de leurs préventions, ceux qui ne pensoient pas favorablement de la religion de cet homme fameux. Rien n'est plus louable que de chercher à disculper les écrivains célèbres, surtout vis-à-vis de la multitude, parce que rien n'est plus propre à décrier la vertu parmi les esprits légers, que les maximes débitées par de grands écrivains. Il est vrai que Contant d'Orville rapporte une infinité d'autres passages de ce même auteur, qui nuisent un peu aux certificats d'orthodoxie qu'il prétend lui donner : mais apparemment que son intention étoit qu'on l'envisageât, comme lui, sous différentes faces, c'est-à-dire, sous celles de théologien, de philosophe, de moraliste, de poëte et d'historien ; car Voltaire est tout cela. Il arrive par cet arrangement, que quelquefois le théologien est démenti par le philosophe, le poëte par le moraliste, l'historien par le poëte.

## J.-J. ROUSSEAU.

De tous les extraits qu'on nous a donnés de bons livres, comme l'*Esprit de Montagne*, celui de Montesquieu, il y en a peu de meilleurs que l'*Esprit de Julie*, ou Extrait de la Nouvelle Héloïse, ouvrage utile à la société, et particulièrement à la jeunesse, par M. Formey, in-12, 1763. La Nouvelle Héloïse, malgré toutes les beautés qu'elle peut renfermer, est, sans contredit, un livre dangereux qu'on doit dérober aux regards de la jeunesse ; c'est un poison enchanteur. M. Formey a trouvé l'art d'en faire un remède utile ; il a imité les célèbres botanistes, qui tirent des sucs salutaires des plantes les plus venimeuses.

Les Pensées de J.-J. Rousseau ont été aussi recuellies en 1763 par l'abbé de la Porte. M. l'abbé Sabatier de Castres a publié, en 1804, le véritable Esprit de J.-J. Rousseau, ou Choix d'observations, de maximes et de principes sur la morale, la religion, la politique et la littérature, tiré des Œuvres de cet écrivain, et accompagné de notes de l'éditeur, 3 vol. in-8. M. l'abbé Sabatier n'a extrait du philosophe genevois que ce qu'il a cru bon et utile. Ses notes tendent à modifier ou à combattre ce qui demandoit ou explication, ou censure.

## MALESHERBES.

Les *Pensées et Maximes* de M. de Malesherbes, publiées en 1805, 1 vol., par M. E. L. (E. Lavaisse), doivent exciter la curiosité de tous les amis des lettres et de la vertu. En les lisant, ils seront satisfaits de cette franchise austère, de cette honnêteté remarquable dans le temps où il vécut, et qui ne se démentit jamais. Tout le monde se rappelle encore les représentations fermes et sages qu'il osa souvent adresser à son roi ; tout le monde se rappelle comment, plus tard, par un dévouement sublime, il put faire admirer un grand courage. C'est à tort que l'éditeur prétend que quelques erreurs se glissèrent dans le cours d'une vie si illustre ; il n'y a pas une action de M. de Malesherbes, que les amis de la vertu voulussent effacer de sa vie.

## MONARQUES PHILOSOPHES.

L'avertissement qui est à la tête d'un volume in-12, imprimé en 1764, sous le titre de l'*Esprit des Monarques Philosophes*, donne une idée de ce recueil. Depuis Salomon, le Sage par excellence, dont les écrits font partie des livres canoniques, l'Histoire Ancienne ne fournit que deux monarques, Marc-Aurèle et Julien, qui aient laissé des ouvrages de philosophie morale et politique. Après tant de siècles écoulés depuis le règne de ces grands hommes, sans qu'on les ait vu renaître, le dernier siècle a eu l'avantage de les voir revivre dans Stanislas-le-Bienfaisant, et Frédéric, le Salomon du Nord ; et c'est une preuve des progrès que la raison et la philosophie ont faits dans ce siècle.

En réunissant sous un même point de vue les pensées et les leçons de ces quatre monarques, le dessein de l'éditeur n'a pas été de les publier toutes. On s'est assujetti au titre et à l'objet de l'ouvrage ; et l'on n'a extrait de leurs écrits, que les maximes qui les caractérisent plus essentiellement, comme monarques philosophes. Heureux le siècle que des rois éclairent de leurs lumières et instruisent de leurs leçons ! Plus heureux les peuples qui se rendent dignes d'avoir de tels pères et de tels maîtres !

On ne peut qu'applaudir au zèle de l'abbé de la Porte, auteur de cette collection ; mais il auroit pu donner à la partie historique plus de précision et plus d'étendue aux extraits des Œuvres de ces illustres monarques : leurs images doivent être à jamais présentées à tous ceux que la fortune appelle sur le trône. L'âme de Marc-Aurèle, les hautes qualités de Julien, les talens et les vertus de leurs deux augustes imitateurs, sont des objets immortels d'étude pour les rois et d'admiration pour les hommes. Heureux le dix-neuvième siècle qui voit briller dans un seul Empereur les talens et les vertus de ces quatre monarques !

## ENCYCLOPÉDIE.

Dans l'*Esprit de l'Encyclopédie*, ou *Choix des articles les plus curieux, les plus agréables, les plus piquans, les plus philosophiques de ce grand Dictionnaire*, cinq volumes in-12, 1768, l'abbé de la Porte ne s'est attaché qu'aux morceaux qui peuvent plaire universellement, et fournir à toutes sortes de lecteurs, et surtout aux gens du monde, la matière d'une lecture intéressante.

Parmi cette multitude innombrable d'articles qui composent le Dictionnaire de l'Encyclopédie, les uns ne peuvent être lus ni entendus que d'un petit nombre de personnes ; les autres, peu susceptibles d'une lecture suivie, ne sont faits que pour être consultés dans le besoin ; d'autres, enfin, conviennent à toutes sortes de lecteurs, et sont comme autant de petits traités particuliers où règnent à la fois l'esprit, le goût, l'élégance, une saine philosophie, une critique judicieuse, une érudition polie, et tout ce qui peut rendre un écrit curieux, instructif, intéressant.

Ce n'est point ici le lieu d'examiner si ce grand ouvrage remplit l'objet que les auteurs se sont proposé, et s'il a acquis toute sa perfection : il nous suffit de pouvoir assurer qu'il présente une infinité de morceaux de génie, dont le choix et la réunion en un petit nombre de volumes portatifs, doit former une collection précieuse, et d'autant plus agréable, que l'acquisition en est facile.

Peu de gens sont en état de se procurer le Dictionnaire Encyclopédique; on a donc cru faire une chose favorable et commode pour le public, de rassembler les articles les plus piquans de ce Dictionnaire, et d'en faciliter la lecture, non-seulement aux personnes qui, sans ce secours, en auraient été privées, mais à celles même qui possèdent l'Encyclopédie, en leur épargnant l'embarras et la peine de les chercher parmi une infinité d'autres moins intéressans. D'ailleurs, la difficulté de transporter des in-folio peut, dans mille occasions, empêcher qu'on n'y ait recours.

A l'égard de quelques articles condamnés, qui ont fait, à diverses reprises, supprimer l'Encyclopédie, l'abbé de la Porte s'est bien donné de garde de les insérer dans ce recueil. On sait d'ailleurs que ce ne sont ni les mieux écrits, ni les plus piquans.

Un anonime n'a pas eu la même réserve ; il a recueilli ces articles pour en former deux volumes que l'on trouve quelquefois joints aux précédens.

MM. Olivier et Bourlet de Vauxcelles ont publié un nouvel *Esprit de l'Encyclopédie*, Paris, 1798 — 1800, 12 vol. in-8°.

## FEMMES FRANÇAISES.

L'*Esprit des Femmes célèbres du siècle de Louis XIV et de celui de Louis XV*, jusqu'à présent, 2 volumes in-12, 1768, par M. Alletz, est une injure faite aux femmes françaises, puisqu'il réduit à vingt-cinq ou à vingt-six seulement le nombre de celles qui ont acquis de la célébrité dans les lettres, sous les deux règnes de Louis XIV et de Louis XV. Nous ne serions pas embarrassés d'en nommer trois ou quatre cents qui se sont exercées dans la carrière littéraire, et plus de deux cents qui s'y sont distinguées.

## POËTES TRAGIQUES.

L'*Esprit des Tragédies*, par un maître-écrivain, nommé Roland, 1762, 3 vol. in-12, est une compilation qui peut avoir plus d'un objet

objet d'utilité. On y a rassemblé, sous un même point de vue, tout ce que nos poëtes tragiques ont dit sur le même sujet ; par exemple, sur l'ambition, l'amitié, l'amour, la haine, toutes les passions, tous les sentimens, tous les points de morale et de politique. C'est offrir aux auteurs scrupuleux, un moyen facile et sûr de ne point se rencontrer avec ceux qui les ont devancés, et par-là d'éviter jusqu'au soupçon de plagiat ; c'est mettre le public à portée de connoître ceux qui s'en éloignent plus ou moins ; c'est même fournir à ces derniers une sorte de répertoire, où ils pourront puiser, pourvu qu'ils y puisent avec certaines précautions.

## LE MARQUIS D'ARGENS.

On a fait l'*Esprit* de tant de personnes qui en avoient fort peu, qu'on ne doit pas s'étonner qu'on ait donné celui de l'auteur des *Lettres Juives*, et de plusieurs autres ouvrages estimés. Les 2 vol. in-12 qui composent l'*Esprit* du marquis d'Argens ; Berlin, 1775, n'offrent pas aux lecteurs le marquis d'Argens tout entier ; mais cette esquisse peut au moins donner une idée du tableau à l'amateur qui n'a point l'original.

## LES ABBÉS DE MABLY ET DE CONDILLAC.

On ne doit pas confondre l'*Esprit* de Mably et de Condillac, relativement à la morale et à la politique, par M. Berenger, 1789, 2 vol. in-8°., avec cette foule d'*Esprits* compilés en huit jours par des copistes sans jugement. C'est un livre élémentaire, un abrégé systématique et lumineux destiné aux personnes qui n'ont ni le temps, ni la faculté de se procurer et de lire vingt-cinq à trente volumes de philosophie et d'histoire.

## M. LE CARDINAL MAURY.

J'ai indiqué, dans le tome troisième de cet ouvrage, p. 34, l'*Esprit* de M. l'abbé Maury, publié en 1791, par M. Chas. On trouve dans ce volume une source abondante d'instruction et de beaux modèles d'éloquence.

## LE COMTE DE MIRABEAU.

Ce sont les écrivains polémiques qu'il importe d'extraire ; ils s'élèvent souvent vers des considérations générales, en se proposant des points de vue particuliers : ils ont semé des vérités que le temps mûrit et féconde. Parmi ces écrivains, Mirabeau tient le premier rang, et par la multitude de ses ouvrages (ils sont au nombre de quarante-quatre, et il est presqu'impossible d'en retrouver la collection dans la librairie), et par l'importance des matières qu'il a traitées, et par la supériorité de talent avec laquelle il a discuté ces hautes questions, et surtout par le souvenir des circonstances à jamais mémorables qui ont enflammé son génie, et qui, plaçant cet écrivain aux sommets de l'éloquence politique, lui ont assuré le nom de Démosthène français ; de sorte que l'*Esprit de Mirabeau* est véritablement l'*Esprit de la Révolution française*.

C'est à M. Chaussard que l'on doit l'*Esprit de Mirabeau*, extrait de ses divers ouvrages, divisé par ordre de matières, et embrassant les différentes branches de l'économie politique ; précédé d'un Précis historique de sa vie privée et publique, revu, corrigé et augmenté de plusieurs anecdotes inédites, Paris, Buisson, 1803, 2 vol. in-8°. La première édition de cet utile ouvrage avoit paru en 1797.

## LE PRINCE DE LIGNE.

L'intéressant recueil, intitulé : Lettres et Pensées du Maréchal Prince de Ligne, publiées par Madame de Staël, Genève et Paris, 1809, 1 vol. in-8°., se compose de la correspondance et des pensées détachées d'un homme dont les plus grands génies et les plus illustres souverains ont recherché l'entretien comme leur plus noble délassement. La collection des ouvrages du Prince de Ligne forme plus de 30 volumes in-12. Ils sont divisés en œuvres littéraires et en œuvres militaires. Le tome quatorzième des œuvres militaires, imprimé en 1805, est un catalogue raisonné des livres militaires de la bibliothèque de l'illustre auteur : il renferme des jugemens très-piquans.

Je pourrois grossir ce chapitre de plusieurs autres *Esprits*, qui ne méritent pas moins que les précédens, d'occuper une place dans les bibliothèques. On nous a donné l'*Esprit* de Bourdaloue, volume in-12; les *Pensées* de Massillon, in-12; l'*Esprit* de Fontenelle; l'*Esprit* des Poëtes et Orateurs célèbres du règne de Louis XIV; le *Génie* de Buffon; l'*Esprit* et le *Génie* de l'abbé Raynal, l'*Esprit* de Thomas, de d'Alembert, de M. Necker, de madame Necker, de Linguet, de Rivarol, de madame de Genlis, etc., etc. M. Renouard a publié récemment des morceaux extraits de Buffon et de Massillon, 2 vol. in-18.

# CHAPITRE IV.

## § I<sup>er</sup>. FACÉTIES, ANECDOTES, BONS MOTS.

LE Français étant le peuple le plus gai de l'Europe, il n'est pas étonnant que la France ait produit tant de Facéties et autres écrits de ce genre. Nous avons déjà parlé de Rabelais, qui avoit pris le masque de la folie, pour cacher, dit-on, la satire qu'il vouloit faire des cardinaux, du pape et de l'église. De graves commentateurs ont chargé de notes ce tas de sottises bouffonnes; des éditeurs les ont abrégées.

Nous avons fait connoître au commencement de ce volume, page 35, l'édition de Rabelais, abrégée par l'abbé de Marsy; l'édition complète, la plus belle et la plus recherchée, surtout en grand papier, est ainsi intitulée : les Œuvres de Maître François Rabelais, avec des remarques historiques et critiques, par Jacob le Duchat (et la Monnoye), nouvelle édition, augmentée de quantité de nouvelles remarques de le Duchat, de celles de l'édition anglaise des Œuvres de Rabelais (par le Motteux, traduites en français par César de Missy), de ses lettres (recueillies par les frères de Sainte-Marthe), et de plusieurs autres pièces, et ornée de figures gravées en taille-douce, par Bernard Picart (avec un avertissement de J.-F. Bernard), Amsterdam, J.-Fréd. Bernard, 1741, 3 vol. in-4°.

## SWIFT.

L'écrivain qui, dans le 18e. siècle, a le plus ressemblé à Rabelais, est le docteur Swift, doyen de la cathédrale de Dublin. Son *Conte du Tonneau* a été traduit en français par Van Effen; il y a des choses très-gaies, mais encore plus d'impiétés. On voit d'abord à la tête, une estampe qui représente le théâtre d'arlequin, la chaire d'un ministre, et l'échelle d'un pendu qui harangue la populace pour la dernière fois. Le fonds du livre est une Histoire allégorique du Catholicisme et du Luthéranisme, mêlée de cent autres choses qui n'y ont aucun rapport. La traduction de Van Effen ne peut guère se lire. Il n'étoit pas possible, suivant Voltaire, de rendre le comique dont cet écrit est assaisonné. Le comique tombe souvent sur des querelles entre l'Eglise anglicane et la presbytérienne, et sur des jeux de mots particuliers à la langue anglaise. Tout cela est perdu pour des Français; et ce n'est pas un grand mal.

## ERASME.

L'*Eloge de la Folie*, par Erasme, réimprimé tant de fois, et traduit dans toutes les langues, est un de ces écrits consacrés par le goût de tous les temps et de toutes les nations. Mais si ce livre fut goûté des gens d'esprit, il souleva contre l'auteur les faux dévots et les moines, dont cet ouvrage est une satire continuelle. Il règne d'un bout à l'autre, un mélange qui convient à la folie seule, du langage et des choses du Christianisme, avec les expressions et le culte des anciens païens. Il y a des portraits trop chargés, et des peintures fausses et outrées; mais dans le reste, que de bon sens, de vérité, d'esprit, d'enjouement !

Les agrémens de l'original, si capables de se faire sentir dans la plus défectueuse copie, ont donné du cours à une version que Gueudeville, avec plus de goût, moins de licence

licence et un meilleur style, auroit pu rendre plus exacte. Ces défauts ne sont pas les seuls qu'on ait à lui reprocher. Ses méchantes plaisanteries, ou plutôt ses quolibets perpétuels, ses allusions forcées et conformes à ses préjugés de religion, et ses hardiesses d'expressions, tous ses faux ornemens, si propres d'ailleurs à piquer les gens d'un goût faux, ont déplu aux gens raisonnables qui ne veulent point qu'on aperçoive dans un ouvrage de pur agrément, la religion ni la profession de l'auteur.

Nous avons deux nouvelles traductions de l'Eloge de la Folie, bien supérieures à celle de Gueudeville; l'une par M. Laveaux, Bâle, 1780, in-8°., avec des figures; l'autre par M. de Barrett, 1789, in-12, sans figures.

L'édition la plus estimée de l'original latin, est celle de Bâle, 1676, in-8°., avec les figures d'Holbein, et les Commentaires de Gérard Listrius. On estime aussi les deux éditions publiées par Barbou, l'une en 1765, et l'autre en 1777. L'estimable M. de Querlon, par les notes qu'il y a semées, quoiqu'avec son économie ordinaire, et par la seule correction qui répand tant de jour dans les anciens écrits, les a mises à la portée de tout le monde. La dernière est suivie de l'*Utopie* de Thomas Morus.

Les Catalogues de nos grandes bibliothèques renferment ordinairement une longue liste de Facéties. Mais il y a très-peu à recueillir dans ces livres, qui sont d'ailleurs rares et chers : il n'y a que les bibliomanes qui les recherchent.

## SAINT-HYACINTHE.

L'affectation ridicule avec laquelle certains commentateurs amonceloient à tout propos des passages connus des seuls érudits, a fait naître le *Chef-d'Œuvre d'un Inconnu*, par Saint-Hyacinthe, deux volumes in-12, dont on a plusieurs éditions qui ont paru en différens temps. Ce badinage, tout à la fois savant et léger, fait rire aux dépens de cette espèce de pédantisme, par la charge qu'on lui donne en le contrefaisant : c'étoit la bonne façon de le corriger.

M. Leschevin, commissaire en chef du Gouvernement pour les poudres et salpêtres, à Dijon, a publié, en 1807 (Paris, Imprimerie Bibliographique), une nouvelle édition de cet ouvrage, en 2 vol. in-8°. Les remarques qu'il y a ajoûtées la rendent bien supérieure aux anciennes.

## LEFEVRE ET GROSLEY.

Les *Mémoires de l'Académie de Troyes*, par Lefevre et Grosley, de la même ville, volume in-12; qui a été plusieurs fois réimprimé, se proposent le même but à l'égard des faiseurs de Dissertations prétendues savantes. Les recherches littéraires ont, sans doute, leur avantage ; mais sans un objet solide, ce n'est qu'un vain bruit de paroles, un verbiage assommant. Ce sont précisément ces sortes de discussions sur des sujets très-peu importans, ou qui ne font pas la moindre difficulté, que les auteurs des Mémoires ridiculisent, en prodiguant leurs défauts dans les leurs ; ils en relèvent surtout la frivolité par l'extravagance des matières qu'ils traitent ; en un mot, ce sont des gens d'esprit qui combattent les vices des dissertateurs avec les armes de l'ironie.

On peut dire, à la gloire des auteurs, que leurs raisonnemens sont suivis, leurs exemples bien amenés, leurs autorités imposantes, leur style vif, aisé, naturel ; en un mot, il me semble qu'ils ont parfaitement réussi dans leur projet ; et l'on ne peut leur reprocher autre chose, sinon que c'est peut-être perdre trop d'esprit et de travail à des bagatelles.

## ANONIMES.

Les *Etrennes de la Saint-Jean*, 1742, 1750, ou 1757, 1 vol. in-12, sont l'ouvrage de plusieurs auteurs célèbres, qui ont employé tout leur esprit à faire un livre où il n'y en eût pas, en affectant néanmoins de vouloir y en mettre beaucoup; c'est un mélange de contes, d'histoires, de lettres, de chansons, de bons mots et de plusieurs autres pièces en vers et en prose, écrites en style de manant qui veut faire le beau parleur, et qui, cherchant à dire des choses ingénieuses, fait rire par ses balourdises. Je ne sache pas que nous ayons beaucoup d'ouvrages dans ce goût-là : ce n'est ni du badin, ni du raisonnable, ni du sérieux, ni du burlesque; c'est une espèce de grotesque qui divertit et qui amuse. Il faut avoir beaucoup d'esprit pour faire trouver du plaisir à lire les plus grandes inepties. Tel est à peu près le caractère de cette brochure, qui se trouvoit, non pas à Troyes, chez la veuve Oudot, ainsi qu'il est marqué à la tête du livre, mais à Paris, chez la veuve Duchesne, rue Saint-Jacques, au Temple du Goût. Cet ouvrage étoit fort rare et fort recherché avant la dernière édition : on l'a augmenté de quelques pièces nouvelles ; et parmi les auteurs qui y ont travaillé, on nomme principalement Duclos et Crébillon fils. Il y a dans ce livre tous les genres de littérature ; car on y voit des dialogues, des mémoires, des relations, des pensées détachées, des bouquets, des odes, des éloges funèbres et des critiques ; le tout écrit dans le même goût, et toujours dans le même style.

L'objet d'une *Dissertation sur l'antiquité de Chaillot*, qui parut en 1736, étoit de railler finement certains savantasses arides, qui se donnent des peines incroyables pour déterrer l'étymologie du nom d'une ville ou d'un village, et qui, pour appuyer leurs vaines conjectures, compilent fastidieusement des faits et des dates, et transcrivent de longs textes en des langues que souvent ils n'entendent point. L'auteur de la *Dissertation* faisoit, à l'exemple de ces pesans érudits, de burlesques efforts pour découvrir la véritable origine du nom de Chaillot : il citoit à ce propos du grec, du latin, et des traits d'histoire orientale. Nos Dictionnaires historiques attribuent cette ingénieuse plaisanterie à un M. Coste, de Toulouse; elle est réellement de M. de la Fueille, mort en 1747, à Sedan, où il étoit receveur particulier des finances.

Un autre écrit, intitulé *le Canevas d'une Cause singulière*, publié en 1745, avoit pour but de ridiculiser le prolixe recueil des *Causes célèbres* de Gayot de Pitaval. Il s'agissoit de deux enfans, dont l'un, nommé Colin, se plaignoit que Lucas avoit pris des noyaux de cerises, que le premier revendiquoit. L'auteur, avec une gravité risible, discutoit, dans le goût de Pitaval, les moyens que les deux parties apportoient pour leur défense. Vous jugez bien qu'il appeloit à son secours les lois romaines et toutes les maximes de jurisprudence qui pouvoient s'appliquer au fait dont il étoit question. C'étoit une cause débattue dans toutes les règles, et assaisonnée d'un badinage plaisant et satirique.

Néel a composé dans le même goût, le *Voyage de Saint-Cloud par mer et par terre*. Il paroît qu'il a eu deux vues dans ce petit écrit: la première, de faire sentir la pédantesque exactitude de la plupart de ces livres appelés *Voyages*, où rien n'est omis, excepté l'utile et l'agréable ; la seconde, de bafouer l'ignorance crasse des Parisiens, qui n'ont point quitté leurs dieux pénates, et qui sont saisis d'une stupide admiration à la vue des choses les plus communes, lorsqu'ils sont hors de leurs foyers.

## L'ABBÉ COYER.

La Découverte de la Pierre Philosophale est un badinage innocent, emprunté du docteur Swift, qui vouloit qu'on mît des impôts sur les vices des citoyens, au lieu de taxer leurs biens. Cette plaisanterie, qui n'étoit qu'une satire des mœurs, fut extrêmement goûtée en Angleterre : elle ne l'a pas moins été en France ; et je crois qu'elle auroit encore eu plus de succès, si l'auteur avoit embelli l'idée anglaise, et fait un tableau de cette esquisse, comme il le pouvoit, en ajoutant les ridicules aux vices, dont il ne soumet que six à la taxe ; savoir : le parjure, la médisance, le larcin de l'honneur, l'infidélité conjugale, les dettes et ces asiles de plaisir, qu'on appeloit, avant la révolution, à Paris, *Petites Maisons*.

L'*Année merveilleuse*, du même auteur, est de tous ces petits écrits celui qui a eu le plus de vogue. Jamais brochure n'a été lue avec tant d'avidité. Les grands et les petits, les gens d'esprit et les sots, Paris et les provinces lui ont fait le même accueil.

Il s'agit, dans cette *Année merveilleuse*, de la métamorphose la plus étonnante, de la merveille des merveilles. Les hommes seront changés en femmes, et les femmes en hommes. L'auteur, après avoir trouvé, dans les anciens, la prédiction de ce grand événement, indique les symptômes qui annoncent que ce prodige doit arriver de nos jours. Cet écrit, et plusieurs autres de ce genre, composent un recueil intitulé: *Bagatelles morales*. On y trouve beaucoup d'esprit et de finesse; mais le ton en est un peu monotone, et les plaisanteries sont quelquefois amenées de trop loin. Il faut en excepter la *Noblesse commerçante*, la meilleure pièce de ce recueil, en 2 vol.

## LES ANA, etc.

Les recueils avec un titre terminé en *ana*, ont été saisis avec empressement dans leur nouveauté; les plus méprisables, les *Naudœana* et *Patiniana*, collection indigne des noms dont

dont on a voulu les décorer, ont trouvé des acheteurs. On a lu jusqu'au *Polissonniana* de cet abbé Cherrier, qui, dans son temps, exerçoit les fonctions de censeur des livres, sous le nom de Passart. Le grand nombre de mauvais *ana* a nui aux bons; ils ont tous éprouvé le même discrédit, à l'exception peut-être du *Menagiana* de la bonne édition, avec des notes de la Monnoye, 1715, 4 vol. in-12, et du *Huetiana*, publié en 1722 par l'abbé d'Olivet.

On a vu paroître, dans ces dernières années, de nouveaux *ana*, encore inférieurs aux anciens; tels sont les petits vol. in-18 intitulés: *Gasconiana*, *Asiniana*, etc. Je dois dire cependant que le public a fait un accueil favorable et mérité au *Bievriana*, dont la troisième édition a paru en 1801.

## MÉLANGES DE LITTÉRATURE, etc.

On lit encore aujourd'hui avec autant de plaisir que de fruit, un ouvrage du même genre que les *ana*; je veux parler des *Mélanges de Littérature* publiés sous le nom de Vigneul-Marville, en 3 vol. in-12, 1701, ou 1713. On sait qu'ils ont pour auteur le chartreux Bonaventure d'Argonne. L'édition de

1725 a été donnée par l'abbé Banier ; le troisième volume est de l'éditeur.

On peut placer à la suite de l'ouvrage du chartreux, les Récréations historiques, critiques, morales et d'érudition, par Dreux du Radier, 1767, 2 vol. in-12 ; mais il faudroit y joindre la lettre adressée aux auteurs du Journal des Savans sur cet ouvrage ( par M. de Foncemagne ).

Les *Curiosités de la Littérature*, récemment traduites de l'anglais ( de M. d'Israëli ), par M. Bertin, en 2 petits vol. in-8°., rappellent les recueils que nous venons de citer et y ajoutent des traits de l'histoire d'Angleterre qui méritoient d'être connus.

## TRAVENOL ET MANNORY.

Tandis que par de nombreux succès, Voltaire méritoit à Paris les applaudissemens du public, on faisoit revivre, en Hollande, sous le titre de *Volteriana,* ou *d'Éloges amphigouriques* de Voltaire, une partie des anciennes injures que la haine, la vengeance et l'envie avoient autrefois débitées contre lui. Ce livre est une collection mal digérée d'anecdotes souvent fausses et toujours douteuses ; de pièces la plupart mauvaises, et presque toutes injurieuses; de mémoires, de factums, de procédures de toute espèce. Son procès avec le sieur Travenol, ses démêlés avec les libraires, ses différends poétiques, ses disputes littéraires, quelques critiques de ses ouvrages, forment la plus grande partie de ce gros volume. Le reste renferme plusieurs pièces bien différentes les unes des autres. Il y en a qui sont de Voltaire; il y en a qu'on lui attribue : on les rapproche toutes avec malignité, pour en faire mieux sentir l'opposition. On joint à sa lettre au père Latour, une ode contre Saint Ignace; aux louanges de la société, des invectives contre les jésuites; à l'éloge du père Porée, celui de l'évêque de Senez; et la condamnation de Pascal à celle de Molina. On oppose à la lettre que lui écrit le pape, une satire contre le St.-Siége; et à sa profession de foi, une épître à Uranie. Partout la malignité des compilateurs se manifeste par les traits les plus noirs. Peu leur importe que les pièces qu'ils citent, flétrissent la réputation des personnes les plus respectables, pourvu qu'ils viennent à bout de noircir celle de Voltaire. On n'a pas oublié non plus ses querelles avec le grand Rousseau, ni celle qu'il a eue avec l'abbé Desfontaines; le tout y est placé sans choix, sans ordre, sans goût; et cependant ce recueil a eu de la vogue.

## GAYOT DE PITAVAL.

Les compilateurs de bons mots ont cherché dans les ana, des matériaux pour leurs recueils; ils y en ont trouvé; mais la plupart ont mal choisi. Gayot de Pitaval, le même qui a fait les Causes célèbres, nous a donné la *Bibliothèque de Gens de Cour*, l'*Art d'orner l'esprit;* collections insipides et mal faites. Personne n'a plus compilé de bons mots; personne n'étoit plus incapable d'en dire. Ce qu'il y a de pis dans les fatras dont il a inondé le public, c'est qu'il s'avise de faire le plaisant, et qu'il entretient sans cesse ses lecteurs de ses plates productions et de celles de sa femme.

## NICERON.

La *Bibliothèque curieuse et amusante* du père Niceron, en 3 vol. in-12, 1755, vaut beaucoup mieux que les inepties que Pitaval a décorées de titres si pompeux; mais il n'y a que le premier volume de bon, et les deux autres qu'on a donnés après sa mort, ne sont ni de lui, ni dignes de lui. On les attibue à Duport du Tertre. La dernière édition est de 1775, 2 vol. in-12.

## L'ABBÉ DE LA PORTE.

Cet abbé a réuni en deux volumes in-12, sous le titre de *Remède* ou *Ressource contre l'ennui*, et ensuite de *Magasin récréatif*, les contes, les bons mots, les saillies, les reparties ingénieuses qui se trouvoient comme noyés et perdus dans des recueils de mauvais goût; le choix qu'il a fait est digne du public délicat et éclairé. Ce livre mérite d'être distingué et conservé. Il se trouvoit chez la veuve Duchesne, et peut tenir sa place dans la Bibliothèque d'un Homme de Goût.

## M. LACOMBE.

Mais ce que nous avons de mieux en ce genre, est le *Dictionnaire d'Anecdotes* que M. Lacombe de Prezel donna en 1766, in-8°. Ce livre est proprement (comme l'auteur l'appelle) le *Dictionnaire de la Conversation*. Applications heureuses de passages connus, historiettes, apologues, contes, bons mots, naïvetés, saillies, reparties ingénieuses, apophthegmes, sentences, maximes, proverbes, pasquinades, jeux de mots, pointes, équivoques, quolibets, turlupinades, tout s'y trouve réuni et avec beaucoup de clarté et de méthode. Il en existe une contrefaçon de 1787, 2 vol. in-12. M. Lemarié en a donné une suite à Liége, en 1788, 2 vol.

## M. SALLENTIN.

On ne peut porter un jugement favorable de la compilation nouvelle, intitulée : l'*Improvisateur Français*, par M. Sallentin, Paris, 1804 — 1806, 21 vol. in-12. Il a choisi un titre qui n'est point exact, qui ne signifie rien. Ce prétendu Improvisateur est un homme qui a copié les *ana*, qui a entassé pêle-mêle les citations ; et faute d'une distinction facile, fait dire au même auteur les choses les plus contradictoires. Si l'éditeur avoit été plus sévère dans le choix des anecdotes, l'ouvrage eût été diminué au moins des trois quarts, et il en vaudroit mieux.

# CHAPITRE V.

## § I<sup>er</sup>. DIALOGUES ET ENTRETIENS.

### ÉRASME.

Rien de plus épuré que le latin d'Erasme. Son style est nourri de celui de tous les meilleurs écrivains de l'antiquité, on pourroit seulement lui reprocher d'aimer un peu trop les plaisanteries qui roulent sur les jeux de mots. Ses colloques sont sans contredit le plus répandu de ses ouvrages. La meilleure édition est celle de Schrevelius, *cum notis variorum*, 1664, in-8°. : on peut y joindre les *Colloques choisis* d'Erasme, traduits en français ( par Philippe Dumas), le texte vis-à-vis de la traduction, avec trois dialogues moraux tirés de Pétrarque et de Mathurin Cordier, Paris, 1763, in-16. Tout le monde connoît Pétrarque. Il nous a laissé deux livres de dialogues moraux écrits en beau latin. C'est dommage que la monotonie qui y règne, ne permette pas d'en faire une lecture suivie. On a de Mathurin Cordier, ancien professeur d'humanités à Paris, quatre livres de *Colloques* fort estimés, qu'il composa pour l'instruction de la jeunesse.

## FÉNÉLON.

Les *Dialogues des Morts*, par l'illustre archevêque de Cambrai, sont remplis des notions les plus saines sur l'histoire, et des vues les plus pures sur l'administration.

Dans l'immense quantité de manuscrits laissés par Fénélon, on distingue huit Dialogues des Morts non imprimés : deux ne sont point achevés, savoir : celui de Cicéron et de Démosthènes, sur la rhétorique; et celui de Charles VII et du comte de Dunois; les six autres sont, Louis XI et l'empereur Maximilien, sur le mariage manqué de l'héritière de Bourgogne; Confucius et Socrate, sur la Chine; Philippe II et Philippe V (rois d'Espagne), sur la politique; Aristote et Descartes, sur l'âme des bêtes; Henri VII et Henri VIII, rois d'Angleterre, sur les mauvaises mœurs et la cruauté; Marie de Médicis et le cardinal de Richelieu, sur l'astrologie judiciaire. On regrette que les éditeurs des Œuvres de Fénélon n'aient pas inséré ces six derniers dans la collection de ses Œuvres, et que M. de Bausset n'en ait pas parlé dans sa belle Histoire de Fénélon.

## FONTENELLE.

Dans ses Dialogues des Morts, Fontenelle se place, pour ainsi dire, au milieu de tous les siècles, et ne trace aucun tableau historique. Tant de personnages illustres ont perdu presque tous les souvenirs de leur vie ; jamais leurs entretiens ne reçoivent ni l'empreinte, ni la couleur de leur caractère et de leur siècle : tant de caractères si divers, tant de siècles si différens ont la même couleur, ou plutôt n'en ont aucune ; et ces prétendus Dialogues sont des dissertations ingénieuses où les deux interlocuteurs ont toujours également et l'esprit, et le style de Fontenelle.

## LE P. BOUHOURS ET BARBIER D'AUCOUR.

Les *Entretiens d'Ariste* et *d'Eugène* plairont toujours par les détails curieux qu'ils renferment sur la langue française et sur les devises ; mais ils ont donné lieu à la critique la plus judicieuse peut-être qui ait jamais été composée ; elle est intitulée : *Sentimens de*

*Cléante* sur les Entretiens d'Ariste et d'Eugène. Barbier d'Aucour, de l'Académie française, en est l'auteur. La meilleure édition est celle qui a été donnée par l'abbé Granet en 1731.

L'ouvrage de Barbier d'Aucour est divisé en deux parties. Peu de temps après que la première eut paru, l'abbé de Villars, si connu par le *Comte de Gabalis*, attaqua l'académicien; sa réponse a pour titre : *de la Délicatesse*. Ce sont cinq dialogues, mais où tout est superficiel, et où il n'y a point de raisonnemens. L'académicien répliqua avec beaucoup de vigueur, et tout l'avantage que le P. Bouhours retira de cette apologie, fut d'être accablé de nouveaux traits.

## CHAPITRE VI.

### OUVRAGES ÉPISTOLAIRES.

### § I<sup>er</sup>. RECUEILS DE LETTRES.

On a fait un grand nombre de recueils de lettres, pour former le style de ceux qui veulent en écrire. Le *Secrétaire de la Cour*, par la Serre, un des plus mauvais ouvrages de ce genre, a eu plus de cinquante éditions, et ne méritoit pas d'en avoir une. Le *Secrétaire de la Cour impériale*, dont la troisième édition a paru 1809, in-12, rappelle un peu l'ouvrage de la Serre. Il est bien difficile, en effet, de faire de bons modèles de lettres sur les différens sujets qui se présentent dans la vie : il vaut mieux, ce me semble, choisir ces modèles dans les auteurs les plus estimés. Richelet réalisa, dès 1687, l'idée d'un recueil de ce genre, dans ses *plus belles Lettres* des meilleurs auteurs français, avec des notes.

Bruzen de la Martinière publia, en 1737, une cinquième édition de cet ouvrage, revue et augmentée. Il n'a point corrigé toutes les fautes qui se trouvent dans les notes de Richelet.

M. Philippon-la-Madelaine fit paroître, en 1762, sur le même plan, ses *Modèles de Lettres* sur *différens sujets*, choisis dans les meilleurs auteurs épistolaires, 1 vol. in-12. Cet ouvrage a été souvent réimprimé, et il mérite le succès qu'il a obtenu. L'auteur l'a reproduit en 1804, sous le titre de *Manuel épistolaire*, à l'usage de la jeunesse. Le succès de ce *Manuel* a encore été plus brillant que celui des *Modèles de Lettres*. C'est, en effet, un ouvrage aussi utile qu'agréable, dont la troisième édition a paru en 1807. Madame de Sévigné, la Motte, Bussi-Rabutin, J.-B. et J.-J. Rousseau, Voltaire, Bernis, etc., y donnent la leçon et l'exemple du style épistolaire.

Ce genre d'écrire a produit parmi nous des chefs-d'œuvres immortels; cela néanmoins ne doit pas nous dispenser de lire les lettres de quelques auteurs Grecs, Latins, Italiens, etc.

## § II. LETTRES GRECQUES.

### ALCIPHRON.

Le rhéteur Alciphron, moins plaisant peut-être et moins original que Lucien, à qui il a servi plus d'une fois de modèle, mais toujours plus sage et plus pur, paroît avoir eu pour but de faire connoître les mœurs privées de la Grèce, les Grecs en particulier, non pas tous les Grecs, mais particulièrement trois classes, savoir : les *courtisannes*, les *parasites*, et enfin les *pêcheurs* et les *habitans de la campagne*. C'est sous la forme épistolaire qu'il nous présente ce qui les concerne. Etienne Bergler publia, en 1715, une traduction latine de ces lettres, avec d'excellentes notes. J.-A. Wagner a fait paroître une nouvelle édition des Lettres d'Alciphron, en grec et en latin, avec les notes de Bergler *et variorum*, Leipsic, 1798, 2 vol. in-8°. On doit à l'abbé Richard une traduction française des mêmes Lettres, Paris, 1784, 3 vol. in-12; il les a accompagnées de notes très-instructives sur toutes sortes de sujets.

## ARISTENETE.

Les lettres que nous possédons sous le nom d'Aristenete, ont obtenu le suffrage des savans : elles contiennent nombre de pensées tirées de Platon, Lucien, Philostrate, Apollonius de Rhodes, Alciphron et d'autres bons auteurs. C'est ce qui fait croire qu'elles ont été rédigées par quelque habile grammairien, pour donner des modèles de lettres. Fréd.-Louis Abresch en a donné une bonne édition à Zwolle en 1749, in-8°. L'édition de Corneille de Pauw, Utrecht, 1736, petit in-8°., contient la version latine de Josias Mercier. Le Sage en a publié une traduction libre, 1695, in-12. Il en parut en 1739, sous le titre de Londres, une traduction anonime, dont le style n'est ni pur, ni coulant. En 1752, Moreau, procureur du roi au Châtelet, en donna une nouvelle traduction, mieux écrite que celle de l'anonime de Londres, plus exacte que celle de le Sage, mais très-incomplète encore. (*Voyez* le Dictionnaire des Ouvrages anonimes, n°. 3792, t. I.)

## § III. LETTRES LATINES.
### CICÉRON.

On s'accorde à regarder les lettres des grands hommes comme la plus agréable partie de leurs ouvrages. Le cœur est touché dans cette lecture à proportion que celui de l'écrivain paroît s'ouvrir. Nous estimons, chacune dans leur genre, les lettres des gens d'esprit, des savans, des grands ministres ; mais nous n'en avons point dans aucune sorte de genre qui, pour la pureté du style, l'importance des matières et la dignité des personnes qui s'y trouvent mêlées, soient comparables à celles de Cicéron. On y voit le détail de sa vie domestique, la peinture de son esprit et des différentes situations où il se trouvoit, selon les différentes conjonctures des affaires ; nous avons une excellente traduction des Lettres à Atticus, avec des remarques par l'abbé Mongault, 1738, 6 vol. in-12, ou 1775, 4 vol. Les Lettres familières ont été traduites par l'abbé Prevost, 1745, 5 vol. in-12. On doit au même auteur la traduction des Lettres à Brutus, 1744, in-12.

## PLINE.

On désireroit dans Pline un peu plus de sobriété dans l'usage des fleurs de l'éloquence, et un peu moins de prétention à l'esprit, dans la manière dont il présente ses idées et dont il tourne les éloges qu'il donne à plusieurs grands hommes. Le plaisir qu'on sent en lisant la traduction des Lettres de Pline, par M. de Sacy, en fait mieux l'éloge que tout ce que je pourrois en dire ; ce qui m'y plaît surtout, c'est la fidélité du traducteur à rendre toutes les pensées et presque toutes les expressions de l'original, et en même temps le tour élégant qu'il leur donne. La première édition entière de cette traduction est de 1701, 3 vol. in-12.

La version de M. de Sacy ne s'accorde pas toujours avec le texte latin qu'on pourroit avoir sous les yeux, comme, par exemple, avec le texte donné par Lallemand en 1769, in-12, à Paris, chez Barbon. Cela vient de ce que le traducteur a suivi le texte des éditions qui, de son temps, passoient pour être les meilleures.

Dans la nouvelle édition de cette traduction, publiée avec le texte en 1809, 3 vol. in-12, in-12, par le successeur de Barbou; M. Adry a revu la version de Sacy sur le texte de Lallemand. Les variantes se trouvent dans les notes.

## HÉLOÏSE ET ABAILARD.

Entre les ouvrages qui nous sont restés du treizième siècle, il n'y en a point qui ait plus arrêté l'attention du public que les Lettres d'Abailard et d'Héloïse. On est touché du récit qu'Abailard fait de ses malheurs et des sentimens qu'Héloïse conservoit pour un mari qu'il ne lui étoit plus permis de regarder que comme son frère. C'est ce qui a donné lieu aux traductions qui ont été faites de ces lettres en différentes langues, tant en prose qu'en vers. Richard Rawlinson a publié une édition estimée du texte original, Londres, 1718, in-8º. D. Gervaise les a paraphrasées plutôt que traduites en français, Paris, 1723, 2 vol. in-12, avec le texte. M. Bastien a refait cette traduction en 1782, 2 vol. in-12. Cette édition est la seule qui donne une idée des originaux. Dans une belle édition des Lettres d'Abailard, 1796, 3 vol. in-4º., on a reproduit la traduction de D. Gervaise. Ces volumes ne méritent d'être recherchés que pour la vie d'Abailard, qui est de M. Delaunaye.

## § IV. LETTRES ITALIENNES.

La littérature italienne a été, dès les premiers temps, féconde en épistolaires ; et cependant ce n'est qu'assez tard qu'elle a produit le très-petit nombre de ceux qui méritent réellement d'être classés parmi les modèles ; des Lettres du Tasse, de Caro, de Machiavel, de Casa, et de tant d'autres auteurs du grand siècle, sont sans doute des productions estimables ; mais elles ont presque toutes un défaut essentiel ; c'est que ce ne sont réellement pas des lettres. Comment, en effet, donner ce nom à des dissertations souvent aussi longues que futiles, travaillées à loisir, et presque toujours écrites avec une prétention qu'on excuseroit à peine dans des ouvrages d'un genre très-différent ? Les Lettres du cardinal Bentivoglio présentent la réunion des principales qualités que l'on recherche dans ce genre d'écrits. Le style en est toujours pur, facile, simple et naturel. L'intérêt du fond, celui qui résulte de l'importance des sujets, se joint encore dans ces Lettres, aux agrémens du style ; elles sont d'ailleurs remplies d'excellens principes de morale, de maximes-pratiques très-utiles. M. Bagioli, connu par une nouvelle Gammaire italienne élémentaire et raisonnée, en a publié une jolie édition, accompagnée de notes grammaticales et philologiques, Paris, 1807, 2 parties in-12. La même année, M. Louis Pio a publié, chez le libraire Fayolle, un bon choix de Lettres italiennes des auteurs les plus célèbres, entr'autres de Caro, de Casa, de Frugoni, de Magalotti, de Métastase, de Redi, de Roberti, etc., etc.

## M. CARACCIOLI.

Les *Lettres intéressantes* du pape Clément XIV (Ganganelli), 1775, 2 vol. in-12, soi-disant traduites de l'italien et du latin, ont eu le plus grand succès, ou au moins le plus grand débit; mais bientôt l'on s'est aperçu qu'elles avoient été fabriquées par M. Caraccioli. Il est facile, en effet, de se convaincre de la ressemblance et presque de l'identité de ces *Lettres* avec les autres *productions* de ce fécond écrivain. Clément XIV disserte sur toutes sortes de sujets, mais à la manière de M. Caraccioli, c'est-à-dire, très-légèrement et très-superficiellement. Il n'y a rien de discuté, rien d'approfondi dans ces Lettres ; rien qui soit digne du Pontife dont elles portent le nom : ce sont partout de ces idées vagues, de ces grandes phrases, de ces vues générales, de ces lieux communs qui ne coûtent rien à un écrivain, pour peu qu'il sache un peu de tout, comme cela est fort aisé.

## § V. LETTRES FRANÇAISES.

### LE CARDINAL D'OSSAT.

Le cardinal d'Ossat, dans ses Lettres, joint à la clarté du style, la profondeur des vues politiques. Les meilleures éditions sont celles qui contiennent les notes d'Amelot de la Houssaye, Paris, 1696, 2 vol. in-4°.; ou Amsterdam, 1732, 5 vol. in-12.

### BALZAC, VOITURE, MONTREUIL, PELISSON ET BOURSAULT.

Les Lettres des deux premiers eurent, dans leur temps, un succès qu'on ne sauroit imaginer aujourd'hui. L'un est un harangueur ampoulé ; l'autre est un faux bel-esprit. D'où vint donc cette grande réputation qu'ils acquirent, et qui a passé jusqu'à nous ? C'est que le premier, au milieu de ses phrases emphatiques, avoit de l'harmonie, de l'élégance, et cette sorte de pompe qui flatte les oreilles ; c'est que le second avoit naturellement l'esprit délicat et fin : mérite qui ne s'accorde pas toujours avec le goût, mais qui répandoit des agrémens jusque sur ses plus mauvaises Lettres.

Avec un esprit moins tendre, moins affecté que Balzac et Voiture, Montreuil semble être le premier parmi nous qui ait deviné le véritable ton du style épistolaire. Les Lettres de Pelisson sont aussi sérieuses que celles de Montreuil sont enjouées. On trouve dans les Lettres de Boursault de l'esprit, de la facilité et de la négligence, comme dans tout ce qui est sorti de la plume de cet auteur. En lisant les *Lettres choisies* des cinq auteurs que nous venons de nommer, on s'assurera de la justesse de nos jugemens. Ce recueil, publié en 1806, 2 vol. in-12, offre une lecture agréable et variée. M. Vincent Campenon a mis en tête un discours préliminaire, ingénieusement écrit, où le commerce épistolaire est envisagé dans ses rapports avec la littérature et la société. En tête de chaque volume, se trouvent des notices simples et courtes, mais bien faites, sur les écrivains dont il contient les Lettres ; elles sont de M. Auger.

## PASCAL.

Voici ce que Racine pensoit des fameuses *Lettres Provinciales de Pascal*, dont on a donné tant d'éditions, et qui ont été traduites en tant de langues. « Vous semble-t-il
» que les Lettres Provinciales soient autre
» chose que des comédies ? L'auteur a choisi
» ses personnages dans les couvens et dans
» la Sorbonne. Il introduit sur la scène tan-
» tôt des jacobins, tantôt des docteurs, et
» toujours des jésuites. Combien de rôles leur
» fait-il jouer ? Tantôt il amène un jésuite
» bon homme, tantôt un jésuite méchant,
» et toujours un jésuite ridicule. Le monde
» en a ri pendant quelque temps ; et le plus
» austère janséniste auroit cru trahir la vé-
» rité, que de n'en pas rire. »

La plus belle édition des Lettres Provinciales, est celle qui a été publiée en 1684, in-8°, avec les traductions italienne, espagnole et latine. La traduction latine est du célèbre Nicole, qui se cacha sous le nom de Guil. Wendrock.

## GUY PATIN.

Les Lettres de Guy Patin contiennent l'histoire de son temps ; la narration en est vive et animée ; il seroit à souhaiter que ce savant médecin se fût moins livré à son humeur caustique, et qu'il eût témoigné plus de respect pour la religion.

Le recueil des Lettres de Guy Patin forme 7 vol, savoir, 3 vol. publiés en 1692, 2 en 1695, et 2 autres donnés par Mahudel en 1718. L'abbé Bordelon a rassemblé dans l'*Esprit de Guy Patin*, 1709, in-12, des pensées, des réflexions, des bons mots, des reparties de ce fameux auteur.

## BUSSY-RABUTIN.

Bussy-Rabutin écrit correctement ; mais c'est tout. Il n'y a rien dans ses Lettres qui justifie la haute idée que messire Roger de Bussy-Rabutin avoit de lui-même. Elles sont une preuve du peu de naturel qu'il mettoit dans ses productions, ou, pour mieux dire, il y est toujours bel-esprit, écrivain élégant; mais homme trop plein de lui-même, ne craignant pas d'ennuyer ses amis par la jactance perpétuelle de son mérite, ni le public, qu'il avoit vraisemblablement en vue, en écrivant à des particuliers.

## MADAME DE SÉVIGNÉ.

La cousine de Bussy-Rabutin, madame de Sévigné, avoit bien plus d'esprit et plus de grâces. Ses Lettres sont le modèle d'une conversation libre, piquante, délicate, enjouée. On n'a jamais conté avec plus de vivacité et de naturel. Ce style enchanteur n'appartenoit qu'à madame de Sévigné. C'est un ton qui lui étoit particulier, et qui ne va bien qu'à elle. On a donné un extrait de ses Lettres, sous le titre de *Sevigniana*, in-12. Cet abrégé se fait lire avec plaisir, quoiqu'il y ait peu d'ordre, et que l'auteur n'ait presque eu en vue que de compiler ce qui regardoit les solitaires de Port-Royal et leurs amis.

Ce ne fut qu'en 1754 que l'on posséda un recueil assez complet, en 8 vol. in-12, des Lettres de madame de Sévigné. On le devoit au chevalier Marius de Perrin, qui non-seulement rangea les Lettres par ordre de dates, mais encore les éclaircit par beaucoup de notes, pour faire connoître les familles et les noms des personnes qui figurent le plus souvent dans ces Lettres.

Depuis

Depuis 1754, on publia des Lettres de madame de Sévigné à M. de Pomponne, sur le procès de Fouquet; d'autres adressées au président de Foucault.

En 1775, on avoit tiré du recueil oublié des Lettres de Bussy-Rabutin, celles que lui avait adressées madame de Sévigné.

La nécessité de ranger par ordre de dates tous ces volumes séparés, étoit généralement sentie. Feu M. Grouvelle se chargea de ce travail, et l'exécuta à la satisfaction des gens de lettres et des gens du monde. L'édition qu'il dirigea, sortit, en 1806, des presses de MM. Bossange, Masson et Besson; elle est intitulée : Lettres de madame de Sévigné à sa fille et à ses amis, nouvelle édition, mise dans un meilleur ordre, enrichie d'éclaircissemens et de notes historiques; augmentée de lettres, fragmens, notices sur madame de Sévigné et ses amis, éloges et autres morceaux inédits ou peu connus, tant en prose qu'en vers, 8 vol. in-8°., avec deux portraits. On peut y ajouter vingt autres portraits des personnages les plus célèbres dont il est fait mention dans ces Lettres. Cette édition a été imprimée en même temps en 11 vol. in-12. L'édition précédente, publiée en 1801 par les mêmes libraires, 10 vol. in-12, avec des réflexions sur les Lettres de madame de Sévigné, ou plutôt contre madame de Sévigné, par l'abbé Bourlet de Vauxcelles ; cette édition, dis-je, est très-incorrecte. Au reste, les *réflexions* se retrouvent dans la grande édition.

## MADAME DE MAINTENON.

Ses Lettres sont dans le vrai genre épistolaire ; le style en est coulant, plein de grâce, de clarté et de précision ; c'est une simplicité élégante répandue dans les récits, qui charme et intéresse au suprême degré.

Celle où elle dédie à madame de Montespan les petits ouvrages de M. le duc du Maine, est bien digne de toute l'admiration de Bayle. On ne donnera jamais trop d'éloges à l'agrément des expressions, à la légèreté du tour qui règnent dans toute cette Lettre : elle m'a fait un plaisir inexprimable ; c'est un des plus beaux panégyriques qu'on ait faits de Louis XIV ; au moins, il n'y en eut point de plus délicat. Cette Lettre, enfin, sera toujours goûtée par les gens de goût. Dans toutes les autres, il y a peu d'invention ; seulement quelques sentences justes ;

beaucoup de naturel, qui peint avec vérité la façon dont elle pense, mais qui n'est presque jamais la conclusion de ce qu'elle éprouve. On peut en tirer la conséquence, qu'elle eut beaucoup de combats à soutenir.

M. Sautreau a fait un bon choix des Lettres de madame de Maintenon, Paris, 1806, 6 vol. 12. Beaucoup de lettres ont été revues sur les originaux auxquels la Beaumelle a fait nombre de changemens. Cette édition contient d'ailleurs quelques lettres inédites jusqu'alors. La Vie de madame de Maintenon, qui se trouve en tête, est de M. Auger, et c'est une de ses meilleures productions.

## MESDAMES DE VILLARS, DE COULANGES, DE LA FAYETTE; NINON DE L'ENCLOS, ET MADEMOISELLE AÏSSÉ.

Les Lettres de madame de Villars qui sont en tête d'un recueil publié en 1809, 2 vol. in-12, n'en sont point les premières du côté du style, et ne peuvent être comparées, par exemple, à celles de madame de Coulanges; mais elles ont un autre genre d'intérêt qui leur donne, selon moi, plus de prix qu'à celles-ci et aux autres du même recueil.

Ces Lettres sont historiques ; c'est une description vraie et fidèle des mœurs et des usages d'Espagne et de la rigoureuse étiquette de la Cour dans le temps du mariage de Charles II avec Marie-Louise d'Orléans, fille de Monsieur, frère de Louis XIV.

Les Lettres de M$^{me}$. de la Fayette sont celles de la femme qui s'est le plus approchée de M$^{me}$. de Sévigné. Celles de Ninon se font lire avec beaucoup d'intérêt ; on y trouve de la philosophie, de la grâce et de la raison.

L'intérêt qu'inspirent les Lettres de mademoiselle Aïssé est plus pur et plus doux que celui des précédentes, parce qu'il naît de la situation même de cette demoiselle, dont les aventures ont réellement quelque chose de romanesque. Elle fut achetée en 1698, à l'âge de quatre ans, par M. de Ferriol, alors ambassadeur de France à Constantinople, qui la fit élever avec soin par sa belle-sœur, madame de Ferriol, sœur de madame de Tencin. Au sortir de l'enfance, mademoiselle Aïssé entra dans la maison de M. de Ferriol, qui, suivant les apparences, exigea d'elle un autre sentiment que celui de la reconnoissance. Il mourut quelque temps après, et la laissa au milieu de gens corrompus, dont les mauvais traitemens et les dangereux exemples ne purent altérer ses principes. Mais celle qui avoit résisté aux appâts de la faveur et de la fortune, ne put trouver les mêmes forces quand il lui fallut défendre sa vertu contre l'amour et l'estime. Elle aima le chevalier d'Aydie, et lui inspira de son côté une passion que rien ne put éteindre. Ses foiblesses pour lui, le repentir qu'elle en eut, le refus généreux qu'elle fit de consentir à un mariage qu'elle croyoit déshonorant pour son amant; ce combat continuel contre une passion qui acquéroit tous les jours plus de force, le chagrin de ne pouvoir se livrer, sans rougir, à la tendresse maternelle, forment le sujet de ses Lettres, et leur donnent un caractère de mélancolie tout-à-fait touchant. Cependant elle n'est pas tellement occupée de ses chagrins, qu'elle n'essaye quelquefois d'égayer ses Lettres par des anecdotes; et alors son style, jusque-là si mélancolique, devient vif, piquant et badin.

La publication de ces Lettres fait honneur au goût de leur éditeur, M. Auger, qui les a non-seulement enrichies de notes historiques, mais aussi de notices biographiques très-bien faites.

## FONTENELLE.

Les Lettres galantes du chevalier d'Her\*\*\*, Lyon, 1683, in-12, sont moins remarquables par quelques traits délicats et fins, que par les fadeurs monotones et les plaisanteries entortillées qui les caractérisent. Fontenelle, qui en est l'auteur, les chérissoit d'autant plus, que le public lui paroissoit injuste à l'égard de cet enfant de son génie. On a imprimé depuis un recueil de Lettres particulières, qui forme le onzième volume de ses Œuvres. Il y en a quelques-unes d'agréables.

## MONTESQUIEU.

La peinture des mœurs orientales n'est pas le principal objet des *Lettres Persannes*; elle n'y sert, pour ainsi dire, que de prétexte à une satire fine de nos mœurs, et à des matières importantes que l'auteur approfondit, en paroissant glisser sur elles légèrement. Dans cette espèce de tableau mouvant, Usbeck expose surtout avec autant de légèreté que d'énergie, ce qui a le plus frappé, parmi nous, ses yeux pénétrans. Notre habitude de traiter sérieusement les choses les plus faciles, et de tourner les plus importantes en plaisanteries ; nos conversations si bruyantes et si frivoles; notre ennui dans le sein du plaisir même ; nos préjugés et nos actions en contradiction continuelle avec nos lumières ; tant d'amour pour la gloire, joint à tant de respect pour l'idole de la faveur ; nos courtisans si rampans et si vains ; notre politesse extérieure et notre mépris réel pour les étrangers ; la bizarrerie de nos goûts, qui n'a rien au-dessous d'elle, que l'empressement de toute l'Europe à les adopter ; notre dédain barbare pour deux des plus respectables occupations d'un citoyen, le commerce et la magistrature ; nos disputes littéraires, si vives et si inutiles; notre fureur d'écrire avant que de penser, et de juger avant que de connoitre....... Ces différens sujets, privés aujourd'hui des grâces de la nouveauté qu'ils avoient dans la naissance des Lettres Persannes, y conserveront toujours le mérite du caractère original qu'on a su leur donner ; mérite d'autant plus réel, qu'il vient ici du génie seul de l'écrivain, et non du voile étranger dont il s'est couvert ; car Usbeck a pris, durant son séjour en France, non-seulement une connoissance si parfaite de nos mœurs, mais une si forte teinture des manières mêmes, que son style fait souvent oublier son pays. Ce léger défaut de vraisemblance peut n'être pas sans dessein et sans adresse. En relevant nos ridicules et nos vices, Montesquieu a sans doute voulu rendre justice à nos avantages. Il a senti toute la fadeur d'un éloge direct; et il nous a plus finement loués, en prenant notre ton pour médire plus agréablement de nous.

Les *Lettres Familières* de Montesquieu sont au-dessous de sa réputation. S'il revenoit parmi nous, il sauroit très-mauvais gré à l'abbé de Guasco, de les avoir publiées. De pareilles Lettres, écrites avec cette négligence assez ordinaire à ceux qui n'y attachent aucune prétention, doivent rester entre les mains des personnes à qui elles sont adressées. On voit clairement que l'abbé de Guasco n'étoit pas fâché que le public fût instruit de sa correspondance avec un grand homme.

## MILORD LYTTLETON.

Lorsque le président de Monstesquieu publia ses *Lettres Persannes*, il eut des imitateurs qui trouvèrent l'habillement persan assez commode pour débiter leurs paradoxes ou ou leurs satires. Le lord Lyttleton se mit sur les rangs ; et c'est peut-être le copiste qui a le plus approché de son modèle ; mais il n'a ni les grâces, ni le badinage ingénieux et varié du philosophe français. Lyttleton a voulu peindre sa nation ; et il l'a fait avec cette hardiesse, cette vérité, cette liberté qui caractérise le génie anglais; en général, la partie politique de cet ouvrage pique plus que tout le reste.

Ces *nouvelles Lettres Persannes*, trad. en français, en 1735 et en 1797, 2 vol. in-18, demandoient des notes de la part des traducteurs; elles eussent jeté de la clarté sur nombre de traits qui échappent au lecteur français, parce qu'il n'est pas assez instruit, et que milord Lyttleton a plus écrit pour sa nation que pour la nôtre.

### J.-B. ROUSSEAU.

Un ton d'amertume se fait remarquer dans les Lettres de ce grand poëte, publiées en 1750 par Louis Racine, 5 vol. petit in-12. Il y dit le pour et le contre. Il flatte ceux qui peuvent le protéger ou le servir ; il outrage tous les autres. L'impression qui reste de la lecture de ces Lettres n'est pas favorable à l'auteur.

## RACINE.

On trouve dans les Mémoires de Racine le père, publiés par son fils, un grand nombre de Lettres, qui donnent de ce poëte une idée beaucoup plus avantageuse. Il y paroît bon ami et bon père. Le style n'a rien d'ailleurs qui puisse se faire remarquer, si l'on excepte ses deux Lettres contre les Solitaires de Port-Royal. Il ne faut pas pourtant les comparer aux Lettres Provinciales : ouvrage inimitable, qui ne tombera pas, quoique les jésuites, qui en font le sujet, soient tombés.

## VOLTAIRE.

La Correspondance de Voltaire ne devoit pas s'étendre à une foule de Lettres oiseuses et insignifiantes, qui ne renfermoient que des ordres donnés à ses gens d'affaires, ou de vains complimens, plus dérisoires que sincères, prodigués à des hommes obscurs ou faits pour l'être. On eût souhaité d'y voir toujours le grand poëte conversant des secrets de son art, ou du moins de quelques objets de littérature, avec des hommes dignes de l'entendre ; le philosophe, qui s'étoit acquis par son génie une influence si puissante sur l'opinion publique, enfin, l'âme généreuse et sensible qui s'étoit dévouée tant de fois à la défense des opprimés. Il eût été trop sévère, sans doute, d'exclure de cette collection un petit nombre de Lettres de pur agrément; mais il ne falloit pas en porter le recueil à dix-huit volumes. M. Palissot en a donné beaucoup moins dans son édition de Voltaire, et il craint encore d'en avoir donné beaucoup trop : plusieurs n'ont que trop révélé la foiblesse et l'instabilité de son caractère. Au reste, la Correspondance de Voltaire n'est pas, à proprement parler, son ouvrage ; elle est entièrement du choix de ses éditeurs, qui n'ont pas même pris la peine d'en écarter les répétitions fastidieuses prodiguées jusqu'au dégoût.

## J.-J. ROUSSEAU.

Les Lettres particulières de J.-J. Rousseau se trouvent rangées par ordre chronologique, dans les belles éditions de ses Œuvres imprimées par M. Didot l'aîné, aux frais de M. Bozerian, en 12 vol. in-8°., et 25 vol. petit in-12. On y reconnoît partout l'âme et le tour d'esprit de l'auteur d'Emile, qui sait répandre de l'intérêt sur les objets les plus indifférens; on y voit combien, en toutes choses, Rousseau étoit fidèle à ses principes et à ses maximes : dans toutes les positions et en traitant tous les sujets, il se montre toujours le même.

## § VI. LETTRES PORTUGAISES.

Les Lettres qui portent ce titre ont été écrites en langue portugaise par Marianne Alcaforada, religieuse à Beja, entre l'Estramadure et l'Andalousie ; l'original est perdu et les recherches les plus exactes n'ont pu donner aucun renseignement satisfaisant à ce sujet. La traduction en est assez généralement attribuée à l'avocat Subligny ; quoique écrite dans le dix-septième siècle, elle manque souvent de grâce, de naturel, et même de correction ; cependant telle est la vérité, la chaleur des sentimens dont elles sont remplies, qu'il est impossible de douter qu'elles n'aient été écrites par une amante malheureuse, et qu'en les lisant, on ne suppose pas un seul instant que des choses si tendues, si délicates, dites avec tant de négligence et d'abandon, aient pu sortir de l'imagination d'un auteur, quelqu'ingénieux qu'on puisse se le figurer.

Ces Lettres ont joui long-temps de la plus brillante réputation. La belle édition qu'en a donnée l'imprimeur Delance, en 1806, 1 vol. in-12, leur a donné une nouvelle vogue. Ces Lettres sont précédées d'un bon Mémoire de l'abbé de Saint-Léger; j'y ai ajouté quelques notes.

On doit à M. Boissonade la connoissance du nom de la Religieuse Portugaise dont il est ici question. Il l'a trouvé écrit sur l'exemplaire qu'il possède de l'édition originale de la *première partie* de ces Lettres. Une seconde partie fut publiée la même année, c'est-à-dire, en 1669 : j'en ai sous les yeux un exemplaire. On peut donc dire, comme l'a fait M. Brunet dans son excellent Manuel du Libraire et de l'Amateur, que les Lettres Portugaises ont deux volumes.

## § VII. LETTRES ALLEMANDES.
### GELLERT.

Les *Lettres Familières* de Gellert, traduites de l'allemand par Huber, Leipsic, 1777, petit in-12, n'offrent que de la bonhomie, un tour de plaisanterie niais, quand l'auteur veut badiner, et de fréquens gémissemens qui attestent son hypocondrie. D'ailleurs point d'anecdotes intéressantes, nuls caractères fortement tracés: ajoutez que le traducteur ne parle pas trop bien la langue dans laquelle il rend son original.

## § VIII. LETTRES ANGLAISES.

### MILADY MONTAGU.

Les Lettres de Milady Montagu, dont la meilleure traduction est celle de M. Anson, Paris, 1805, 2 vol. in-12, sont regardées en Angleterre comme un ouvrage classique.

### CHESTERFIELD.

Le comte de Chesterfield avoit un fils naturel, pour lequel il avoit une tendresse excessive, et dont l'éducation fit, pendant plusieurs années, sa plus sérieuse et sa principale occupation; c'est à ce fils que sont adressées les Lettres du comte de Chesterfield; elles ont été traduites en français, à Amsterdam, en 1777, 4 vol. in-12: on les a réimprimées à Paris en 1796, 12 vol. in-18. Ces Lettres commencent par les premiers élémens adaptés à la capacité d'un enfant; et après avoir employé successivement les préceptes et les avis qui tendent à servir de guide et de sauvegarde à une jeunesse tendre et inappliquée, elles finissent par les instructions et par les connoissances nécessaires pour former un homme accompli, capable de briller à la cour, un orateur digne de donner le ton dans le sénat, ou un ministre respecté dans les cours étrangères.

On s'est élevé en Angleterre, avec beaucoup de justice, contre un ou deux passages de ces Lettres, qui choquent également le respect qu'un père chrétien se doit à lui-même, et la décence inséparable d'une éducation du genre de celle-ci. Ces passages ne se trouvent point dans la traduction française.

# CHAPITRE VII.

## JURISPRUDENCE.

### § Ier. TRAITÉS SUR LA MANIÈRE D'ÉTUDIER LA JURISPRUDENCE.

On trouve à la suite des Lettres sur la Profession d'Avocat, par Camus, Paris, 1805, 2 vol. in-12, l'indication des meilleurs ouvrages de droit public et de jurisprudence. J'ai déjà fait connoître ce bon ouvrage, et plusieurs autres du même genre. *Voyez* le tome III, pag. 109 et suiv.

M. Dupin, avocat et docteur en droit à Paris, a publié un bon Abrégé de l'ouvrage de Camus, sous ce titre : Bibliothèque choisie à l'usage des Etudians en Droit, Paris, 1808, in-18.

Je me contenterai de passer en revue ici les ouvrages que l'on peut acquérir, même quand on ne se livre pas exclusivement à l'étude de la jurisprudence.

§ II.

## § II. TRAITÉS GÉNÉRAUX SUR LES LOIS.

### CICÉRON.

L'ouvrage de Cicéron sur *les Lois* devant servir de supplément ou de second volume à son *Traité de la République*, étoit vraisemblablement distribué en six livres comme le premier ; car on trouve dans les anciens auteurs quelques citations du quatrième et du cinquième livre, quoiqu'il ne nous en reste aujourd'hui que trois, qui sont même imparfaits. Dans le premier, Cicéron traite de l'origine de la loi, et développe la source de tout ce qu'on appelle obligation. Il la tire de la nature universelle des choses, ou, comme il l'explique ensuite, de la raison consommée et de l'autorité suprême de Dieu. Dans les deux livres suivans, il donne un corps de lois qui s'accorde avec le plan qu'il avoit conçu d'une ville bien ordonnée. Dans les livres qui se sont perdus, il traitoit des droits et des priviléges particuliers du peuple romain : ceux qui nous restent ont été traduits en français par Morabin, Paris, 1719 ou 1777, in-12. La meilleure édition de l'original latin a été donnée par Davisius, à Cambridge, en 1745, 1 vol. in-8º.; elle n'est pas commune.

## MONTESQUIEU.

L'*Esprit des Lois* a amusé les lecteurs frivoles et instruit les penseurs. Il y a, dans cet ouvrage, beaucoup de choses vraies, hardies et fortes. Plusieurs chapitres sont dignes des Lettres Persannes. Le sel de la plaisanterie est répandu sur le sérieux de la politique. Mais on s'est plaint que cet ouvrage, peu méthodique, est un labyrinthe sans fil; que le vrai et le faux y sont trop souvent mêlés ensemble; que les idées systématiques de l'auteur sur le climat, sur la religion, souffrent beaucoup de difficultés; que tout le livre est fondé sur une distinction chimérique, etc., etc. Malgré ses défauts, l'Esprit des Lois doit être toujours cher aux hommes, parce qu'il inspire l'humanité, et qu'il combat le despotisme. Enfin, c'est un bâtiment irrégulier, bâti par un homme de génie, dans lequel il y a des choses admirables.

L'auteur envisage les habitans de l'Univers, dans l'état où ils sont, et dans tous les rapports qu'ils peuvent avoir entre eux; rempli et pénétré de son objet, il embrasse un si grand nombre de matières, et les traite avec tant de brièveté et de profondeur, qu'une lecture assidue et méditée peut faire seule sentir le mérite de ce livre. Montesquieu ayant à présenter quelquefois des vérités importantes, dont l'énoncé absolu et direct auroit pu blesser sans fruit, a eu la prudence de les envelopper, et, par cet artifice, les a voilées à ceux à qui elles seroient nuisibles, sans qu'elles fussent perdues pour les sages. Sans déroger à la majesté de son sujet, il sait en tempérer l'austérité, et procurer aux lecteurs des momens de repos, soit par des faits singuliers et peu connus, soit par des allusions délicates, soit par des coups de pinceau énergiques et brillans, qui peignent d'un seul trait les peuples et les hommes. Il y a, sans doute, des fautes dans l'*Esprit des Lois*, comme il y en a dans tout ouvrage de génie, dont l'auteur a le premier osé se frayer des routes nouvelles. Montesquieu a été parmi nous pour l'étude des lois, ce que Descartes a été pour la philosophie. Il éclaire souvent et se trompe quelquefois ; et en se trompant, il instruit ceux qui savent lire. Mais ce qui doit rendre l'auteur cher à toutes les nations, ce qui serviroit même à couvrir des fautes plus grandes que les siennes, c'est l'esprit de citoyen qui a dicté cet ouvrage. L'amour du bien public, le désir de voir les hommes heureux, s'y montrent de toutes parts; et n'eût-il que ce mérite si rare et si précieux, il seroit digne, par cet endroit seul, d'être la lecture des peuples et des rois.

Parmi toutes les critiques qui furent faites contre l'Esprit des Lois, l'auteur ne répondit qu'aux *Nouvelles Ecclésiastiques*, et intitula sa réponse, *Défense de l'Esprit des Lois* : on la trouve dans la collection des Œuvres de Montesquieu, immédiatement après l'ouvrage même qu'elle défend. Cet écrit, par la modération, la vérité, la finesse de plaisanterie qui y règnent, doit être regardé comme un modèle en ce genre. Montesquieu, chargé par son adversaire d'imputations atroces, pouvoit le rendre odieux sans peine; il fit mieux, il le rendit ridicule. S'il faut tenir compte à l'agresseur d'un bien qu'il a fait sans le vouloir, nous lui devons une éternelle reconnoissance de nous avoir procuré ce chef-d'œuvre. Mais ce qui ajoute encore au mérite de ce morceau précieux, c'est que l'auteur s'y est peint lui-même sans y penser. Ceux qui l'ont connu croient l'entendre; et la postérité s'assurera, en lisant sa défense, que sa conversation n'étoit pas inférieure à ses écrits.

L'abbé le Fevre de la Roche a publié une jolie édition des œuvres de Montesquieu avec les notes d'Helvétius sur l'Esprit des Lois, Paris, Didot l'aîné, 1795, 12 vol. in-18. En 1796, le libraire Bernard, ex-oratorien, fit paroître une belle édition des Œuvres complètes de Montesquieu en 5 vol. in-4°. Il a fait des recherches pour découvrir ce qui avoit échappé aux éditeurs qui l'ont précédé et pour ne rien laisser à désirer à ceux qui veulent avoir tout ce que le génie de Montesquieu a pu produire. La bibliothèque de l'académie de Bordeaux, et le cabinet de quelques amis ont fourni les pièces qui augmentent la collection, mais elles ne la complètent pas. On a dit faussement que vers la fin de 1793, le fils de Montesquieu, M. de Secondat, avoit jeté au feu beaucoup de manuscrits de son père, dans la crainte qu'on y trouvât des prétextes pour l'inquiéter. Les manuscrits sont encore entre les mains de cette illustre famille. M. Walckenaer en a parcouru une partie. *Voyez* sa Lettre aux rédacteurs des *Archives Littéraires*, dans le deuxième vol. de cet intéressant journal, pag. 301 et suiv.

Le libraire Bernard a publié, en un vol. séparé, in-8°. et in-12, les morceaux inédits dont il a enrichi son édition de Montesquieu. J'ai relevé plusieurs inexactitudes de cet éditeur, peu versé dans l'histoire littéraire. *Voy.* le Dictionnaire des Anonymes, tome II, n°. 8919.

En 1799, un libraire de Basle a réuni dans une nouvelle édition de Montesquieu en 8 vol. in-8°., les Œuvres posthumes tirées de l'édition précédente, et les notes d'Helvétius tirées de l'édition de l'abbé de la Roche.

## § III. DROIT DE LA NATURE ET DES GENS.

Le droit naturel étant le fondement du droit public, il faudroit indiquer les ouvrages qui traitent du premier, avant que de venir à ceux qui n'ont que le second pour objet. Mais ces deux droits ayant été confondus dans la plupart des livres, nous ferons connoître ceux qui ont été les plus estimés.

### GROTIUS.

Grotius est célèbre par son *Traité du Droit de la Guerre et de la Paix*, traduit par Barbeyrac, in-4°., deux volumes. Ce livre n'est proprement qu'une compilation, qui ne méritoit pas le tribut d'estime que l'ignorance lui a long-temps payé. L'auteur étoit très-savant; mais il ennuie par sa science même, parce qu'elle est très-mal digérée. Il cite tour à tour Horace, Tertullien, Chrysippe, Saint Augustin, Aristote, Saint Jérome, etc. Copier ainsi les pensées des auteurs qui ont dit le pour et le contre, ce n'est pas penser; c'est arborer les livrées du pédantisme.

L'édition latine de ce Traité, la plus commode et la plus utile, est celle de Barbeyrac, Amsterdam, 1735, in-8°.

## PUFENDORFF.

Le traducteur de Grotius a mis aussi en français le *Droit de la Nature et des Gens*, par Pufendorff, in-4°., deux volumes. Cet écrivain est aussi savant que l'auteur du Droit de la Guerre et de la Paix, et encore plus diffus : il affecte, comme lui, de ne rien dire de lui-même. Isocrate, Pline, Sophocle, le Digeste, Garcilasso de la Vega, Machiavel, Diodore de Sicile, Saint Ambroise, Hygin, Vitruve, du Plessis Mornai font toujours les frais de ses pensées. Il ne résulte de ce fatras de citations, qu'un assemblage insipide et une bigarrure insupportable.

La meilleure édition de l'original latin, est celle qui contient les notes du même Barbeyrac, Leipsic, 1744, 2 vol. in-4°.

## WOLFF.

Cet auteur allemand avoit donné sur le *Droit de la Nature et des Gens*, onze volumes in-4°., où toutes les parties de la jurisprudence universelle sont approfondies et traitées dans leur plus grande étendue; mais comme la prolixité de cet ouvrage empêchoit qu'il ne fût à la portée du commun des lecteurs, Wolff en a lui-même extrait ses *Institutions*, qui renferment tout ce que son grand Traité contient d'essentiel. Les *Institutions* offrent, dans un ordre suivi, les principes les plus généraux de la jurisprudence universelle; elles en montrent la liaison et l'ensemble, et conduisent, par un développement simple, de ces principes, aux propositions les plus compliquées. L'auteur s'est assujetti dans sa marche, à la rigueur de la méthode géométrique; il explique chaque terme par une définition; il détermine avec soin le sens qu'il attache aux propositions qu'il avance, et les range de manière,

nière, qu'elles s'enchaînent les unes aux autres et s'éclaircissent mutuellement. A quelques erreurs près, mais en petit nombre, ces élémens peuvent être regardés comme un des cours les plus complets et les plus lumineux que nous ayions sur le Droit de la Nature et des Gens. Le travail de M. Luzac, qui a joint un commentaire à ces Institutions, ne mérite pas moins d'éloges : il est aisé de s'apercevoir, par la manière dont il interprète ou développe les endroits difficiles de son auteur, qu'il possède éminemment la science qu'il traite.

## BURLAMAQUI ET DE FELICE.

Quand les *Principes du Droit naturel et politique* de Burlamaqui furent imprimés à Genève, deux volumes in-4°., le premier en 1747, et le second en 1752, le public leur fit beaucoup d'accueil. Aussi a-t-il été publié peu d'ouvrages dans ce genre, aussi parfaits et aussi lumineux. Ils ont été réimprimés plusieurs fois. Cela n'empêche pas qu'on ne doive savoir très-bon gré à M. de Felice d'en avoir donné une nouvelle édition sous ce titre : *Principes du Droit de la Nature et des Gens*, avec la suite du Droit de la Nature qui n'avoit point encore paru, le tout considérablement augmenté, Yverdon, 1766 et 1768, 8 vol. in-8°. Cette édition est vraiment bonne, et la seule complète.

## DE VATTEL.

Le Traité du *Droit des Gens*, imprimé d'abord à Leyde en 1758, et ensuite en divers lieux, traduit en plusieurs langues, adopté par toutes les communions, reçu favorablement dans tous les Etats, acquit, à juste titre, à M. de Vattel la plus grande réputation, et lui concilia les suffrages des politiques autant que ceux des gens de lettres. Quelqu'application que l'auteur eût donnée à la composition de ce Traité, l'idée de son importance l'avoit engagé à le revoir encore, et à l'enrichir de quelques notes, dont les matériaux ont été trouvés dans ses manuscrits, et auxquelles de nombreuses occupations et une mort prématurée ne lui ont pas permis de mettre lui-même la dernière main. On les a recueillies avec le plus grand soin dans l'édition d'Amsterdam, 1775, 2 vol. in-4°.; elle devient par là supérieure à toutes celles qui l'ont précédée; la lettre de l'éditeur, placée en tête de l'ouvrage, est signée D\*\*\*. J'ai cru reconnoître dans cette lettre les principes de l'estimable Deyverdun.

## M. GÉRARD DE RAYNEVAL.

M. de Rayneval, dans la préface de son ouvrage, intitulé, Institutions du Droit de la Nature et des Gens, Paris, 1803, 1 vol. in-8°., déclare qu'il n'a voulu donner ni un système nouveau, ni un Traité complet du Droit de la Nature et des Gens, mais seulement une espèce de rudiment aux personnes qui veulent se livrer à l'étude de cette science, au moyen duquel elles ne seront dispensées d'étudier ni *Grotius*, ni Pufendorff, ni Burlamaqui, ni, etc. Nous aurions préféré que l'ouvrage d'un homme éclairé et blanchi dans les affaires, comme M. de Rayneval, eût, au contraire, suppléé à la lecture fastidieuse pour beaucoup de personnes, et impossible pour beaucoup d'autres, de traités volumineux, et qui, dans quelques parties, ne sont plus au niveau des progrès de l'opinion politique. Au surplus, nous ne blâmons M. de Rayneval que de sa modestie ; car il a, dans beaucoup de cas, satisfait au désir que nous exprimons ici. Cet ouvrage décèle dans l'auteur des vues droites, souvent utile, et le talent de l'écrivain.

## § IV. DROIT PUBLIC DE DIFFÉRENTES NATIONS.

### DE FELICE.

Le professeur de Felice a rassemblé dans un recueil en treize volumes in-4°., qu'il a intitulé *Code de l'Humanité*, les diverses décisions de la justice naturelle et civile, et les droits réels ou prétendus que les hommes des différens ordres ou de différens pays se sont attribués. Il a offert ces décisions pesées à la balance de la raison, et examinées au tribunal d'une philosophie impartiale. Cet ouvrage fait connoître les constitutions de tous les pays, et les devoirs de tous les humains, dans quelque rang qu'ils soient placés. Des écrivains célèbres ont concouru au plan de M. de Felice, et lui ont fourni des articles intéressans sur divers sujets. Le *Code de l'Humanité* a paru en 1778, à Yverdun.

On trouve des renseignemens du même genre, mais encore plus exacts, dans l'Encyclopédie Méthodique. *Voyez* la partie intitulée : Dictionnaire d'Economie politique et diplomatique, par M. Demeunier, 1786, 4 vol. in-4°.

## L'ABBÉ DE MABLY.

*Le Droit public de l'Europe*, par l'abbé de Mably, parut en 1748, en deux volumes in-12, la même année que l'*Esprit des Lois*.

Cette science du droit public, jusqu'alors hérissée de difficultés, parut claire, méthodique et facile sous la plume de l'auteur. Le succès n'en fut pas douteux. Ce livre, dont la meilleure édition est celle de Genève, 1764, 3 vol. in-12, *écrit pour des hommes d'Etat, et même pour de simples citoyens, s'ils savent penser*, est dans tous les cabinets de l'Europe, depuis la cour de Pétersbourg jusqu'à la principauté de Lucques. On l'enseigne publiquement dans les universités d'Angleterre; il est traduit dans toutes les langues, et il plaça l'auteur au rang des premiers publicistes de l'Europe.

Un autre ouvrage de l'*abbé de Mably*, intitulé, *Principes des Négociations*, in-12, est proprement une introduction à son *Droit public de l'Europe*. C'est la connoissance et l'exposé des vrais principes par lesquels doivent se conduire les nations à l'égard les unes des autres, pour entretenir entre elles la concorde et la paix.

Plusieurs personnes regardent le livre qui a pour titre, *de la Législation*, 1776, 2 vol. in-12, comme le chef-d'œuvre de l'abbé de Mably. Tout le monde sait que les *Entretiens de Phocion*, en paroissant, furent estimés une des meilleures productions du dernier siècle. On peut donc dire que l'édition complète des ouvrages de l'abbé de Mably, Paris, 1794, 15 vol. in-8°., forme un recueil précieux.

## M. KOCH.

L'abrégé de l'Histoire des Traités de Paix entre les puissances de l'Europe, depuis la paix de Westphalie, Basle, 1796, 4 vol. in-8°., fait suite à l'ouvrage de l'abbé de Mably sur le Droit public. On assure que le savant auteur prépare une édition de cet Abrégé, plus digne de la réputation dont jouissent ses autres ouvrages.

On joint ordinairement à l'ouvrage précédent celui du même auteur, qui a pour titre : Tables des Traités entre la France et les Puissances étrangères depuis la paix de Westphalie jusqu'à nos jours ; suivies d'un recueil d'environ cent traités et actes diplomatiques qui n'ont pas encore vu le jour, Paris, 1802, 2 vol. in-8°.

## M. DE LA CROIX.

L'ouvrage de ce publiciste, intitulé, Constitutions des principaux Etats de l'Europe et des États-Unis de l'Amérique, Paris, 1791-1803, 6 vol. in-8°., est presqu'en totalité un recueil de discours prononcés au *Lycée*, qui porte aujourd'hui le titre d'Athénée. Après avoir exposé les opinions des anciens sur les Gouvernemens, l'auteur fait connoître successivement les constitutions de l'Empire Germanique, de la Pologne, de la Suède, de Venise, des sept Provinces-Unies, de l'Angleterre, des Etats-Unis d'Amérique, de la Suisse, de l'Espagne, du Portugal et de la France. Les grands événemens qui se sont passés en France et en Europe depuis l'année 1801, fourniroient à l'auteur un ou deux volumes de supplémens. Les tableaux tracés par M. de la Croix font honneur à ses talens et sont dignes des méditations du philosophe.

## § V. DROIT MARITIME.

### M. BOUCHER.

Barcelone produisit, vers le neuvième siècle, une compilation célèbre dans les fastes du commerce, connue originairement sous le nom de *Lois Barcelonaises*, et depuis sous le nom vulgaire de *Consulat de la Mer*.

Dès son origine, par la sagesse de ses décisions, le *Consulat* fut reconnu comme loi par tous les commerçans qui naviguoient depuis le Tibre jusqu'à l'Euphrate ; et par la suite il fut considéré comme loi, ou comme raison écrite, par toutes les nations qui bordoient l'une et l'autre mer.

L'édition originale du Consulat, imprimée à Barcelone en 1494, en catalan, idiome sorti du latin, est de la plus grande rareté. Valin, Emerigon, Hubner et autres savans n'ont pu se la procurer. M. Boucher, professeur de droit commercial et maritime, ayant eu le bonheur d'en trouver un exemplaire à la Bibliothèque Impériale, en a publié une traduction française qui mérite d'être recherchée par tous les commerçans qui veulent s'instruire, Paris, 1808, 2 vol. in-8°.; elle est précédée de recherches sur l'origine du droit maritime. Ces recherches étoient nécessaires pour l'intelligence du Consulat de la mer.

Avant l'ouvrage de M. Boucher, nous ne possédions qu'une mauvaise traduction du *Consulat de la Mer*, par Mayssoni, docteur

en

en droit et avocat au siége de Marseille, 1577 ou 1635, in-4°.

## GROTIUS ET SELDEN.

On doit à M. Champagne, membre de l'Institut et directeur du Lycée Napoléon, une intéressante brochure que le titre fait suffisamment connoître; il est ainsi conçu : *la Mer libre, la Mer fermée*, ou Exposition et analise du Traité de Grotius, intitulé *la Mer libre ( Mare liberum )*, et de la Réplique de Selden, ayant pour titre, *la Mer fermée ( Mare clausum )*, dans laquelle l'auteur s'efforce d'établir le droit légitime de l'Angleterre à la domination exclusive des mers, Paris, 1803, in-8°.

L'ouvrage de Grotius parut en latin sous le voile de l'anonime, en 1609, in-8°., à Leyde, chez Daniel Elzevier. On le trouve à la fin des bonnes éditions du *Traité du Droit de la Paix et de la Guerre*. Le style en est très-pur, plein d'élégance, de force, de chaleur. La Réponse de Selden ne parut qu'en 1635, in-folio. L'année suivante il s'en fit une édition in-16; c'est contre la France surtout qu'elle est dirigée.

## M. AZUNI.

M. Azuni, ancien sénateur et juge au tribunal de commerce de Nice, à qui l'on doit une excellente Histoire de Sardaigne, est auteur d'un bon ouvrage intitulé : Droit maritime de l'Europe, Paris, 1805, 2 vol. in-8°. Il en avoit déjà publié un en italien sur le même sujet, dont il parut une traduction française en 1798, sous le titre de *Système universel* des principes du Droit maritime de l'Europe. Cette traduction étoit remplie de fautes et de contre-sens. Elle réussit cependant par l'intérêt de la matière, et par la manière neuve dont l'auteur l'avoit envisagée. L'auteur a, depuis ce temps, rassemblé de nouveaux matériaux, médité de nouveau son sujet, et acquis l'habitude d'écrire en français. Reprenant alors sur un plan plus vaste son premier ouvrage, il l'a disposé dans un nouvel ordre ; il a approfondi toutes les questions que le sujet présente, et qui n'étoient en quelque sorte qu'indiquées ; et le nouveau caractère qu'il a imprimé à son livre, l'a autorisé à lui donner un nouveau titre.

## § VI. DROIT ROMAIN.

### GRAVINA.

Les trois livres des *Origines du Droit civil*, par Gravina, réimprimées avec les autres ouvrages de l'auteur, Leipsic, 1717, in-4°., sont remplis d'une érudition solide; les personnes auxquelles le dessein de s'instruire de ce qui est d'usage dans la jurisprudence, ne permet pas de faire de grandes recherches sur les antiquités, trouveront dans cet ouvrage un précis méthodique de ce qu'il y a de plus utile pour l'intelligence du droit romain dans les ouvrages de Cujas et de ceux qui ont suivi sa méthode. Il a été traduit en français par Requier, sous le titre d'*Esprit des Lois romaines*, Paris, 1766, 3 vol. in-12.

### SCHOMBERG.

Alexandre-Charles Schomberg a publié à Londres, en 1785, un *Précis historique et chronologique du Droit romain*. Cet ouvrage a le mérite d'être clair, précis et élémentaire; il est plus à la portée des jeunes étudians que celui de Gravina. Le laborieux M. Boulard, ancien notaire, l'a traduit en français, Paris, 1793, in-8°., et 1808, in-12, avec des augmentations. Les notes dont il a accompagné son texte, contiennent des vues très-sages sur l'instruction publique, et qui annoncent un citoyen zélé pour le progrès des lettres et la gloire de son pays.

## CORPS DE DROIT ROMAIN, AVEC SES ABRÉVIATEURS, TRADUCTEURS, etc.

Le Corps de Droit est composé des Institutes, des Pandectes, du Code et des Novelles de Justinien. La plus belle édition du texte est celle des Elzeviers, Amsterdam, 1664, 2 vol. in-8°.; la plus commode est celle de Freiesleben, qui a pour titre : *Corpus Juris civilis academicum, Coloniæ Numatianæ*, (Basle), 1759, in-4°. Les plus utiles sont celles qui contiennent des notes de Denis Godefroi, Paris, Vitré, 1628, 2 vol. in-fol., ou Amsterdam, 1663, 2 vol. in-fol., avec des additions et des corrections par Simon Van Leeven.

Les amateurs recherchent l'édition latine des Institutes de Justinien, avec des notes de Vinnius, Amsterdam, Elzevier, 1646, ou 1669, in-18; Orléans, 1743, petit in-12. Les libraires Gilbert et compagnie en ont donné une nouvelle édition remarquable par son élégance et son exactitude, Paris, 1808, 2 vol. in-12. Le dessein de traduire le Corps de Droit

civil en français sembloit ne mériter que des
encouragemens ; et toutefois lorsque M. Hulot eut formé la vaste et honorable entreprise
de la traduction du Digeste, les obstacles se
multiplièrent. Ce qui pourroit surprendre
ceux qui n'auroient médité ni sur les hommes,
ni sur les choses, c'est que les plus puissans
de ces obstacles vinrent d'une corporation
qui paroissoit devoir les aplanir. *La Faculté de Droit de Paris*, dont M. Hulot étoit
membre, fit révoquer le privilége qu'il avoit
obtenu pour l'impression de l'ouvrage!....
Elle enseignoit en latin et craignit qu'une traduction du Corps de Droit civil ne nuisît à
ses intéréts, *ne popularisât la science!* Plus
heureux que l'estimable auteur de cette traduction, ses héritiers l'ont fait paroître à une
époque où elle a inspiré un vif intérêt. Le
style de Hulot est partout simple, pur, grave,
digne du sujet. On n'a pas craint de lui faire
subir à chaque instant la comparaison du
texte. Ce rapprochement fait cependant remarquer que cette traduction doit être lue
avec précaution ; on peut s'en servir pour
épargner du temps ; mais il ne faut jamais la
suivre comme un guide sûr.

On a publié presque en même temps une

traduction du Code et des Novelles, par M. Tissot, et une nouvelle traduction des Institutes, qui est attribuée au même M. Hulot.

Cette dernière traduction a paru plus élégante, mais moins exacte que celle de Claude-Joseph de Ferrière, 1734 et ann. suiv., 7 vol. in-12.

Au reste, j'invite les curieux à lire avec attention des observations sur les traductions des lois romaines, par M. Berriat (Saint-Prix), professeur à l'Ecole de Droit de Grenoble, Grenoble, 1807, in-8°.

Hulot fit de son vivant (en 1765), une réponse satisfaisante aux trois lettres adressées contre son projet de traduction, aux auteurs du Journal des Savans, par un avocat au Parlement de *** (M. Albert, depuis lieutenant de police); je doute qu'il eût répondu avec la même facilité et le même succès aux observations du professeur de Grenoble.

M. Berthelot, professeur de Droit romain à l'Académie de Législation, a terminé la traduction du Digeste, laissée imparfaite par Hulot. Cette traduction forme 7 vol. in-4°., imprimés à Metz depuis 1803 jusqu'en 1805. La traduction des Institutes a paru en 1807. Il n'existe encore que deux volumes de la traduction du Corps de Droit, par M. Tissot. Il y en aura sept.

## CUJAS.

Ce célèbre jurisconsulte s'est appliqué particulièrement à l'étude du droit romain, et il en a acquis une connoissance si parfaite, qu'il a surpassé tous ceux qui l'avoient précédé, et qu'il doit servir de guide et de modèle à tous ceux qui doivent, après lui, s'adonner à l'étude des lois romaines, pour les enseigner aux autres. Ses explications sont si exactes et si achevées, qu'elles ne laissent rien à désirer. Les meilleures éditions des Œuvres complètes de Cujas, sont celles de Paris, 1658, 10 vol. in-fol., par les soins de Ch. Annibal Fabrot, et celle de Naples, 1758 et ann. suiv., 11 vol. in-fol. On peut y joindre une table très-commode, intitulée : *promptuarium* operum Jac. CUJATII, auctore Dominico ALBUNENSI, Naples, 1763, 2 vol. in-fol.

## DOMAT.

Le Traité des *Lois Civiles dans leur ordre naturel*, est du nombre de ces ouvrages dont on ne sauroit trop recommander la lecture à ceux qui commencent à étudier la jurisprudence : il est même très-utile à ceux qui ont déjà fait des progrès dans cette science. L'ordre, la netteté, la précision et l'enchaînement des principes l'ont fait admirer, avec raison, de tous les connoisseurs. La meilleure édition est celle qui contient le *Legum Delectus*, par le même Domat, les notes de Bouchevret, Berroyer et Chevalier, avec un supplément par de Jouy, Paris, 1777, 2 vol. in-fol. Il faut y joindre un volume in-8°., intitulé : *Legum Delectus*, ou Choix de lois extraites des Pandectes et du Code de Justinien, traduit en français par C. N. d'Agar, Paris, 1806. Cet ouvrage est très-propre à abréger et à faciliter l'étude des lois romaines; il fit connoitre Domat à l'Europe entière, où maintenant sa réputation n'est pas moins grande que dans sa patrie.

## POTHIER.

Malgré les soins, les travaux et les recherches d'une foule de jurisconsultes, il restoit encore dans les Pandectes un défaut bien sensible, bien préjudiciable au progrès des études, et à l'intelligence facile des lois ; c'est le désordre dans lequel les textes se trouvent placés : non-seulement ils sont mal arrangés
dans

dans chaque titre, mais souvent on les rencontre dispersés dans des titres auxquels ils n'ont point de rapport. M. Pothier a eu pour objet principal de réparer ce désordre dans un ouvrage intitulé : *Pandectæ Justinianeæ in novum ordinem digestæ*, *Parisiis*, 1748, *vel Lugduni*, 1782, 3 vol. in-fol. La préface de cet ouvrage, qui est très-bien écrite, a été rédigée par M. de Guienne, ami intime de l'auteur; Pothier lui en fournissoit les matériaux. M. de Guienne a eu aussi beaucoup de part au commentaire sur la loi des douze tables, qui est à la tête du second volume.

M. l'abbé Bréard de Neuville a déjà publié, depuis 1806, 18 volumes d'une traduction française de cet important ouvrage avec le texte en regard. Il est à désirer qu'il trouve assez d'encouragement pour terminer cette utile entreprise.

## § VII. DROIT PUBLIC ET CIVIL DE FRANCE.

### MADEMOISELLE DE LÉZARDIÈRE.

Cette demoiselle a fait imprimer la Théorie des Lois politiques de la Monarchie Française, 1ère. et 2ème. époques, Paris, Nyon l'aîné,

1792, 8 vol. in-8°. Cet ouvrage, dit le judicieux censeur, dom Poirier, l'un des plus savans et le plus méthodique que l'on ait composé sur le sujet annoncé par le titre, est le fruit d'environ 20 années de recherches immenses et d'un travail assidu. La première époque s'étend depuis la conquête des Gaules par César, jusqu'à Clovis : la deuxième comprend la première race de nos rois, et la deuxième race jusqu'à la décadence de l'Empire de Charlemagne, après la mort de Charles-le-Chauve, où commence le chaos qui a donné naissance au gouvernement féodal.

L'ordre que l'auteur a mis entre le discours ou la *théorie*, et les *preuves*, est très-heureusement imaginé. Mademoiselle de Lézardière a divisé son ouvrage en trois parties : 1°. la *théorie* dégagée de toute citation ou discussion ; 2°. les *sommaires des preuves* sur lesquelles les assertions de la *théorie* sont appuyées ; 3°. les *preuves* elles-mêmes. On a placé judicieusement les discussions dans les *sommaires des preuves*, à la fin du livre auquel elles appartiennent. La dernière partie a dû d'autant plus coûter à l'auteur, qu'elle a pris la peine d'ajouter la traduction française aux textes originaux qui la composent:

c'est une commodité dont lui auront obligation la plupart des lecteurs peu familiarisés avec la basse latinité de nos anciens monumens.

Le style de cet ouvrage, continue dom Poirier, est simple, clair, et tel qu'il convient à un sujet qui n'en exige point d'autre. J'ajouterai que mademoiselle de Lézardière détruit par des preuves positives, les assertions aussi vaines que hardies dont l'historiographe Moreau a rempli ses *Principes de Morale, de Politique et de Droit Public*, ou *Discours sur l'Histoire de France*, en 21 vol. in-8°.

## GROSLEY.

Le petit ouvrage de ce célèbre jurisconsulte de Troyes, intitulé, Recherches pour servir à l'Histoire du Droit Français, Paris, 1752, in-12, contient deux sortes de recherches : les premières, qui occupent environ les deux tiers du volume, concernent l'origine de ce que nous appelions notre droit coutumier, et les diverses révolutions qui l'ont transmis jusqu'à nous ; elles sont pleines de sagacité et d'intérêt. La ci-devant noblesse utérine de Champagne est l'objet des secondes recherches de l'auteur.

## ARGOU, ou plutôt FLEURY.

L'*Institution au Droit Français*, publiée en 1692, sous le voile de l'anonime, et en 1739, sous le nom de Gabriel Argou, est un bon ouvrage, dont il paroît que l'abbé Fleury avoit fait présent à M. Argou, son intime ami. *Voy.* le Dictionnaire des Anonymes, tom. II, N°. 8653.

Les meilleures éditions sont celles que M. Boucher d'Argis a publiées avec des augmentations, Paris, 1753, 1762, 1771, 1788, 2 vol. in-12.

## PRÉVOST DE LA JANNÈS.

Il seroit à désirer que la lecture des *Principes de la Jurisprudence Française*, Paris, 1750, 2 vol. in-12, pût être aussi agréable qu'elle est instructive. Mais c'est ce qui paroît extrêmement difficile dans des ouvrages de ce genre ; et quoiqu'on doive en bannir la sécheresse, il semble qu'on ne peut guère y exiger d'autres agrémens que ceux de la clarté, de la méthode, de la justesse et de la précision ; or, toutes ces qualités brillent éminemment dans l'ouvrage de M. Prévost de la Jannès,

## RÉPERTOIRES DES LOIS FRANÇAISES, ARRÊTS, DÉCISIONS DES TRIBUNAUX, PLAIDOYERS.

Un homme de goût n'est pas tenu, comme un jurisconsulte, de placer dans son cabinet les recueils des édits et ordonnances des rois de France, ni même les recueils de nos nouvelles lois; mais il doit avoir sous la main les moyens de connoître les lois les plus importantes, soit anciennes, soit nouvelles : deux ouvrages lui rendront ce service, savoir, pour les lois anciennes jusqu'en 1726, le Dictionnaire des Arrêts de Brillon, Paris, 1727, 6 vol. in-fol., et pour les lois faites depuis 1789, le Répertoire de Beaulac, deuxième édition, Paris, Le Normant, 1806, in-8°. M. Rondonneau vient de publier un supplément à ce Répertoire.

Je me suis efforcé de caractériser les plaidoyers qui ont été publiés par les plus célèbres orateurs du barreau français, depuis Patru jusqu'à nos jours. *Voy.* le tom. II de cette Bibliothèque, pag. 485 et suivantes. J'ai aussi fait connoître les meilleurs recueils de *Causes Célèbres*. Je dois ajouter ici que depuis 1808, M. Maurice Mejan, avocat, publie un recueil de ce dernier genre, qui mérite de faire suite aux précédens. Il me reste à indiquer un recueil qui a été très-bien accueilli lorsqu'il parut ; je veux parler des *Causes Amusantes et Connues*, recueillies par le libraire Robert Estienne, en 1769 et en 1770, 2 vol. in-12 : toutes sont de la main d'avocats distingués par leurs talens, et l'amusement n'est pas le seul fruit que l'on puisse retirer de cette collection ; elle offre de plus un objet d'utilité, en présentant aux jeunes élèves de Thémis, plusieurs modèles pour le style.

## MM. GUYOT ET MERLIN.

Le Répertoire de Jurisprudence, composé, en très-grande partie, par M. Merlin, et publié par M. Guyot, est un ouvrage devenu classique pour toutes les personnes qui se livrent à l'étude des lois, et à l'exercice des professions où il est plus particulièrement nécessaire de les consulter et de les appliquer. Il ne contient pas seulement des notions élémentaires et superficielles sur les principales matières du droit : il les embrasse et les approfondit toutes. Il en a été fait deux éditions, l'une en 1777 et années suivantes, 84 vol. in-8°, l'autre en 1784, 17 vol. in-4°.

La législation, depuis l'époque où cet ouvrage a été publié, a éprouvé des changemens de la plus haute importance : elle a pris, à beaucoup d'égards, une face nouvelle. La nécessité de recréer, en quelque sorte, le Répertoire de Jurisprudence, étoit bien sentie ; M. Merlin voulut bien se charger de cette entreprise.

Revoir avec le plus grand soin tous les articles de la nouvelle édition, pour en faire disparoître les erreurs qui s'étoient glissées dans les anciennes, les doubles emplois et la confusion presqu'inévitables dans les premières tentatives ; retrancher tout ce que le cours des choses a rendu inutile, placer ou indiquer à côté de chaque ancienne loi ou règle, les dispositions des lois nouvelles qui la confirment, la modifient ou l'abrogent ; y joindre les observations qu'amènent sur certaines questions, tant de l'ancien que du nouveau droit, les doutes qu'elles font naître, fortifier les observations par les arrêts de la cour suprême et par les plaidoyers ou réquisitoires qui en ont précédé un grand nombre ; tel est le plan du travail heureusement conçu par M. Merlin. La nouvelle édition du Répertoire de Jurisprudence est composée de 13 vol. in-4°. qui ont paru de 1807 à 1809.

On ne trouve dans cette édition rien de ce qui est entré dans le *Recueil des Questions de Droit* du même auteur, Paris, ans XI — XIII, 9 vol. in-4°. On imprime en ce moment une nouvelle édition de ce dernier ouvrage; il sera réduit à 4 vol. in-4°.

## CONSTITUTIONS DE L'EMPIRE FRANÇAIS.

Pierre Didot l'aîné a publié, en l'an XIII, in-18, un recueil des Constitutions de l'Empire, Sénatus-Consultes et autres Actes du Sénat. Tout Français doit avoir ce volume dans sa bibliothèque.

## S. M. L'EMPEREUR NAPOLÉON.

A toutes les époques de la monarchie, on avoit vivement senti l'abus de la diversité des coutumes qui régissoient la France. Tous les publicistes, tous les administrateurs, les hommes éclairés de toutes les classes de la société, étoient depuis long-temps tombés d'accord de la nécessité, et surtout de l'immense avantage d'un Code unique. Les monarques l'avaient vivement désiré eux-mêmes. Tout absolus qu'ils étoient, ils n'avoient pu faire ce bien à leurs peuples. La révolution elle-même avec
son

son effrayante toute-puissance, n'en étoit pas venue à bout. Elle avoit pu tout changer en France, excepté les habitudes; les coutumes vivoient encore, lorsqu'apparut le puissant génie qui ne connoit pas d'obstacle, quand il s'agit de quelque grande vue sociale.

Au milieu des institutions généreuses qu'il méditoit pour le bien de son Empire, l'idée d'un Code unique ne pouvoit lui échapper. Ce grand travail, si long-temps désiré, commença. Le droit romain, le droit français, nos ordonnances, nos coutumes vinrent se fondre dans un Code où l'on s'efforça de conserver tout ce que chacun de ces élémens offroit d'utile ou de similaire, de moins éloigné des habitudes du grand nombre, et de plus approprié au naturel et aux mœurs du peuple qu'il devoit gouverner.

On sait quelles savantes discussions le préparèrent; les judicieuses critiques auxquelles on le soumit; les conférences imposantes où s'en fit l'examen avec la plus prudente lenteur comme avec la circonspection la plus scrupuleuse. On n'a pas oublié, surtout, cette noble alliance que, pour sanctionner ce grand ouvrage, voulut, dans un congrès solennel, former avec la doctrine, avec toutes les lumières, avec tous les talens, le génie du premier Souverain du monde, combattant par les seules armes de la raison pour les intérêts de la sagesse, et ne voulant, en cette occasion unique, d'autorité pour lui-même que celle de la conviction dont il savoit pénétrer ces vieillards et ces doctes, étonnés de recevoir de la bouche d'un jeune guerrier de si lumineuses révélations et des leçons si brillantes de justesse, dans leur propre science, dont ils croyoient avoir sondé toutes les profondeurs.

Le Code Napoléon parut donc; ainsi se réalisa sans secousse, et, pour ainsi dire, sans effort, ce rêve de tant de bons Souverains et des plus grands magistrats de tous les siècles. Ainsi fut rendu à la France le plus éminent service qu'un Monarque pût lui rendre, celui de l'avoir délivrée de ces lois dévorantes, patrimoine des érudits et fléau des peuples.

L'Imprimerie Impériale a publié de belles éditions du Code Napoléon dans les formats in-4°., in-8°. et in-32, avec une table des matières.

Les Codes du Commerce et de Procédure civile, le Code pénal portent l'empreinte de la sagesse profonde qui caractérise le Code

Napoléon; ils méritent aussi la reconnoissance du Peuple Français, l'hommage des contemporains et le respect de la postérité.

## S. A. S. LE PRINCE ARCHI-CHANCELIER DE L'EMPIRE.

La Convention nationale, quoique déchirée par les partis, n'a cependant pas oublié le Code civil. Dans le sein de cette assemblée, composée d'élémens si divers, étoit assis un sage vers qui tous les regards se tournèrent. On trouvoit réuni en lui les éminentes qualités qui constituent le législateur et l'homme d'État. Les Français se souviennent avec reconnoissance de l'usage qu'il en a fait. On n'a pas oublié qu'il porta le dernier coup à l'affreuse terreur, dans cette adresse éloquente qui enchaîna la Convention à un système différent, détrompa les hommes égarés, frappa d'impuissance les hommes pervers. On se rappelle ce premier traité de paix, dû à ses soins, qui entama la fameuse coalition de l'Europe, et d'un ennemi puissant nous fit un allié fidèle.

Le représentant Cambacérès eut le courage d'accepter la mission difficile d'offrir des lois sages à un peuple en délire. Le 9 août 1793, il présenta un projet de Code civil. Quelques insensés trouvèrent que le projet ressembloit trop à la législation consacrée par l'expérience des siècles. L'habile législateur présenta, le 23 fructidor de l'an 2, un nouveau projet très-succinct, et qui appelant d'immenses développemens, permettoit de rectifier dans la suite les erreurs que les préjugés de ce temps auroient rendues inévitables. La Convention en décréta quelques articles. Le représentant Cambacérès présenta un troisième projet le 24 prairial an IV; il lui fut permis, cette fois, de se livrer davantage à la sagesse de ses conceptions, quoiqu'il lui fallût encore, cédant à des vues qui n'étoient pas les siennes, ménager quelques préjugés, restes de l'égarement qui, jusqu'alors, avoit emporté les esprits.

Il était réservé au génie qui sauva la France au 18 brumaire, de conduire à son terme une entreprise tant de fois commencée et tant de fois interrompue. Le Consul Cambacérès a eu le bonheur de le seconder puissamment dans cet important travail.

Les Discours prononcés par S. A. S. le Prince Archi Chancelier de l'Empire, le mettent au premier rang de nos orateurs.

## M. LOCRÉ.

On trouve l'Esprit du Code civil, dans les exposés des motifs, rapports, discours, opinions, etc., etc.; mais il est extrêmement difficile de trouver tout ce qui a été dit sur un article du Code. Cette difficulté se rencontre surtout dans les *procès-verbaux*, où la discussion d'un titre étoit souvent suspendue pour passer à d'autres matières, reprise et interrompue de nouveau. M. Locré, secrétaire-général du Conseil d'Etat, dans son *Esprit du Code Napoléon*, Paris, 1805 et ann. suiv., 5 vol. in-4°. ou 6 vol. in-8°., a conçu et exécuté le projet de conférer, classer et rapprocher le tout. Il s'est même attaché à faire connoître la théorie, le système, les principes fondamentaux de chaque titre, de chaque division de titre, de chaque article. Les opinions diverses, émises sur chaque article, se trouvent liées avec un tel art, que si des guillemets n'indiquoient les citations, on croiroit que ce sont les paroles, les opinions d'un seul homme. On s'aperçoit aisément que M. Locré n'a adopté exclusivement ni la méthode de Pothier qui, dans ses *Pandectes*, rapporte le texte entier des lois, ni celle de

Domat, qui en donne seulement l'extrait; mais il s'est servi de l'une ou de l'autre, suivant que la marche du travail le lui a commandé.

M. Locré a publié, avec le même talent et le même succès, l'*Esprit du Code de Commerce* ou Commentaire puisé dans les procès-verbaux du Conseil d'Etat, les exposés des motifs et discours, etc., 1 vol. in-4°. ou 2 vol. in-8°.

La suite de ces deux importans ouvrages est attendue avec impatience.

On doit encore à M. Locré un vol. in-8°. intitulé : du Conseil d'Etat, de sa composition, de ses attributions, etc.

## M. MALLEVILLE.

L'Analise raisonnée de la discussion du Code civil au Conseil d'Etat, par Jacques Malleville, second président de la Cour de Cassation, et l'un des rédacteurs de ce Code, Paris, 1805, 4 vol. in-8°., nous paroit répondre à ce qu'on devoit attendre de l'un des jurisconsultes les plus profonds de l'ancien barreau, de l'un des magistrats les plus distingués de la première Cour de l'Empire, de l'un des coopérateurs les plus influens dans la rédaction du Code.

## M. COFFINIÈRES.

Quelque parfait que soit l'ensemble d'un Code de lois, il aura nécessairement besoin d'explication dans les détails : le législateur ne peut ni tout dire, ni tout prévoir. Les décisions de la Cour de Cassation et du Conseil d'Etat doivent former une jurisprudence une, positive et constante ; mais ces décisions éparses sans ordre, dans les journaux, seroient d'un foible secours, si elles n'étoient réunies, classées méthodiquement et par ordre de matières. M. Coffinières, jeune avocat déjà avantageusement connu par quelques ouvrages de jurisprudence, dans un volume intitulé, *le Code Napoléon expliqué par les décisions suprêmes de la Cour de Cassation et du Conseil d'Etat*, Paris, 1809, in-4°., épargne aux juges, aux jurisconsultes, aux avocats, aux avoués, aux étudians en droit, des recherches pénibles et souvent inutiles.

## § VIII. ŒUVRES DE JURISCONSULTES FRANÇAIS.

### DUMOULIN.

Le commencement du seizième siècle a vu changer la face de l'Europe ; c'est l'époque d'une grande révolution dans la politique, dans la religion, dans le commerce, dans les arts, dans toutes les sciences : cette époque est celle de la naissance de Dumoulin. La nature, qui vouloit, par un effort vigoureux, réparer tout à coup dix siècles d'ignorance et de barbarie, fit naître ce grand homme pour la jurisprudence, comme elle donna presque dans le même temps Copernic à l'astronomie ; Harvey à l'anatomie, Galilée à la physique, Descartes à la philosophie. Semblable au philosophe français, Dumoulin substitua la raison à une multitude de subtilités puériles ; mais il fut plus heureux que lui, car le temps a respecté presque toutes les opinions de Dumoulin ; les auteurs les enseignent, les tribunaux les adoptent, souvent même nos rois les ont consacrées par leurs ordonnances. De tous les tableaux que présente l'histoire de l'esprit humain, l'analise des ouvrages de Dumoulin seroit un des plus utiles, un des plus frappans, un des plus propres à exciter l'admiration et la reconnoissance : actif, infatigable, universel, ce vaste et puissant génie parcourt toutes les parties de la jurisprudence : il répand sur toutes l'ordre et la lumière ; il rassemble les

principes

principes jusqu'alors confusément épars ; il les féconde les uns par les autres, car il remonte à la source de toutes les lois, au droit naturel ; il distingue celles qui en découlent immédiatement de celles qui ne sont fondées que sur des conventions, des usurpations ou des priviléges ; d'une main laborieuse, il lève le voile que le temps met toujours sur les anciens usages. Il sépare ceux qui sortent du caractère national, de ceux qui ne doivent leur origine qu'au mélange des nations, à la corruption du gouvernement, à des lois étrangères. Il applique cette savante théorie à toutes les parties de la législation, au droit ecclésiastique, au droit français, au droit romain. La meilleure édition des œuvres de ce grand jurisconsulte, est celle de Paris, 1681, 5 vol. in-fol. M. Henrion de Pansey, aujourd'hui président à la Cour de Cassation, a prononcé et publié, en 1769, à Paris, in-8°., un très-bon éloge de Dumoulin, qui m'a fourni cet article ; on le trouve en tête de l'excellent abrégé du Traité des Fiefs de Dumoulin, publié en 1773, in-4°., par le même auteur. On doit à Etienne R\*\*. (Rassicod) une excellente édition de ce Traité, avec des notes, Paris, 1739, in-4°.

## POTHIER.

Il est des hommes si célèbres dans leur genre, qu'il suffit de les nommer pour donner l'idée de la perfection : tel a été Robert-Joseph Pothier, conseiller au présidial d'Orléans. Ses contemporains l'ont regardé comme le plus grand jurisconsulte qui eut paru depuis plusieurs siècles; la postérité ne fera que confirmer et affermir ce jugement. On a réuni ses *Traités sur différentes matières de Droit civil*, Paris, 1773 et ann. suiv., 8 vol. in-4°. ou 26 vol. in-12. Le *Traité des Obligations* passe pour un chef-d'œuvre. Ce grand homme n'aimoit pas que les théologiens ou casuistes entreprissent de traiter les matières de droit, et il a plusieurs fois réfuté les décisions de l'auteur des *Conférences de Paris*. Cependant ses principes sur le sacrement de mariage et sur le prêt à intérêt se rapprochent un peu trop de ceux des théologiens.

Le ministre Turgot donne de cette singularité une explication très-satisfaisante : quand on est persuadé, dit-il, par le préjugé de l'éducation, par des autorités qu'on respecte, par la connexité supposée d'un système avec des principes consacrés, alors on fait usage de toutes les subtilités imaginables pour défendre des opinions auxquelles on est attaché ; on n'oublie rien pour se faire illusion à soi-même, et les meilleurs esprits en viennent quelquefois à bout. *Voyez* les Œuvres de Turgot, t. V, p. 313.

On publie, depuis quelques annés, une nouvelle édition in-8°. des Œuvres de Pothier, mises en rapport avec les lois nouvelles ; le tome XV a paru au mois de janvier 1810.

## D'AGUESSEAU.

Dans notre second volume, pages 485 — 505, nous avons fait connoître les ouvrages de plusieurs célèbres jurisconsultes, tels que Patru, Cochin, d'Aguesseau, Servan, etc., etc.

# TRAITÉS PARTICULIERS DE DROIT FRANÇAIS.

## M. AGIER.

Le Traité du *Mariage* dans ses rapports avec la religion et avec les lois nouvelles de la République Française, ( par M. Agier, président de la Cour d'Appel de Paris ), 1801, 2 vol. in-8°., est l'ouvrage de la plus grande étendue qui ait paru, depuis la révolution, sur les questions de droit canonique et civil ; son grand mérite à nos yeux, est d'avoir éclairci une matière sur laquelle chacun réclamoit de nouvelles lumières. Presque toutes les connoissances qu'on avoit acquises, soit dans le cours ancien d'études, soit dans la pratique du ministère, n'étoient plus d'aucune utilité ; aussi nous ne sommes pas surpris de la révolution que l'ouvrage de M. Agier a faite chez un grand nombre de personnes attachées aux anciens usages. Il faut lire et méditer cette production estimable d'un jurisconsulte et d'un magistrat aussi savant que religieux, pour se convaincre de la nécessité dont elle est pour tout homme sage qui court la carrière des lois et du ministère. Les principes de M. Agier sur le mariage, sont presque toujours conformes à ceux qui sont consignés dans le Code Napoléon. Il regarde le mariage comme un pur contrat, très-distinct, et totalement indépendant du sacrement de mariage ; d'où il suit : 1°. que tous les effets d'un mariage valable et légitime appartiennent à celui qui a été contracté selon les lois devant l'officier public. Il faut éviter ces expressions de *mariage civil, mariés civilement, mariés à la municipalité, mariés à l'église,* qui font croire aux simples qu'il y a deux mariages, dont l'un se fait à la municipalité et l'autre à l'église.

2°. Qu'il faudroit changer dans les rituels de beaucoup de diocèses ces mots : *je vous conjoins en mariage* ; on peut y substituer ceux-ci, qui disent tout, et ne prêtent point à la censure : *je bénis le mariage que vous avez contracté*. Telle est l'essence du sacrement de mariage.

L'opinion de M. Agier sera sans doute discutée, lorsqu'il s'agira d'établir une liturgie uniforme pour toute la France, en exécution des articles organiques du concordat.

Les Conférences de Paris sur le Mariage, 5 vol. in-12, ne doivent être considérées aujourd'hui que comme un ouvrage historique ; les principes en sont opposés à ceux de notre législation actuelle sur le mariage.

## L'ABBÉ RULIÉ ET LE MINISTRE TURGOT.

La controverse sur l'intérêt de l'argent a exercé tant d'esprits, et enfanté tant de volumes, qu'il est naturel d'attribuer à quelque malentendu la diversité de sentimens qu'on remarque parmi des hommes célèbres par leur pénétration et leurs lumières. L'estimable auteur de la *Théorie de l'Interêt de l'Argent*, tirée des principes du Droit Naturel, de la Théologie et de la Politique, Paris, 1780, in-12, réduit toute la dispute à cette question unique, savoir, si suivant les idées essentielles de la justice commutative, la stipulation de l'intérêt de l'argent est intrinsèquement criminelle et injuste de sa nature. Il prouve l'équité naturelle du prêt à intérêt, en montrant l'absurdité et les mauvaises équivoques des argumens qu'on lui oppose, tirés du Droit Naturel, de la stérilité de l'argent et de la propriété qu'en acquiert l'acquéreur. Il met ensuite en évidence l'erreur des théologiens scholastiques et de quelques casuistes sur cette matière ; il leur reproche leur témérité, pour avoir osé contester à l'autorité souveraine le pouvoir de légitimer l'intérêt de l'argent, sans lequel le commerce ne peut subsister. L'abbé Rulié présente toutes ces matières dans un jour propre à éclairer les esprits qui ont besoin de lumières.

On sait que le célèbre Turgot a fourni des matériaux à l'auteur de la Théorie de l'Argent. Et en effet, les principes de cet ouvrage sont dans une parfaite harmonie, avec ceux que l'habile ministre a développés dans un excellent mémoire sur le prêt à intérêt, qui se trouve dans le IV<sup>e</sup>. volume de ses Œuvres complètes.

## M. L'ABBÉ ROSSIGNOL.

Il étoit important de faire ressortir la manière dont l'autorité civile et l'autorité ecclésiastique ont concouru à fixer la véritable idée de l'usure. En voyant que l'une et l'autre ont constamment admis des principes qui n'ont rien de commun avec ceux de l'Ecole, on se demande comment il est arrivé que les théologiens ont adopté sur la matière de l'usure, un système inconnu à toute l'antiquité. M. l'abbé Rossignol, ex-jésuite, auteur de plusieurs bons ouvrages élémentaires sur les sciences, s'est fait un devoir de remonter à la source de la doctrine des théologiens sur l'usure ; il en assigne très-bien l'occasion et les causes dans le volume intitulé : *de l'Usure*, Turin, 1803, in-8°.

Tous les préjugés des théologiens scholastiques se retrouvent dans les *Conférences* de Paris sur l'Usure, composées de 5 vol. in-12. Il faut les lire aujourd'hui avec beaucoup de précaution.

## M. HENRION DE PANSEY.

Ce savant jurisconsulte a publié, dans ces derniers temps, deux ouvrages dignes de la réputation qu'il s'est acquise avant la révolution; le premier, intitulé, De la Compétence des Juges de Paix, Paris, 1805, in-12, n'annonce ni son importance, ni son mérite, et on ne doit pas le confondre avec ces écrits nombreux qui obscurcissent les lois ou qui les délayent dans un fatras de mots insignifians. L'étude de cet ouvrage ne peut être trop recommandée à ceux qui joignent au besoin de s'instruire, le juste désir de trouver des routes dans lesquelles ils aient la certitude de ne pas s'égarer. Les hommes versés dans la connoissance des lois, y trouveront des observations nouvelles et justes, exprimées dans un style aussi pur qu'élégant.

Le second ouvrage de M. Henrion de Pansey a pour titre : De l'Autorité Judiciaire dans les Gouvernemens Monarchiques, Paris, 1810, in-8°. On y trouve d'excellens principes appuyés par les faits les plus curieux.

Ces deux ouvrages se vendent chez Théophile Barrois père.

§ XII.

## § XII. DROIT CRIMINEL.
### BECCARIA.

Le nom de Beccaria sera long-temps en honneur chez tous les amis de l'humanité. Quelques pages écrites avec chaleur, élégance, philantropie, lui ont fait une grande réputation dans toute l'Europe. Avant lui, d'autres philosophes avoient observé la barbarie, l'injustice des lois criminelles de presque tous les peuples ; mais aucun n'étoit parvenu à se faire lire avec autant d'intérêt. Il eut l'art d'enfermer dans son petit traité *des Délits et des Peines*, une foule de maximes claires, précises, énergiques, et leur donna ce vernis philosophique, qui alors commençoit à plaire, et dont on a depuis abusé : un juriste allemand auroit composé sur le même sujet, de très-gros volumes pleins de citations, qui n'auroient jamais été ouverts que par quelques érudits. Beccaria voulut intéresser les hommes de toutes les classes, de tous les âges. Il s'adressa au cœur, et bientôt il attira l'attention même des hommes du monde, même des femmes, sur des objets graves, importans : c'est le *Fontenelle* des criminalistes ; mais c'est mieux que Fontenelle. Son Traité a été traduit dans toutes les langues. La meilleure traduction française est celle de M. l'abbé Morellet ; il faut choisir l'édition de Paris, 1797, in-8°. Quant à l'original italien, la plus belle édition est celle de Paris, Didot le jeune, 1780, in-8°.

Voltaire se donna la peine de commenter Beccaria. *Voy.* l'édition des Œuvres de Voltaire par Beaumarchais, tom. XXIX.

## § XIII. DROIT ÉTRANGER.
## DROIT PUBLIC ET CIVIL DE PRUSSE.

### FRÉDÉRIC II.

Il ne seroit pas pardonnable d'ignorer ce qu'a fait dans le siècle dernier, pour la réformation de la justice, l'immortel Frédéric. Le Code qui porte son nom, publié en français en 1751, 3 vol. in-8°., est un ouvrage qui fera toujours honneur au Monarque qui l'a conçu ; mais il est bien inférieur au Code Général pour les Etats Prussiens, traduit de l'allemand (de MM. de Carmer, Klein et Suarez) par les membres du Bureau de Législation étrangère (MM. Brosselard, Weiss et Lemière), Paris, imprimerie de la République, an IX (1801), 5 vol. in-8°.

Le Code Frédéric avoit été fait sous la direction du ministre d'État, chancelier Coccéji. On ne tarda pas à s'apercevoir qu'il étoit peu propre à remplir les intentions de son illustre auteur ; mais ce Prince ne perdit pas de vue l'objet digne de lui, qu'il s'étoit proposé. En 1780, il nomma M. Carmer grand chancelier, et le chargea de la rédaction d'un *Code Général*. Une commission, composée des hommes les plus éclairés, se livra à ce travail avec le chancelier. Les diverses parties en furent publiées successivement dans les années 1784 et 1786. Il fut adopté définitivement en 1791 et promulgué de nouveau, avec quelques additions, par lettres-patentes de Frédéric-Guillaume, en date du 5 février 1794.

On peut dire sans crainte d'être démenti, que l'exemple donné par Frédéric II, a été surpassé par S. M. l'Empereur NAPOLÉON.

## DROIT PUBLIC ET CIVIL DE RUSSIE.

### CATHERINE II.

L'*Instruction pour* la commission chargée de dresser un *Nouveau Code de Lois*, que Catherine II, Impératrice de Russie, a écrite tout entière de sa main, est un monument de son génie. L'académie des sciences de Pétersbourg le conserve comme ce qu'il y a de plus propre à convaincre la postérité des excellentes qualités de l'esprit et du cœur de cette princesse.

Catherine II traduisit elle-même cette Instruction de l'allemand en français, *Saint-Pétersbourg*, de l'Imprimerie de l'Académie des Sciences, 1769, 1 vol. in-8°.

## ALEXANDRE.

L'Empereur Alexandre paroît disposé à imiter l'Empereur NAPOLÉON dans la confection des Codes, qui seuls suffiroient pour immortaliser ce dernier. Le premier janvier 1810, après l'ouverture d'un nouveau Conseil de l'Empire, ce Prince a fait remettre au président un projet de Code civil.

## DROIT PUBLIC D'ANGLETERRE.

### DELOLME.

J.-L. Delolme, avocat et citoyen de Genève, enlevé à la république des lettres en 1806, demeura assez long-temps en Angleterre, où il a été lié avec le comte de Chesterfield, et MM. Lyttleton et Camden ; ce qui le mit à même d'être exactement instruit de ce qui concerne ce royaume : il publia, pour la première fois à Amsterdam, en 1771, son célèbre ouvrage, intitulé : *la Constitution de l'Angleterre*, comparée avec la forme républicaine et les monarchies de l'Europe, un vol. in-8°. ; en 1775, il en donna une édition anglaise avec des augmentations. La meilleure édition française est celle de 1789, 2 vol. in-8°. La Constitution anglaise, telle qu'elle a été établie au temps de la révolution (en 1688), est, selon Delolme, la plus sage et la plus parfaite qu'il soit possible de créer, parce qu'elle rassemble dans sa composition les gouvernemens monarchiques, aristocratiques et démocratiques, qui, se corrigeant heureusement les uns par les autres, réalisent le système de législation et de puissance exécutrice, qu'Aristote nous a donné comme le plus accompli et le plus durable. On courroit grand risque de se tromper, si l'on épousoit toutes les opinions de cet auteur sur les droits du roi et du peuple d'Angleterre ; droits sur lesquels les Anglais ne sont pas d'accord.

L'ouvrage de Delolme a été traduit en allemand et en italien.

## DROIT PUBLIC DES ETATS-UNIS D'AMÉRIQUE.

Une grande expérience de malheurs, d'iniquités, a précédé la constitution dont jouissent les Etats-Unis : créée par le sentiment de l'indépendance, elle est l'œuvre d'un siècle de lumières. Elle a un mérite bien précieux, c'est celui de la concision ; elle est renfermée en vingt pages. Ainsi il n'y a pas un chef, pas un agent de l'autorité, pas un citoyen qui ne soit à même de connoître en un instant l'étendue de ses devoirs, des pouvoirs qu'il a reçus ou de ceux qu'il a délégués. Toute l'autorité législative est confiée au *Congrès* ; ce congrès est composé d'un sénat et d'une chambre de représentans. Le pouvoir exécutif est confié à un président : il est revêtu de cet auguste emploi pour quatre ans.

Le duc de la Rochefoucault a traduit en français les *Constitutions* particulières des treize Etats-Unis de l'Amérique, Paris, 1783, in-4°. et in-8°. M. Hubert, avocat en parlement, a publié la traduction de la *Constitution* des Etats-Unis, adoptée le 17 septembre 1787; on la trouve en tête du volume intitulé : Actes passés à un Congrès des Etats-

Unis de l'Amérique, etc., Paris, 1790, in-8º. Cette même Constitution a été aussi traduite par M. Pictet dans le 1er. volume de son Tableau de la situation actuelle des Etats-Unis d'Amérique, 1795, in-8º.

## § XIV. DROIT ECCLÉSIASTIQUE.

Le Droit Ecclésiastique, ou simplement le Droit Canon, est d'un usage moins étendu et moins fréquent que le Droit civil, qui intéresse un bien plus grand nombre de personnes, puisqu'il comprend tous les citoyens, même ecclésiastiques.

Ce Droit a été ainsi nommé du terme grec *Canon*, auquel se rapporte le mot français *règle*, parce qu'il est la règle des actions quant au salut de l'âme. Le Droit canonique est celui que l'on suit pour les matières ecclésiastiques. Le Concordat passé entre l'Empereur NAPOLÉON et le Pape Pie VII, en simplifiera beaucoup l'étude en France.

La partie la plus importante de ce Droit est le recueil des Actes et des Traités faits pour défendre les libertés de l'Eglise de France contre le despotisme de la cour de Rome. J'indiquerai ici le *Corpus Juris canonici Academicum*, publié dans la même forme que le *Corpus Juris civilis Academicum* de Freiesleben. Il faut choisir l'édition de Basle, 1775, 2 vol. in-4°. qui se relient en un.

## FLEURY.

Le nom de l'abbé Fleury est si connu par plusieurs autres ouvrages, qu'il peut suffire pour donner une opinion avantageuse de celui qui est intitulé : Institution au Droit Ecclésiastique, Paris, 1687, 2 vol. in-12, réimprimé plusieurs fois, notamment en 1767, avec des notes de Boucher d'Argis.

## LANCELOT ET DURAND DE MAILLANE.

Jean-Paul Lancelot, célèbre jurisconsulte à Perouse, dans le 16ᵉ. siècle, composa, en latin, des Institutes du Droit Canonique, pour servir de pendant aux Institutes du Droit civil, publiées par Justinien.

Lancelot travailla par ordre du pape Paul IV, et il avoit lieu de s'attendre que son ouvrage recevroit le sceau de l'autorité pontificale, ce qui pourtant n'arriva pas; mais ces Institutes ont acquis dans le public une autorité qu'elles ne doivent qu'à leur

leur mérite ; commentées par de savans auteurs, elles ont été mises dans les éditions du Corps de Droit Canon. Elles tirent un nouveau lustre des explications de M. Durand de Maillane, dans l'ouvrage intitulé : Institutes du Droit Canonique, traduites en français et adaptées aux usages présens d'Italie et de l'église gallicane, par des explications qui mettent le texte dans le plus grand jour, etc., Lyon; 1770, 10 vol. in-12.

L'Histoire du Droit Canon que M. Durand de Maillane a mise à la tête de sa traduction des Institutes de Lancelot, comme Ferrière a mis une Histoire du Droit Romain à la suite de sa traduction des Institutes de Justinien, est un morceau savant et très-bien fait.

Une bonne édition latine des *Institutes* de Lancelot, est celle de Paris, 1685, 2 vol. in-12, avec les notes de Doujat.

On consultera aussi avec fruit le Dictionnaire de Droit Canonique, conféré avec les maximes et la jurisprudence de France, c'est-à-dire, avec les usages et libertés de l'église gallicane, les pragmatiques et concordats, etc., par M. Durand de Maillane. La meilleure édition est celle de Lyon, 1776, 5 vol. in-4°.

## § XV. LIBERTÉS DE L'EGLISE GALLICANE.

### P. PITHOU, P. DUPUY ET DURAND DE MAILLANE.

P. Pithou, célèbre avocat de Troyes, mort en 1596, donna le premier recueil des Libertés de l'Eglise Gallicane ; c'est un petit volume in-8°., publié en 1594. Quoique les maximes qu'il renferme ne soient que l'ouvrage d'un particulier, ce volume, dit le chancelier d'Aguesseau, est si estimé et en effet si estimable, qu'on le regarde comme le *Palladium* de la France, et qu'il y a acquis une sorte d'autorité plus flatteuse pour son auteur que celle des lois mêmes, puisqu'elle n'est fondée que sur le mérite et la perfection de son ouvrage.

Ces maximes ont été réimprimées plusieurs fois avec des commentaires et des pièces justificatives pour servir de preuves. Je me contenterai de citer ici les trois principales éditions des Commentaires et des Preuves, savoir : 1°. le Commentaire de P. Dupuy sur le Traité des Libertés de l'Eglise Gallicane de P. Pithou, nouvelle édition publiée par l'abbé

Lenglet Dufresnoy, Paris, 1715, 2 vol. in-4°.;
2°. Traité des Droits et Libertés de l'Eglise
Gallicane, avec les preuves, nouvelle édition
augmentée du *Songe du Vergier* ( par Charles
de Louviers ), et de plusieurs autres Traités,
du Commentaire de P. Dupuy sur le Traité
de P. Pithou ( avec des notes par Jean-Louis
Brunet ), Paris, 1731, 4 tomes qui se relient
en 3 vol. in-fol.; 3°. les Libertés de l'Eglise
Gallicane, prouvées et commentées suivant
l'ordre et la disposition des articles dressés
par P. Pithou et sur les recueils de P. Dupuy,
par Durand de Maillane, Lyon, 1771, 5 vol.
in-4°. Cette dernière édition contient des
pièces nouvelles et importantes; elle est surtout utile par les concordances et les rapports qu'elle établit entre les anciennes éditions.

## BOSSUET.

L'ouvrage latin de ce grand homme, intitulé, Défense de la Déclaration de l'Assemblée générale du Clergé de France, de 1682,
touchant la puissance ecclésiastique, est le traité le plus profond, le plus exact et le plus théologique qu'on ait jamais fait pour le maintien
des maximes, qui sont le fondement, ou plutôt

la substance et l'essence même de nos libertés. Bossuet s'est appliqué, pendant un très-grand nombre d'années, et jusqu'à sa mort, à le perfectionner. On en trouve une traduction française dans la collection des Œuvres de Bossuet en 20 vol. in-4°., donnée au public en 1743 et années suivantes, par les soins de l'abbé Pérau; mais l'estimable traducteur, M. le Roy, ex-oratorien, a revu depuis cet important travail. Il faut donc se procurer la nouvelle édition qu'il en a publiée en 1774, 2 vol. in-4°. Elle est augmentée d'une dissertation réfutative des quatre tomes in-4°. du cardinal Orsi, contre l'ouvrage de Bossuet.

## DE HÉRICOURT.

Les *Loix Ecclésiastiques de France* dans leur ordre naturel, etc., par Louis de Héricourt, avocat au parlement; Paris, 1719, in-fol., ont été composées dans le goût des lois civiles de Domat : il y a cependant quelque différence, en ce que Domat ne s'est attaché qu'à tirer du droit romain ce qui pouvoit être appliqué à nos usages pour les pays coutumiers et pour les provinces de droit écrit, sans rapporter les dispositions des coutumes et des ordonnances; au lieu que de Héricourt, en rapportant ce qu'il y avoit de conforme à nos usages dans le corps du droit canonique, y a joint les lois ecclésiastiques particulières à la France. Le volume est terminé par une analise des livres du droit canonique, conférés avec les usages de l'Eglise Gallicane.

L'auteur a eu soin de faire remarquer les décisions qui sont contraires aux usages et aux libertés de l'Eglise de France.

La dernière édition de l'ouvrage de M. de Héricourt a été donnée en 1771 par les soins de M. Pinault, autre avocat très-instruit; elle doit être préférée aux anciennes, tant à cause des notes dont elle est enrichie, qu'à cause d'une table des matières très-ample et très-commode.

## CONVENTION ENTRE LE GOUVERNEMENT FRANÇAIS ET LE PAPE PIE VII.

La célèbre convention passée à Paris, le 25 messidor an IX (1801), entre le Pape et le Gouvernement Français, ratifie les libertés de l'Eglise Gallicane, ou au moins elle rappelle en grande partie le fameux concordat passé entre Léon X et François I$^{er}$. Tout Français doit la savoir par cœur. On doit aussi lire avec beaucoup de soin le discours prononcé au Corps Législatif par M. Portalis, lorsqu'il fut chargé de présenter le projet de loi relatif à cette convention. Ces deux pièces ont été recueillies avec les articles organiques de la convention, et ceux qui sont relatifs aux cultes protestans, sous le titre d'*Organisation des Cultes*, Paris, Imprimerie de la République, 1801, in-8°.

Un autre recueil du même titre, imprimé chez Rondonneau, contient outre les pièces ci-dessus, les beaux discours de MM. Siméon et Lucién Bonaparte.

## CHAPITRE VIII.

### THÉOLOGIE, OÙ CULTES RELIGIEUX.

### INTRODUCTION.

#### M. NECKER.

Ceux qui liront l'ouvrage intitulé, de l'*Importance des Opinions religieuses*, Paris, 1787, in-8°., avec le recueillement que le sujet exige, avec cette sincérité qui ouvre l'âme à toutes les impressions du sentiment et de la vérité, trouveront sans doute que l'exécution répond aux espérances qu'ils ont dû concevoir. Ce n'est point ici un simple ouvrage de raisonnemens abstraits et de morale austère; la métaphysique la plus profonde y est revêtue des couleurs et des formes de l'éloquence. La morale y est toujours sensible et fondée sur les penchans les plus naturels et les affections les plus chères du cœur humain. Ce sont les vues de l'esprit le plus fin et le plus pénétrant, animées par un sentiment profond et parées de toutes les richesses d'une imagination forte et brillante.

## § I<sup>er</sup>. RELIGION CHRÉTIENNE. TEXTE ET VERSIONS DE LA BIBLE.

Le fondement de la Bibliothèque d'un Chrétien, c'est la Bible. Il faut donc se procurer quelques éditions originales de cet ouvrage et les plus importantes de ses versions.

Par rapport aux éditions originales de la Bible, c'est-à-dire, à celles qui ont paru en hébreu, il en est qui paroissent mériter une attention particulière : 1°. l'édition de *Joncino*, de 1488, 2 vol. in-fol., attendu que c'est la première édition imprimée de la totalité de la Bible; 2°. la célèbre édition d'Athias, Juif, revue par Everard Vander Hoogt, Amsterdam, 1705, 2 vol. in-8°.; 3°. celle de Charles-François Houbigant, oratorien, Paris, 1753, 4 vol. in-fol. avec des notes et une version latine. La version grecque, dite des *Septante*, fut faite par différens interprètes, tous Juifs. Le Pentateuque, le livre de Job et les Proverbes sont les parties de la traduction les plus estimées. Les principales

cipales éditions sont celle d'Alde, publiée en 1518, 1 vol. in-fol.; celle du Vatican, publiée en 1587; celle de Grabe, publiée à Oxford, en 1707, 4 vol. in-fol., d'après le fameux manuscrit d'Alexandrie, et celle du professeur Breitinger, publiée à Zurich, de 1730 à 1732, 4 vol. in-4°.

Il existe une multitude d'éditions de la version latine, connue sous le nom de Vulgate. Celle de Didot l'aîné, pour l'éducation du Dauphin, me paroît mériter la préférence; elle est en 2 vol. in-4°. ou 8 vol. in-8°., 1785.

Les meilleures traductions de la Bible à l'usage des Catholiques, sont celles de Sacy et du P. de Carrières, prêtre de l'Oratoire, imprimées l'une et l'autre en plusieurs formats; la dernière mérite peut-être la préférence, parce que les petites notes qu'on a insérées dans le texte, dispensent du travail d'un commentaire. Les meilleures éditions sont en 6 vol. in-4°., Paris, 1750, ou en 10 vol. in-12, Toulouse, 1788.

Depuis 1789 jusqu'à ces derniers temps, l'on a publié une très-belle édition de la traduction de Sacy en 12 vol. in-4°. ou in-8°. Elle est enrichie de très-belles figures d'après les dessins de Marillier, Monsiau, etc.

## CALMET, DE VENCE ET RONDET.

Le savant Rondet a été l'éditeur de la S<sup>te</sup>. Bible en latin et en français, avec des notes littérales, critiques et historiques, des préfaces et des dissertations tirées du commentaire de D. Calmet, de l'abbé de Vence et des auteurs les plus célèbres, pour faciliter l'intelligence de l'Ecriture Sainte; nouvelle édition revue, corrigée et augmentée, Avignon, 1767-1773, 17 vol. in-4°. La version latine est la Vulgate. La traduction française, qui est en forme de paraphrase, est celle du P. de Carrières : l'éditeur a fourni un grand nombre de notes et plusieurs dissertations. On trouve donc dans cette collection, la réunion de tout ce que les plus savans interprètes et les plus judicieux critiques ont écrit sur les livres saints. La première édition avoit été commencée en 1748 et finie en 1750. La nouvelle lui est supérieure par la correction du texte et des traductions; elle est d'ailleurs beaucoup plus ample. L'ouvrage est enrichi de cartes dressées par Robert et de figures dont les dessins sont en grande partie du P. Lami.

## MARTIN, OSTERWALD ET LES PASTEURS DE GENÈVE.

Les églises protestantes ont adopté des versions de la Bible différentes de celles que lisent les catholiques. La version dite d'Osterwald jouit parmi elles d'une grande estime; c'est la version de Genève revue et corrigée en 1707 par David Martin, ministre d'Utrecht, retouchée en une infinité d'endroits par Jean-Frédéric Osterwald, pasteur de Neufchâtel, et illustrée de remarques critiques avec les argumens et réflexions, aussi revus et corrigés, Neufchâtel, 1744, 2 vol. in-fol. Cette édition a été faite sous les yeux de M. Osterwald, qui conféra la version commune avec le texte original, la Vulgate, les Septante, et la plupart des meilleures traductions modernes, sans y mêler aucun trait de controverse qui pût rebuter les lecteurs.

On paroît estimer davantage en ce moment la traduction qui a été publiée récemment sous ce titre : la Sainte Bible, ou le Vieux et le Nouveau Testament, traduits en français sur les texes hébreu et grec, par les pasteurs et les professeurs de l'église et de l'académie de Genève; Genève, 1805, 2 vol. in-fol; 1 vol.

pet. in-fol. ou 3 vol. in-8°. Cet ouvrage est le résultat de quatre-vingts années d'un travail continu. On nomme parmi ceux qui y ont principalement contribué, David Claparède pour la révision du livre des Psaumes et de ceux des Prophètes; Théodore le Clerc; neveu et élève de Jean le Clerc, auteur d'une traduction estimée du livre des Psaumes; MM. Maurice, père et fils; François de Roches; Jacob Vernet, qui a travaillé surtout à la Genèse et aux Epîtres de Saint Paul; feu M. Senebier a donné ses soins aux livres apocryphes : feu M. Martin est auteur de la préface et de beaucoup de corrections.

Un laïc, fort savant dans les langues orientales, M. de Salgaz, a aussi concouru utilement à cette grande entreprise. Le pasteur Beaumont, frère du jurisconsulte Etienne Beaumont, a revu tout l'ouvrage sous le rapport du style; cette partie est encore loin de la perfection que l'on devoit attendre de l'époque où cette version a paru. On doit dire cependant qu'elle éclaircit et rectifie en nombre d'endroits le sens des livres sacrés qui étoit resté obscur, ou qui avoit été mal interprété par les précédens traducteurs; ainsi elle peut fournir la solution de plusieurs difficultés.

# PHILOLOGIE SACRÉE.
## LE P. LE LONG ET CHARLES BUTLER.

On eût sans doute été étonné de me voir conseiller à un homme de goût l'acquisition des ouvrages volumineux connus sous le nom de Bibles Polyglottes, c'est-à-dire, de Bibles imprimées en plusieurs langues et composées de six ou huit volumes in-folio.

Je ne puis cependant me refuser au plaisir d'indiquer deux ouvrages qui donnent une idée suffisante de ces importantes collections ; le premier est intitulé : Discours historique sur les principales éditions des Bibles Polyglottes, par l'auteur de la *Bibliothèque Sacrée*, c'est-à-dire, par le célèbre P. le Long, de l'Oratoire, Paris, 1713, in-12. On y voit la part que des savans consommés dans l'étude des langues orientales ont eue à ces importans travaux, et la protection dont ces vastes entreprises ont été honorées par les cardinaux Ximenès et de Richelieu, par le roi d'Espagne Philippe II, par le clergé de France, etc. Le second ouvrage du même genre a pour titre : *Horæ Biblicæ*, ou Recherches Littéraires sur la Bible, sur le texte original, ses éditions et ses traductions les plus anciennes et les plus curieuses, ouvrage traduit de l'anglais de Charles Butler, par le laborieux M. Boulard, ancien notaire, Paris, 1810, in-8°. Deux savans très-recommandables ont communiqué au traducteur des notes qui redressent plusieurs inexactitudes échappées à l'auteur anglais.

M. Charles Butler est neveu d'Alban Butler, prêtre catholique, qui vécut long-temps en France, et à qui nous devons les Vies des Pères, des Martyrs et autres Saints, que l'abbé Godescard a traduites en français et qui sont fort estimées. Les *Horœ Biblicœ* parurent à Oxfort en 1799.

## DOM CALMET, BARRAL ET CHOMPRÉ.

Le *Dictionnaire de la Bible*, du P. Calmet, bénédictin, en 4 vol. in-fol. de l'édition de Paris, 1730, ou en 6 vol. in-8°. de l'édition de Nismes, 1783, est un livre aussi curieux qu'instructif. Il y a aussi un Dictionnaire portatif de la Bible ; c'est celui de l'abbé Barral, Paris, Musier, 1758, 2 vol. in-8°. L'auteur s'est plus attaché à abréger MM. Duguet et Mezangui, qu'à dépouiller les savans articles de Dom Calmet. Son ouvrage est pourtant utile dans son genre, et paroît fait avec soin.

Parmi les ouvrage utiles publiés par Chompré, on compte un *Dictionnaire abrégé de la Bible*, dont M. Petitot a donné une nouvelle édition très-augmentée, en 1807, un vol. in-8°. et in-12. Les additions de M. Petitot sont relatives aux mœurs des Hébreux, à leur législation, à leur littérature, à leurs usages, aux différentes sectes nées parmi eux.

## L'ABBÉ GUÉNÉE.

Les *Lettres de quelques Juifs Portugais, Allemands et Polonais*, à M. de Voltaire, par l'abbé Guénée, 3 vol. in-8°. et in-12, 1805, sont aussi instructives, aussi amusantes, que pouvoit le comporter la matière qu'on y traite, non-seulement par une discussion sage et lumineuse, quelquefois même par la bonne plaisanterie. Quoique Voltaire les ait qualifiées d'ouvrage hardi, malhonnête, bon seulement pour des critiques sans goût; quoiqu'il ait traité l'auteur d'ignorant, d'imbécile, d'emporté, etc., il paroît cependant que le public, qui ne s'en rapporte pas toujours à Voltaire sur le mérite de ses critiques, n'en continue pas moins d'accueillir favorablement le travail des Juifs Portugais. Six éditions, rapidement enlevées, sont la preuve d'un succès constant et durable. Ce succès, d'ailleurs, est très-mérité ; car il n'est pas possible de relever avec plus de justesse et de solidité, les erreurs en tout genre dans lesquelles est tombé Voltaire, dans l'examen qu'il a fait des livres saints, ni de répondre d'une manière plus tranchante et plus décisive aux inculpations calomnieuses dont cet écrivain ne cesse d'accabler le peuple Juif.

## LE P. DE LIGNY.

Il nous manquoit une Vie de Jésus-Christ, où la gravité fût réunie à l'élégance, la noblesse à la simplicité, où la paraphrase ne nuisît point à l'admirable concision de nos divins originaux, et où rien de ce qui peut tenir à l'afféterie moderne ne contrastât avec ce génie antique dont ils sont un des plus parfaits modèles ; or, tel est l'ouvrage du P. de Ligny, ex-jésuite, intitulé : Histoire de la Vie de Jésus-Christ, Avignon, 1774, trois petits volumes in-8°. En laissant le texte dans toute son intégrité, il a dû y mêler des réflexions courtes qui, ménagées à propos, aident parfaitement à la lettre sans la dénaturer, et facilitent cette conviction historique
résultante

résultante de l'ordre de la narration et de la liaison des objets.

On a publié, en 1805, une nouvelle édition de cet ouvrage en deux volumes in-4°.; elle est enrichie des plus beaux chefs-d'œuvres du burin et de la peinture.

## CONCILES.

Quand on n'est pas obligé par état, ou par un goût particulier, d'étudier les grandes collections des Conciles, publiées par les Pères Labbe et Cossart, ou par le P. Hardouin, l'on peut se contenter du Dictionnaire portatif des Conciles, par l'estimable M. Alletz, Paris, 1758, in-8°.

## SAINTS PÈRES.

J'ai fait suffisamment connoître dans le tome 2°. de cet ouvrage, pag. 431 et suiv., les principaux ouvrages des pères des églises grecque et latine ; j'ai aussi indiqué les meilleures traductions qui en existent.

## THÉOLOGIENS.

### BERGIER.

Le Dictionnaire de Théologie fourni par l'abbé Bergier à l'éditeur de l'Encyclopédie méthodique, est un des meilleurs ouvrages de ce genre. L'abbé de Feller l'a fait réimprimer à Liége, en 1789 et ann. suiv., en 8 vol. in-8°.; il y a inséré beaucoup d'articles des autres dictionnaires auxquels renvoyoit l'abbé Bergier, ce qui rend cette édition d'un usage très-commode.

Le Dictionnaire de l'abbé Bergier embrasse trois parties, savoir : la théologie dogmatique, la critique sacrée, et l'histoire ecclésiastique ; c'est donc une espèce d'encyclopédie théologique. On ne trouve pas la même justesse dans des articles très-importans : par exemple, il discute d'une manière fort obscure et fort inexacte la question du *sacrement de mariage*, tandis qu'au mot *usure*, il a la sagesse de convenir, que comme cette question tient au droit naturel et à la politique, aussi-bien qu'à la théologie morale, et qu'il n'est pas possible de séparer les argumens théologiques, pour ou contre, d'avec les autres, nous devons laisser à ceux qui sont chargés de cette partie le soin de l'éclaircir.

## LE PÈRE POUGET.

A côté de la Bible, il faut un bon catéchisme. Je n'en connois pas de meilleur, de plus exact, de mieux fait, de plus savant que celui de Montpellier. Le Père Pouget, qui le composa par l'ordre de M. Colbert, évêque de cette ville, étoit un homme du premier mérite.

Ce Catéchisme existe aussi en latin, Paris, 1725, 2 vol. in-fol., ou Nismes, 1766, 6 vol. in-4°.; mais on trouve dans ces éditions tous les passages de l'Ecriture-Sainte, tous les témoignages des SS. Pères, des auteurs ecclésiastiques anciens et modernes qui servent de preuves aux vérités qu'on veut établir; ces autorités, citées en forme de notes dans une juste étendue, fournissent une source abondante de lumières et de secours à tous ceux qui désirent approfondir l'histoire de l'Eglise et les mystères de la religion.

On trouve des détails très-curieux dans les *Lettres* importantes sur les différentes éditions du Catéchisme de Montpellier, 1765, in-12 : l'auteur est l'abbé Ricourt, curé de Saint-Cyr, diocèse de Rouen.

## MEZANGUI.

L'*Exposition de la Doctrine Chrétienne*, par Mezangui, ne doit pas être séparée du Catéchisme de Montpellier; avec ces deux livres, on aura tout ce qu'il faut pour s'instruire solidement. Ils sont pleins de lumière et de sagesse. Il faut choisir, pour l'un et pour l'autre, l'édition in-4°.

## LE PÈRE BOUGEANT.

Les jésuites, croyant devoir opposer à certains sentimens répandus dans les deux ouvrages précédens, d'autres sentimens, conformes à d'autres principes, ont fait faire, par le Père Bougeant, une autre *Exposition de la Doctrine Chrétienne, par demandes et par réponses*, 4 vol. in-12, 1746. On sent que l'auteur a profité du travail de ses prédécesseurs, et a évité leurs défauts. Il s'est surtout appliqué à s'exprimer avec la justesse et la précision la plus exacte ; et l'on y trouve de l'ordre, de la clarté et de la netteté. Le Père Bougeant s'étant uniquement proposé de faire un ouvrage utile à la religion, il a plus ou moins éclairci, étendu ou resserré les matières, selon qu'il les a jugées plus ou moins intéressantes.

## PASCAL.

Les efforts des incrédules contre la religion ayant redoublé dans le dix-huitième siècle, il faut se prémunir de bonne heure ;

mais il ne faut pas trop entasser d'écrits en ce genre, comme dans les autres; il vaut mieux se borner à quelques bons livres, les lire et les relire.

Les *Pensées de Pascal* offrent le germe de tout ce qu'on peut dire pour ou contre la religion. Ce petit recueil, dit l'abbé Trublet, est un gros volume pour les lecteurs intelligens.

Pour avoir une bonne édition des *Pensées de Pascal*, il faut se procurer les Œuvres de ce grand homme, publiées avec beaucoup de soin par M. l'abbé Bossut, en 1779, 5 vol. in-8°. On ne peut nier que dans l'édition donnée en 1776 par Condorcet, deux ou trois passages, bien courts, il est vrai, mais assez importans, ne se trouvent imprimés d'une manière qui n'est pas d'accord avec les manuscrits, ni avec les éditions antérieures. M. Renouard a fait mention de ces différences dans la jolie édition qu'il a publiée en 1803, 2 vol. in-18, avec l'excellent Discours sur la vie et les ouvrages de Pascal par M. l'abbé Bossut, et une table des matières très-détaillée. L'édition de Condorcet forme 1 vol. in-8°., ou 2 vol. in-18, avec les notes de Voltaire.

## ABBADIE.

Le *Traité de la Vérité de la Religion Chrétienne* par Abbadie, en 3 vol. in-12, est l'ouvrage le plus fortement pensé et le plus solidement écrit que nous ayions sur cette matière.

## LES ABBÉS FRANÇOIS ET BERGIER.

Parmi les apologistes modernes de la religion, on distingue MM. François et Bergier. Il seroit seulement à souhaiter que le premier fût moins diffus, et le second plus profond. Le meilleur écrit du dernier, est son Traité Historique et Dogmatique de la vraie Religion, Paris, 1780, 12 vol. in-12. Ce livre ne mérite que très-rarement le reproche que nous faisons à son auteur; il y a fondu tout ce qu'il avoit publié précédemment. On y trouve la réfutation des ouvrages *philosophiques* qui ont fait le plus de bruit. J'ai fait connoître ces ouvrages dans mon Dictionnaire des Anonymes et Pseudonymes ; *voyez* dans la Table les mots : Bordes, Boulanger, Clootz, Collins, Burigny, d'Holbach, Helvétius, Diderot, Frédéric II, Freret, de la Serre, du Marsais, Mirabaud, Naigeon, Voltaire, la Mettrie, Toland;

Hobbes, Radicati, etc., etc. On peut regarder comme un des premiers ouvrages philosophiques, le Traité de la Raison humaine, traduit de l'anglais de Martin Clifford, mort en 1677. J'ai mal à propos indiqué cet auteur dans ma *Table*, sous le nom de Buckhingam : la vérité est qu'il a seulement eu part à la comédie du duc de Buckhingam, intitulée : *The Rehearsal*, la Répétition. *Voyez* le n°. 6984 de mon Dictionnaire, aux *corrections*, tome I, page 520.

Les écrits de M. François sont les *Preuves de la Religion de Jésus-Christ*, en quatre volumes in-12; la *Défense de la Religion*, en quatre volumes in-12; l'*Examen des faits qui servent de fondement à la Religion Chrétienne*, en trois volumes in-12; et ses *Observations sur le Dictionnaire Philosophique et la Philosophie de l'Histoire*, en deux volumes in-8°.

## M. L'ABBÉ GÉRARD.

Pourrois-je me dispenser de conseiller la lecture d'un phénomène littéraire, d'une espèce de prodige dans l'ordre moral ? je veux parler du *Comte de Valmont*, ou des *Egaremens de la Raison*. On vient de faire paroître la douzième édition de ce livre, imprimé, pour la première fois, en 1774. Mais quel est donc ce livre si connu et si recherché? C'est un livre qui respire la vertu et les bonnes mœurs : il a été conçu par un citoyen paisible et ignoré, écrit dans le silence et publié sans recommandation. Comme l'auteur a réussi au delà de ses espérances, il faut que cette production ait un mérite intrinsèque tout particulier. M. l'abbé Gérard a donné à son ouvrage la forme épistolaire. Chacune des Lettres qui composent les différens volumes, est accompagnée de notes marginales ou renvoyées à la fin : les unes développent et confirment les choses de raisonnement ; les autres offrent des traits d'histoire et des anecdotes qui soutiennent et qui piquent la curiosité : la plupart présentent des autorités tirées presque toutes des maximes les plus sages de nos philosophes modernes, qu'on oppose souvent entre eux avec adresse, et contre lesquels on fait à chaque instant usage de leurs propres armes. En général, le livre de M. l'abbé Gérard est très-bien conçu, très-bien pensé et très-bien écrit.

La dernière édition a été augmentée par l'auteur d'un sixième volume qui, sous le titre
de

de *Théorie du Bonheur*, offre des réflexions sur les principaux points de morale, et la manière de se conduire dans les circonstances les plus importantes de la vie.

## M. L'ABBÉ BARRUEL.

On peut comparer les *Helviennes*, ou *Lettres Provinciales philosophiques*, avec les *Egaremens de la Raison*. On voit dans les Egaremens de la Raison, un père tendre qui, par les lumières de la raison et de la religion, rappelle à la vertu et au bonheur un jeune homme égaré par la philosophie ; on voit une épouse sensible et fidèle, qui retrace dans sa conduite ce que la vertu a de plus aimable et de plus attrayant ; mille tableaux divers nous montrent le vrai disciple de la raison et de la religion, à la cour, à la ville, dans la prospérité, dans l'adversité, dans toutes les situations de la vie, toujours soutenu par ses principes, toujours supérieur à ce qui l'environne.

Dans les *Lettres Helviennes*, la scène n'est pas, à beaucoup près, aussi intéressante ; les situations ne sont pas si tragiques : c'est une espèce de comédie moins piquante que celle de M. Palissot. Une baronne provinciale, éprise du mérite sublime de nos sages, aspire à partager l'honneur d'être aussi philosophe : un chevalier provincial, mais élevé dans la capitale, et se prétendant initié aux mystères des philosophes, s'empresse de les dévoiler à la fervente baronne; enfin, un autre provincial, mais homme sensé et observateur judicieux, confirme, par les raisons les plus fortes et les plus solides, les variations et les sottises de toute espèce que le prétendu philosophe débite avec emphase à son écolière; de là une ironie assez fine et des effets comiques assez saillans. La troisième édition des *Helviennes* a paru en 1785, 5 vol. in-12.

## JENNINGS.

M. Jennings publia pour la première fois, à Londres, en 1774, son judicieux ouvrage, intitulé : *de l'Evidence de la Religion Chrétienne.* Le Tourneur en donna une traduction française à Paris, en 1779 : elle eut du succès; mais l'ex-jésuite de Feller l'ayant jugée très-imparfaite, la fit réimprimer à Liége, avec des notes, où plusieurs réflexions de l'auteur sont développées et confirmées, et d'autres présentées sous un point de vue qui doit les mettre à l'abri de la critique. M. de Sainte-

Croix a fait réimprimer à Paris, en 1807, la traduction de le Tourneur, avec quelques corrections dans le style. Il y a joint des pièces qui ont à peu près le même but que l'ouvrage de Jennings, entr'autres des pensées sur la Providence, qui sont dignes des autres ouvrages du savant académicien.

## M. DUVOISIN.

Ce savant prélat a publié, en 1805, la quatrième édition de sa *Démonstration Evangélique*. Nous avions déjà plusieurs ouvrages de ce genre, et entr'autres la *Démonstration Evangélique* d'Eusèbe, celle du célèbre Huet, et la *Religion Chrétienne prouvée par les faits*, de l'abbé Houtteville. Le premier, dirigé contre les païens des premiers siècles, est moins propre à convaincre les païens de nos jours ; le second est plus fait pour contenter les érudits que le commun des lecteurs ; le troisième n'a pas épuisé sa matière, et ne s'est pas toujours renfermé dans son sujet. Celui que nous annonçons a l'extrême mérite de réunir en un seul volume et de présenter avec ordre, clarté et précision, ce qui se trouve à part dans un grand nombre de livres, peu connus des gens du monde. Plus correct, il est vrai, que nerveux, l'auteur semble oublier quelquefois que la force du style ajoute singulièrement à celle des preuves, et qu'elle n'est pas moins un secret de l'art de raisonner que de celui d'écrire. Mais si la foiblesse est quelquefois dans les mots, elle n'est jamais dans les choses, et ne nuit point à la marche noble et ferme des développemens.

M. l'évêque de Nantes a mis à la suite de cette nouvelle édition, un *Essai sur la Tolérance*, où il s'est proposé de faire voir que l'intolérance *religieuse*, dont l'église catholique fait profession, n'est point incompatible avec la tolérance civile, telle que la prescrit une sage politique.

## M. DE LA LUZERNE.

M. l'ancien évêque de Langres fit paroître, en 1786, une Instruction pastorale sur l'excellence de la religion : on en vit paroître en 1805, une nouvelle édition en un vol. in-12, avec d'autant plus de plaisir, qu'elle peut faire corps avec une autre *Instruction* du savant auteur sur la *Révélation*, publiée en 1801, un vol. in-12. C'est dans l'une et l'autre la même sagesse de principes, la même profondeur de raisonnemens, et l'écrivain s'y montre toujours au niveau de son sujet, c'est-à-dire, qu'il y est toujours grand et simple, touchant et élevé.

## M. DE CHATEAUBRIAND.

Peu d'ouvrages ont eu un plus billant succès et ont fait une plus grande sensation que le *Génie du Christianisme*. Cependant plusieurs personnes religieuses se sont effarouchées de la manière trop humaine dont l'auteur a présenté la religion chrétienne; elles ont craint que son auguste majesté n'en fût blessée, que l'autorité de ses preuves essentielles n'en fût affoiblie, et que son véritable *esprit*, bien supérieur à son *génie*, ne disparût devant ses *beautés*. Nous leur avons entendu dire que l'Evangile n'est nullement une poétique; qu'on ne fait point un cours de religion comme un cours de littérature; qu'il faut apprécier le christianisme par ses effets divins, et non par ses effets dramatiques; qu'il prend sa source de plus haut; qu'on doit juger de sa beauté, non par la sensibilité et l'imagination, mais par la sublimité de sa morale, et la véritable profondeur de ses dogmes; que vu sous ce dernier rapport, il n'a point de *génie*; et que ce mot profane paroît le dégrader en l'assimilant de trop près à un don purement naturel, ou à une passion purement mondaine.

On a beaucoup critiqué le style, le plan et la contexture de cet ouvrage; et on ne peut nier qu'il n'ait donné à cet égard beaucoup de prise à la censure; qu'il eût pu être mieux fondu, et que plus resserré, il n'en eût été que plus fort; qu'on y rencontre trop souvent des pensées inexactes, des expressions aventurées, des endroits mêmes que le goût désavoue : on peut encore reprocher à l'auteur de n'avoir pas toujours mis dans ses discussions toute la gravité que demandoit l'importance de son sujet, et de manquer quelquefois, en parlant des mystères, non-seulement de précision, maismême de dignité.

Les plus belles éditions du *Génie du Christianisme* sont celles de Paris, 1796, 4 vol. in-8°.; Lyon, 1809, 5 vol. in-8°., ou 1810, 9 vol. in-18.

## ÉDOUARD RYAN.

M. Boulard, ancien notaire, a traduit de l'anglais, en 1807, l'ouvrage intitulé : les Bienfaits de la Religion Chrétienne, ou Histoire des Effets de la Religion sur le Genre

Humain, chez les Peuples anciens et modernes, barbares et civilisés, 2 vol. in-8°. L'auteur anglais est Edouard Ryan, vicaire de Donoghmore. Cet ouvrage est le fruit d'une lecture immense, approfondie, choisie, et distribuée avec beaucoup d'ordre. La lecture en est aussi attachante qu'utile; il peut même faire beaucoup plus de bien à la religion que les réfutations des incrédules, par des théologiens plus pieux qu'éclairés.

## L'ABBÉ LE MASSON DES GRANGES.

Le philosophe incrédule ne reconnoît point d'autre tribunal que celui de la raison : sans cesse il y cite la religion chrétienne. L'abbé le Masson des Granges a plaidé devant ce tribunal la cause du christianisme. Il y présente les principes, les maximes et les conséquences de ce culte divin : il requiert qu'on les mette en parallèle avec les principes, les maximes et les conséquences de l'incrédulité philosophique. Il demande qu'on juge des principes par leur crédibilité, des maximes par leur honnêteté, des conséquences par leur sûreté. Ces trois articles forment la division naturelle du livre intitulé : le Philosophe Moderne, ou l'Incrédule condamné au Tribunal de la Raison, Paris, 1759, in-12, réimprimé en 1765 avec beaucoup d'augmentations.

L'auteur étoit prêtre et jésuite ; il est mort en 1760, âgé de soixante ans environ. Il avoit obtenu de Rome un bref de translation dans un autre ordre ; mais lorsqu'il mourut, ce bref n'avoit point encore été exécuté.

## THOMAS A KEMPIS.

Ce n'est pas assez de connoître les preuves de sa religion ; il faut s'animer à en pratiquer les devoirs : rien n'y contribue plus que la lecture des livres de piété. Nous en avons un grand nombre, et l'on se perd dans cette foule : le premier de tous est l'*Imitation de Jésus-Christ*, le plus bel ouvrage qui soit sorti de la main des hommes, dit Fontenelle, et certainement le plus propre à calmer les troubles du cœur et les inquiétudes de l'esprit.

L'édition la plus recherchée de cet ouvrage, est celle de Leyde, chez les Elzeviers, sans date. M. Adry conjecture, avec assez de certitude, qu'elle a dû paroître vers l'année 1655.

On trouve quelquefois les frontispices de cette édition, ou de l'édition de 1658, joints à des éditions d'une date moins ancienne, par exemple, à celle d'Amsterdam, 1679. Les éditions postérieures, dans la neuvième ligne de l'épître dédicatoire, présentent cette faute : *ausi sumus vobis Thomas à Kempis* ( au lieu de *Thomam à Kempis* ) *redonare.*

L'édition publiée en 1787, chez Barbou, par les soins de Beauzée, est estimée pour la correction du texte. On ne peut décerner le même éloge aux éditions sorties des mêmes presses d'après la révision de l'abbé Valart, en 1764 et en 1773. Cet éditeur a fait au texte une multitude de changemens qui n'ont pas obtenu le suffrage des personnes pieuses. Il faut même examiner avec soin les exemplaires qui portent le nom de Beauzée au frontispice ; car souvent ils sont suivis du mauvais texte de l'abbé Valart ; dans ces cas, le papier du titre diffère sensiblement de celui de l'ouvrage. D'ailleurs, Beauzée termine sa préface par cette maxime de l'auteur de l'Imitation : *ne quæras quis hoc dixerit, sed quid dicatur, attende.* L'abbé Valart finit la sienne par ces mots de Cicéron : *Fruere hocce non ita magno, sed aureolo et ad-verbum ediscendo libello.*

Le célèbre P. Desbillons a publié à Manheim, en 1780, in-8°., une édition estimée de l'*Imitation*; elle est enrichie d'une savante préface, dans laquelle l'estimable éditeur prouve, jusqu'à l'évidence, que Thomas à Kempis est le véritable auteur de l'*Imitation*. L'abbé Valart l'attribuoit à un bénédictin nommé Jean Gersen, abbé de Verceil; il a été solidement réfuté par l'abbé de Gery, par l'abbé Ghesquière et par le père Desbillons. Son opinion a cependant encore quelques partisans en Italie et même en France.

Les traductions françaises de l'*Imitation* les plus estimées, sont: 1°. celle que Sacy publia sous le nom du sieur de Beuil, Paris, 1663, in-8°., avec figures; 2°. celle de Beauzée, Paris, Barbou, 1788, in-12, avec figures; 3°. celle du jésuite Gonnelieu, qui est la plus répandue aujourd'hui.

J'ai fait connoître d'autres traducteurs dans mon Dictionnaire des Anonymes. *Voy*. le mot *Kempis*, à la table.

## LE P. SAINT-JURE ET M. DE SAINT-PARD.

Quand on lit avec attention les ouvrages du P. Saint-Jure, on est étonné de l'étendue de ses connoissances. A celles des langues savantes et des auteurs profanes, il joignoit une science parfaite de l'Ecriture-Sainte et des auteurs ecclésiastiques. Pour peu qu'on fasse réflexion sur les seuls titres des ouvrages de cet écrivain, il est aisé de reconnoître qu'aimer et faire aimer J.-C., fut sa passion dominante ; les plus connus sont : 1°. le *Livre des Elus*, ou Jésus crucifié, revu et corrigé par M. l'abbé *** ( de Saint-Pard, aujourd'hui chanoine honoraire de l'église de Notre-Dame), Paris, 1760, in-12; 2°. de la Connoissance et de l'Amour de J.-C., revu et corrigé par le même, Paris, 1772, in-12.

Le P. Saint-Jure avoit chargé ses ouvrages de beaucoup de citations, même des Pères Grecs. M. l'abbé de Saint-Pard n'a présenté que la quintessence de ses pensées : il n'a fait que 2 vol. in-12 pour 2 vol. in-folio. Cet abréviateur doit être un homme de beaucoup d'esprit.

## NICOLE.

Le dix-septième siècle a produit un très-grand nombre d'écrivains ascétiques ; nous en avons eu aussi beaucoup dans le dix-huitième qui méritent d'être distingués.

Nicole est non-seulement propre aux philosophes; il est encore très-utile aux chrétiens qui veulent faire des progrès dans la vertu. Son style est froid, mais ses raisonnemens sont profonds; et il tire d'un sujet toutes les réflexions qu'il fournit. *Voyez* la page 244 de ce volume.

## DUGUET.

Duguet est plus ingénieux que Nicole; il est solide; il est touchant : on voudroit seulement que ses phrases fussent moins coupées, et que son esprit ne roulât pas sans cesse sur les mêmes réflexions. Il y a plus de tours que de pensées. *Voyez* la page 231.

## FÉNÉLON.

Les *Œuvres spirituelles de Fénélon* sont le fruit d'une belle âme et d'un cœur sensible, qui aime et qui fait aimer la vertu; mais il y a une petite teinture de quiétisme, qui pourroit produire de mauvais effets sur les esprits foibles.

M. l'abbé Jauffret, aujourd'hui évêque de Metz, a publié chez le libraire Leclere les Œuvres spirituelles (choisies) de Fénélon, 1802, 4 vol. in-12. Il avoit déjà fait paroître, en 1798, chez le même libraire, les Œuvres choisies de Fénélon, 6 vol. in-12. On pourroit encore ajouter un volume à ces deux recueils, et alors on pourroit se dispenser d'acquérir la collection des Œuvres de Fénélon, imprimée par Didot l'aîné depuis 1787 jusqu'en 1792, 9 vol. in-4°. : elle n'est pas terminée. Le projet de cette belle entreprise est dû au respectable abbé de Fénélon, condamné à mort par un tribunal de sang, en 1794. La direction en fut confiée à l'ex-jésuite Querbœuf. On doit à cet éditeur la vie très-détaillée de Fénélon, qui forme le premier volume de la collection. L'illustre archevêque de Cambrai a trouvé dans M. de Bausset, ancien évêque d'Alais, un historien bien plus digne de lui.

## BOSSUET.

Quoique les ouvrages de spiritualité de Bossuet manquent d'onction, on les lit avec fruit, parce qu'ils sont pleins d'idées élevées, et que la religion y est toujours peinte en grand.

C'est ici le lieu d'indiquer les Œuvres choisies de Bossuet, publiées à Nismes, par M. l'abbé de Sauvigny, depuis 1784 jusqu'en 1790, 10 vol. in-8°.

Les personnes qui voudroient étudier tous les ouvrages de ce grand homme, trouveront de quoi se contenter dans la collection des Œuvres de Bossuet, publiée par les soins de l'abbé Pérau et de M. le Roy, ex-oratorien, depuis 1743 jusqu'en 1753, 20 vol. in-4°.

Dom Deforis, bénédictin, entreprit une édition plus complète des Œuvres du savant évêque de Meaux. Il en publia 18 volumes depuis 1772 jusqu'en 1789. On ne trouve, pour ainsi dire, dans cette collection que les sermons et les lettres spirituelles de l'illustre auteur. Les libraires y joignent quelquefois la Défense de la Déclaration du Clergé, traduite par M. le Roy, de l'édition de 1774, en 2 vol. Il faut donc bien prendre garde de confondre ces vingt nouveaux volumes avec les vingt précédens; ils les complètent, mais ils ne les remplacent pas. Si la révolution n'eut pas arrêté le zèle de Dom Deforis, il avait encore à publier dix-neuf volumes environ, en y comprenant les tables.

## LE TOURNEUX, CROISET.

Voilà, ce me semble, les auteurs qui doivent suffire à un laïque, à moins qu'il ne voulût avoir un cours de morale pour toute l'année ; et alors il faudroit une *Année Chrétienne*. Quelques lecteurs donnent la préférence à celle de le Tourneux, en 13 volumes in-12, ou à son Abrégé en six tomes. D'autres conseillent celle du Père Croiset, en 18 volumes ; elle n'a pas passé avec les jésuites et une partie de leurs livres. Ils en ont produit d'excellens qui leur survivent.

## LE P. GRIFFET.

C'est ce que l'on peut dire de l'*Année du Chrétien*, par le P. Griffet, Paris, 1747, 18 vol. in-12.

## M. L'ABBÉ DUQUESNE.

L'*Evangile médité*, de M. l'abbé Duquesne, dont la sixième édition a paru en 1801, 8 vol. in-12, doit être entre les mains de tous les ouvriers évangéliques ; des principes sûrs, des pensées édifiantes, une morale exacte, également éloignée du relâchement et du rigorisme, telles sont les qualités qui distinguent cet ouvrage et qui justifient l'estime qu'il a généralement obtenue : aussi à peine eut-il paru que l'on demanda à l'auteur des Méditations dans la même forme sur toute la suite du Nouveau Testament. Celles-ci ont paru en 1791, sous le titre de l'Année Apostolique, ou Méditations pour tous les jours de l'année, tirées des Actes et des Epîtres des Apôtres et de l'Apocalypse de Saint Jean; la dernière édition est en 8 vol. in-12. Cet ouvrage, digne du précédent, ne laisse rien à désirer du côté de la solidité et de l'édification.

Le P. Giraudeau, jésuite, a eu une grande part à l'Evangile médité.

## SCRIVER, STURM ET M. COUSIN-DESPRÉAUX.

Le pieux Scriver (Christian), mort en 1693, publia en allemand des *Méditations occasionnelles* sur les ouvrages de l'art et de la nature. Cette production est préférable à beaucoup de livres de dévotion modernes, dénués de sentiment et surtout de précision. Elle a inspiré à C. C. Sturm l'envie d'en composer un qui lui ressemblât; c'est ce qu'il a heureusement exécuté par la publication de ses Considérations sur les Œuvres de Dieu dans le Règne de la Nature et de la Providence pour tous les jours de l'année, traduites en français à la Haye, en 1777, 3 vol., et souvent

souvent réimprimées. On attribue cette traduction à la veuve de Frédéric II, roi de Prusse. Sturm a mis à profit, pour la composition de cet ouvrage, les écrits de Buffon, de Derham, de Pluche, de Nieuwentyt, de Sulzer, de Bonnet, etc., etc. Quelqu'estimable que soit l'ouvrage de Sturm, M. Cousin-Despréaux a cru qu'on pouvoit le rendre encore plus intéressant sous le rapport de la méthode, du style et des découvertes modernes dans les sciences : il l'a reproduit sous le titre de Leçons de la Nature, ou l'Histoire Naturelle, la Physique et la Chimie présentées à l'esprit et au cœur, Paris, veuve Nyon, 1806, 4 vol. in-12. Cette édition est la seconde. Cet ouvrage est aussi agréable qu'instructif.

## SERMONNAIRES.

Voyez dans le tom. II, pag. 444 et suiv., la notice des plus célèbres prédicateurs, et dans le tome III, page 102 et suiv., celle des meilleurs Traités sur l'éloquence de la chaire. M. le Cardinal Maury vient de publier, en 2 vol. in-8°., la troisième édition de ses *Discours choisis.*

## § II. RELIGION DES GRECS, DES ROMAINS, DES GAULOIS, DES CHINOIS, DES INDIENS, etc.

### APOLLODORE.

M. Clavier, membre de la Cour de Justice criminelle séante à Paris, a publié, en 1805, la Bibliothèque d'Apollodore l'Athénien, traduction nouvelle, avec le texte revu et corrigé, des notes et une table analitique, 2 vol. in-8°. On croit assez généralement que cet ouvrage n'est qu'un abrégé de plusieurs productions d'Apollodore, telles que son Traité sur les Dieux, son Commentaire sur le Catalogue des Vaisseaux, et sa Chronique. L'ouvrage de M. Clavier sera d'une grande utilité à ceux qui aiment les recherches mythologiques. Il ne peut avoir été composé que par un homme qui possède parfaitement la langue grecque, qui connoît l'antiquité et qui est maître de son sujet.

### FEU M. DUPUIS.

Dans la préface de son Dictionnaire de la Fable, M. Noël convient que l'auteur de l'*Origine des Cultes*, Paris, 1795, 3 vol. in-4°.

ou 12 vol. in-8°., avec un atlas, est celui qui a porté le plus grand jour dans les antiques et mystérieuses ténèbres de la mythologie ; si quelqu'un, ajoute-t-il, peut se flatter d'avoir entièrement levé le voile, c'est assurément celui qui a su chercher et trouver dans l'Empyrée la clef de tout le système mythologique. Les personnes qu'effrayeroit la grosseur de cet ouvrage, en prendront une juste idée dans l'Abrégé que l'auteur lui-même en a donné, Paris, 1801, 1 vol. in-8°.

## M. L'ABBÉ SABATIER.

Cet auteur a fait paroître, en 1784, *les Siècles Païens*, ou Dictionnaire Mythologique, Héroïque, Politique, Littéraire et Géographique de l'Antiquité Païenne, etc., etc., 9 vol. in-12. On ne doit pas s'attendre à trouver dans *les Siècles Païens*, cet intérêt, ce piquant qui a fait la fortune des *Trois Siècles* : c'est bien le même auteur, mais la matière n'est plus la même, il s'en faut de beaucoup. L'auteur relève avec affectation un grand nombre de fautes échappées à ses devanciers. Quoique cet auteur soit plus exact que les autres mythologistes, cela ne lui donnait pas droit de les traiter avec si peu de ménagement.

## CHOMPRÉ ET M. MILLIN.

Le *Dictionnaire abrégé de la Fable*, par Chompré, est un ouvrage très-utile; rien de plus ordinaire que le besoin de se rappeler un trait de la Fable qui ne revient pas d'abord à la mémoire : on est aidé sur-le-champ par ce Dictionnaire. On y remarquoit depuis long-temps de nombreuses omissions; M. Millin les a réparées dans l'édition qu'il en a donnée en 1801, 2 parties in-8°.

## M. NOËL.

Le Dictionnaire de Mythologie, par M. Noël, est, pour ainsi dire, une histoire rangée par ordre alphabétique des religions de tous les peuples, et particulièrement des nations modernes. *Voyez* ce que j'en ait dit tome III, page 228.

## L'ABBÉ DE TRESSAN.

Cet auteur, dans sa *Mythologie comparée avec l'Histoire*, Paris, 1802, 2 vol. in-8°. et 2 vol. in-12, paroit avoir senti les difficultés qu'il avoit à vaincre ; et sans prétendre établir un nouveau système, il se borne à choisir parmi les travaux de ses prédécesseurs, ce qui lui paroît le mieux s'accorder avec les lumières de la raison, et s'appuyer sur les meilleurs raisonnemens d'une saine discussion.

Cet ouvrage, composé pour la jeunesse, est du nombre de ceux qui se font lire avec profit et plaisir, par tous les âges et dans tous les temps.

### DUMOUSTIER.

Les Lettres à Emilie sur la Mythologie, par Dumoustier, sont écrites avec beaucoup d'agrément et de légèreté; elles sont bien préférables à ces notices arides de la mythologie, dont le sérieux ne s'accommode pas avec la vivacité de l'enfance. M. Renouard a publié de très-jolies éditions de ces Lettres en 6 vol. in-8°. ou in-18, avec de belles figures.

FIN DU CINQUIÈME VOLUME.

## CORRECTIONS ET ADDITIONS.

*Tome III, p. 76, à la fin de l'art. Gedoyn, ajoutez :*

La quatrième édition, publiée en 1803, 4 vol. in-12, par H. Barbou, doit être préférée aux précédentes : L'abbé Gedoyn avoit omis tantôt quelques mots, tantôt des phrases, quelquefois des pages entières. Jean Capperonnier, dans un mémoire lû à l'Académie des Inscriptions, fournit la preuve de toutes ces négligences. Les amis de la saine littérature sont donc redevables à ce savant de la peine qu'il a prise pour revoir avec tant de soin l'estimable traduction de l'abbé Gedoyn. Le modeste et laborieux éditeur qui a fait jouir le public de ce travail, s'est acquis les mêmes droits à la reconnoissance publique.

*Tome IV, p. 354, avant l'article Young, lisez :*

## J. GORDON.

On doit à cet auteur l'Histoire d'Irlande la plus complète qui ait été publiée sur ce pays : elle est écrite avec une grande exactitude, une impartialité bien louable, beaucoup de clarté et de chaleur ; et si l'auteur, comme presque tous les écrivains anglais, ne s'appesantissoit pas quelquefois sur des détails administratifs, il ne lui manqueroit rien de ce qui peut offrir une lecture agréable et intéressante ; mais elle n'a pas même ce défaut aux yeux des hommes qui aiment à s'instruire en lisant.

M. J. Gordon, recteur de la paroisse de Killegny, est déjà connu par l'Histoire de la Rébellion d'Irlande. La traduction française de son Histoire d'Irlande, publiée en 3 vol. in-8°., Paris, 1808, par M. Lamontagne, mérite beaucoup d'éloges : le style en est pur, clair et précis ; il a de l'élégance quand la matière le permet, et l'on s'aperçoit bien rarement que ce n'est qu'une traduction.

*Tome IV, p. 414, au lieu de ces mots :* l'Histoire d'un missionnaire français, nommé Adran, *lisez :*
l'histoire d'un missionnaire français, nommé Pigneaux, devenu évêque d'Adran.

*Tome V, p. 351, avant le § VIII, lisez :*

## JOURNAL DU BARREAU.

Ce Journal, qui paroît depuis deux ans, se divise en deux parties : dans la première on trouve l'examen et des extraits des ouvrages qui paroissent tant en France qu'en Allemagne, en Italie, etc.; sur les Codes Napoléon, du Commerce, etc. On développe d'abord le plan de l'auteur; puis on rapporte ses opinions sur les différentes questions qu'il discute; et enfin on y joint des observations, lorsqu'on pense qu'il s'est éloigné des vrais principes.

La seconde partie du Journal du Barreau est un recueil complet des lois, décrets impériaux, décisions ministérielles, arrêts des Cours de Justice de l'Empire, etc. L'ouvrage paroît une fois par mois, du 20 au 30. Chaque numéro de la première partie est composé de 48 pages in-8°. Chaque cahier de la seconde, de 96. On s'abonne à Paris, chez M. Rouen, doyen des notaires, rue neuve des Petits-Champs, n°. 87; il s'imprime chez madame veuve Duminil-Lesueur, rue de la Harpe, N°. 78.

FIN DES CORRECTIONS ET ADDITIONS.

# TABLE

## DES CHAPITRES ET SOMMAIRES

### DU CINQUIÈME VOLUME.

| | | | |
|---|---|---|---|
| CHAP. I. *Des Romans.* | pag. 1 | Héliodore. | pag. 9 |
| *Traités sur les Romans.* | ib. | Edit. *Commelin.* | 11 |
| Huet, évêque d'Avranches. | 2 | *Bourdelot.* | ib. |
| M. Desessarts. | ib. | M. *Coray.* | 12 |
| Le P. Paciaudi. | ib. | Trad. *Amyot.* | 13 |
| L'abbé de Rossi. | ib. | *L'abbé de Fontenu.* | 14 |
| Marmontel. | ib. | M. *Quenneville.* | ib. |
| M. de Romance de Mesmond. | ib. | Achille Tatius. | 15 |
| Gordon de Percel (*Lenglet du Fresnoy.*) | 3 | Edit. M. *Mitscherlich.* | ib. |
| | | M. *Boden.* | ib. |
| *Collections et Extraits de Romans.* | ib. | Trad. M. *Clément*, de Dijon. | ib. |
| | | *Duperron de Castera.* | ib. |
| *Bibliothèque de Campagne.* | ib. | Longus. | 16 |
| *Nouvelle Bibliothèque de Campagne.* | ib. | Edit. *Jungerman.* | ib. |
| | | *Villoison.* | 17 |
| *Bibliothèque universelle des Romans.* | 4 | Trad. *Amyot.* | 18 |
| | | M. *Petit-Radel.* | ib. |
| *Nouvelle Bibliothèque des Romans.* | 6 | *Mulot.* | 19 |
| | | M. *De Bure Saint-Fauxbin.* | ib. |
| *Romans Orientaux.* | 7 | Caro. (*Annibal*) | ib. |
| Trad. *Galland.* (*Antoine.*) | ib. | Xénophon, dit le Jeune. | ib. |
| M. *Caussin.* | ib. | Edit. *Le baron de Loccella.* | ib. |
| L'abbé Blanchet. | 8 | Trad. *Jourdan.* | ib. |
| *Romans Grecs.* | ib. | Chariton. | 20 |
| Diogène. (Antoine) | 9 | Edit. *D'Orville.* | ib. |
| Trad. *Lesueur.* | ib. | Trad. M. *Larcher.* | ib. |
| Grainville. | ib. | Eustathe, ou Eumathe, et Theo- | |

| | | | |
|---|---|---|---|
| dorus Prodromus. | pag. 21 | Mademoiselle Bernard. | pag. 43 |
| Edit. et trad. *Gaulmin.* | ib. | Madame de Murat. | 44 |
| Trad. *Godard de Beauchamp.* | ib. | Mademoiselle l'Héritier. | ib. |
| *Bibliothèque des Romans Grecs.* | 22 | Madame Durand. | 45 |
| *Romans Latins.* | 24 | Madame de Fontaines. | 46 |
| Pétrone. | ib. | Madame le Marchand. | 47 |
| Apulée. | ib. | Mademoiselle de Lussan. | 48 |
| Trad. *Compain de St.-Martin.* | ib. | Madame de Tencin. | 49 |
| La Fontaine. | ib. | Madame de Graffigny. | ib. |
| M. *Bastien.* | 25 | Madame de Villeneuve. | 50 |
| Barclay. | 26 | Madame de Lintot. | 51 |
| Trad. *L'abbé Josse.* | 27 | Madame Le Prince de Beaumont. | ib. |
| M. *Savin.* | ib. | | |
| *Romans de Chevalerie.* | ib. | Madame Robert. | 53 |
| Vasco de Lobeïra. | 28 | Madame d'Arconville. | 54 |
| Trad. *D'Herberai.* | ib. | Madame Elie de Beaumont. | 55 |
| *Le comte de Tressan.* | ib. | Madame Riccoboni. | 56 |
| De Paulmy. | 29 | Madame de Puisieux. | ib. |
| Contant d'Orville. | 30 | Madame Fagnan. | 57 |
| *De la Curne de Sainte-Palaye.* | 32 | Mademoiselle de Fauques. | 58 |
| M. *Dutens.* | ib. | Mademoiselle de Saint-Phalier. | 61 |
| *Romans Français.* | ib. | Madame Belot. | ib. |
| La Calprenède. | ib. | Madame Benoist. | 62 |
| D'Urfé. | 33 | Madame de Saint-Aubin. | 64 |
| Mademoiselle de Scudéry. | ib. | Mademoiselle de La Guesnerie. | 65 |
| Rabelais. | 34 | Mademoiselle de St.-Chamond. | 66 |
| Edit. *L'abbé de Marsy.* | ib. | Mademoiselle Brohon. | 67 |
| Mademoiselle de la Rocheguilhem. | 36 | Mademoiselle de Sommery. | 68 |
| | | Madame de Beauharnais. | 69 |
| Madame de Villedieu. | ib. | Madame de Genlis. | 70 |
| Madame de la Fayette. | 38 | Madame de Staël. | ib. |
| Edit. MM. *Auger et Colnet.* | ib. | Madame Cottin. | 73 |
| M. *Adry.* | ib. | Madame de Souza, ci-devant de Flahaut. | 75 |
| Madame d'Aulnoy. | 40 | | |
| Madame de Gomez. | 41 | Madame de Montolieu. | 76 |
| Mademoiselle de la Force. | 42 | Le Vayer de Boutigny. | 77 |
| Edit. *De la Borde.* | ib. | Boursault. | 78 |

## DES CHAPITRES.

| | |
|---|---|
| L'abbé Prévost. | pag. 78 |
| Le Sage. | 79 |
| Hamilton. | 80 |
| Marivaux. | 81 |
| Crébillon fils. | 82 |
| Duclos. | 83 |
| Saint-Foix. | ib. |
| Diderot. | 84 |
| Voltaire. | 85 |
| Rousseau. (J.-J.) | 86 |
| Retif de la Bretonne. | 88 |
| De la Clos. | 90 |
| D'Arnaud. | 92 |
| M. Montjoie. | 93 |
| M. Pigault-le-Brun. | 94 |
| M. Ducray-Duminil. | 95 |
| M. Fiévée. | 97 |
| *Romans en façon de Poëme.* | 98 |
| Fénélon. | ib. |
| Edit. *Limiers.* | 100 |
| *Fabricius et D. Durand.* | ib. |
| *D. Durand.* | ib. |
| M. *Bosquillon.* | ib. |
| Ramsay. | ib. |
| L'abbé Terrasson. | 101 |
| Montesquieu. | 102 |
| Morelly. | 103 |
| Besnier. | 105 |
| L'abbé de la Beaume. | 106 |
| Bitaubé. | 108 |
| Cazotte. | 110 |
| Le Clerc. | 111 |
| Marmontel. | 113 |
| L'abbé de Reyrac. | 114 |
| Pechmeja. | 115 |
| Florian. | 116 |
| M. Bernardin de Saint-Pierre. | 118 |
| M. de Châteaubriand. | pag. 119 |
| *Nouvelles et Contes.* | 122 |
| La Reine de Navarre. | ib. |
| Marmontel. | 124 |
| Voltaire. | 126 |
| M. de Bouflers. | ib. |
| L'abbé de Voisenon. | 127 |
| *Romans Espagnols.* | ib. |
| Cervantes. | ib. |
| Trad. *Filleau de Saint-Martin et Chasles.* | 128 |
| *Florian.* | 129 |
| M. *Dubournial.* | ib. |
| M. *Petitot.* | ib. |
| Aleman. (Matteo) | ib. |
| Trad. *Le Sage.* | 130 |
| Edit. *Alletz.* | ib. |
| *Romans Italiens.* | ib. |
| Marini. (J.-A.) | ib. |
| Trad. *De Serré et Caylus.* | 131 |
| Boccace. | 132 |
| Trad. *Le Maçon. (Antoine)* | 133 |
| M. *Sabatier de Castres.* | ib. |
| *Le Comte de Mirabeau.* | ib. |
| Grazzini, dit Lasca. | ib. |
| Trad. *Imbert.* | 134 |
| *Romans Allemands.* | ib. |
| M. *Wieland.* | ib. |
| Trad. M. *Pernay.* | 135 |
| *Fresnais.* | ib. |
| M. *Ladoucette.* | ib. |
| *La Baume.* | 136 |
| M. Auguste La Fontaine. | 137 |
| Trad. *Madame de Montolieu.* | 138 |
| M. *Gérard de Propiac.* | ib. |
| M. Goethe. | ib. |
| Trad. M. *Aubry.* | ib. |

| | | | |
|---|---|---|---|
| Deyverdun. | pag. 139 | M. Lewis. | pag. 154 |
| M. de Sevelinges. | ib. | Trad. MM. La Marre, Deschamps, Benoît et Després. | ib. |
| M. Kotzbue. | ib. | | |
| Trad. M. Muller. | ib. | John Moore. | 155 |
| M. H. de Coiffier. | ib. | Trad. Cantwel. | ib. |
| Madame de Wolzogen. | ib. | Madame Brooke. | 156 |
| Trad. anonime. | ib. | Trad. Bouchaud. | ib. |
| Romans Anglais. | 140 | Fresnais. | ib. |
| De Foé. | 141 | Madame Burney-d'Arblay. | 157 |
| Robinson Crusoé. | ib. | Trad. MM. La Baume, Després et Deschamps. | ib. |
| Trad. Van Effen et Saint-Hyacinthe. | 142 | Smith. (Charlotte) | 158 |
| Histoire du Diable. | 143 | Trad. M. de la Montagne. | ib. |
| Swift. | 144 | Marquand. | ib. |
| Trad. L'abbé Desfontaines. | ib. | Madame Roche. | ib. |
| Richardson. | 145 | Trad. M. Morellet. | ib. |
| Trad. L'abbé Prevost. | 146 | Madame Radcliffe. | 160 |
| Monod. | ib. | Trad. M. Morellet. | 161 |
| Le Tourneur. | ib. | Madame de Chastenay. | ib. |
| Fielding. | ib. | Madame Helme. | ib. |
| Trad. De la Place. | ib. | Trad. M. Dubois-Fontanelle. | ib. |
| Chéron. | 148 | M. Lefevre. (Edouard) | 162 |
| Desfontaines. | 149 | M. Hennequin. | ib. |
| De Montagnac. | 150 | M. Le Bas. | ib. |
| De Puisieux. | ib. | Madame Inchbald. | 163 |
| Smolett. | ib. | Trad. M. Deschamps. | ib. |
| Trad. Hernandez et de Puisieux. | ib. | Romans Danois et Russes. | 166 |
| Toussaint. | ib. | Karamsin et Smith. | ib. |
| Stern. | 151 | Trad. M. de Coiffier. (Henri) | ib. |
| Trad. Fresnais. | ib. | Voyages imaginaires et Contes de Fées. | 167 |
| Goldsmith. | 153 | | |
| Trad. Madame de Montesson. | ib. | Edit. Garnier. | 168 |
| M. Aignan. | ib. | Mayer. | ib. |
| Gin. | ib. | Chap. II. Des Ouvrages périodiques. | 169 |
| Mackensie. | ib. | Journal des Savans. | 171 |
| Trad. M. de Saint-Ange. | ib. | Nouvelles de la République des | |

| | | | |
|---|---|---|---|
| Lettres. | pag. 173 | — M. Sautreau de Marsy. | pag. 201 |
| Histoire des ouvrages des Savans. | 175 | — MM. Suard et Bourlet. | 202 |
| | | Choix du Mercure. | ib. |
| Bibliothèque universelle. | ib. | Choix du Journal des Savans. | 203 |
| Bibliothèque choisie. | ib. | Catalogue hebdomadaire. | ib. |
| Biblioth. anc. et moderne. | ib. | Journal de Littérature française. | 206 |
| Journal Littéraire. | ib. | | |
| Journal de Trévoux. | 178 | Journal de Littérature étrangère. | ib. |
| Nouvelliste du Parnasse. | 179 | | |
| Observations sur les écrits modernes. | ib. | Annales Civiles, Politiques et Littéraires. | 207 |
| Jugemens sur les ouvrages nouveaux. | 180 | Esprit des Journaux. | 208 |
| | | Journal Littéraire. | 210 |
| Réflexions sur les ouvrages de littérature. | 183 | Décade Philosophique. | ib. |
| | | Magasin Encyclopédique. | 212 |
| L'Année Littéraire. | 184 | Mélanges de Philosophie, d'Histoire, de Morale et de Littérature. | 213 |
| Lettres sur quelques écrits. | ib. | | |
| Observations sur la littérat. | 187 | | |
| Observateur littéraire. | ib. | Annales de la Religion. | 214 |
| Mercure de France. | 189 | Le Spectateur du Nord. | 215 |
| Journal de Verdun. | 190 | Archives Littéraires de l'Europe. | 216 |
| Cinq années littéraires. | 191 | | |
| Journal Etranger. | ib. | Annales des Voyages. | 217 |
| La Gazette Littéraire. | 193 | Gazette de France. (ancienne) | 219 |
| Petites Affiches de province. | ib. | Gazette de France. (nouvelle) | 220 |
| Journal général de France. | ib. | Journal de Paris. | ib. |
| Journal Encyclopédique. | 194 | Abrégé du Journal de Paris. | 221 |
| Journal OEconomique. | ib. | Le Moniteur. | ib. |
| Amusemens du Cœur et de l'Esprit. | 195 | Le Journal de l'Empire. | ib. |
| | | Le Courrier de l'Europe. | 224 |
| Choix Littéraire. | 196 | Le Publiciste. | ib. |
| Conservateurs : | | Bibliothèque Britannique. | 225 |
| — Bruix, Turben et le Blanc. | 198 | Répertoire de la Littérature anglaise. | 226 |
| — M. Delandine. | 200 | | |
| — M. François de Neufchâteau. | ib. | Choix d'articles de différens Journaux. | ib. |
| — MM. Suard et Bourlet. | ib. | | |
| — Juncker. | 201 | Esprits de différens Journaux. | ib. |

TABLE

| | | | |
|---|---|---|---|
| Chap. III. *Esprits.* | pag. 231 | L'abbé Prevost. | pag. 247 |
| Duguet. | 233 | Edit. *Dupuis (D.)* | 248 |
| Edit. *André.* | ib. | Montesquieu. | ib. |
| Cicéron. | ib. | Edit. *Un anonime.* | ib. |
| Trad. *L'abbé d'Olivet.* | ib. | Le Père Castel. | ib. |
| Sénèque. | 234 | Edit. *L'abbé de la Porte.* | 249 |
| Trad. *La Beaumelle.* | ib. | Voltaire. | ib. |
| Sully. | 235 | Edit. *Contant d'Orville.* | ib. |
| Edit. *Madame de Saint-Vast.* | ib. | Rousseau. (J.-J.) | 250 |
| Montagne. | ib. | Edit. *Formey.* | ib. |
| Edit. *Pesselier.* | 236 | M. *Sabatier de Castres.* | 251 |
| Artaud. | ib. | Malesherbes. | ib. |
| Charron. | 237 | Edit. *Lavaisse (M. E.)* | ib. |
| Edit. *De Luchet.* | ib. | *Monarques Philosophes.* | 252 |
| Bacon. | 238 | Edit. *L'abbé de la Porte.* | 253 |
| Edit. *Deleyre.* | ib. | *Encyclopédie.* | 254 |
| Naigeon. | ib. | Edit. *L'abbé de la Porte.* | 255 |
| Balzac. | 239 | Olivier et Bourlet-Vauxcelles. | 256 |
| Edit. *M. Mersan.* | ib. | *Femmes Françaises.* | ib. |
| La Motte le Vayer. | 240 | Edit. M. *Alletz.* | ib. |
| Edit. *L'abbé de Montlinot.* | ib. | *Poëtes tragiques.* | ib. |
| Saint-Evremont. | ib. | Edit. *Roland.* | ib. |
| Edit. *Un anonime.* | ib. | Le marquis d'Argens. | 257 |
| Saint-Réal. | 241 | Edit. *Un anonime.* | ib. |
| Edit. *De Neuvillé.* | ib. | Mably et Condillac. | 258 |
| Bayle. | 242 | Edit. M. *Berenger.* | ib. |
| Edit. *De Marsy.* | ib. | M. le Cardinal Maury. | ib. |
| Robinet. | ib. | Edit. M. *Chas.* | ib. |
| Leibnitz. | 243 | Le Comte de Mirabeau. | ib. |
| Edit. *M. Emery.* | ib. | Edit. M. *Chaussard.* | 259 |
| Bossuet. | ib. | Le Prince de Ligne. | 260 |
| Edit. *Lavaisse. (M. E.)* | ib. | Edit. Madame *de Staël.* | ib. |
| Nicole. | 244 | Chap. IV. *Facéties, Anecdotes, Bons Mots.* | 262 |
| Edit. *L'abbé Cerveau.* | 245 | | |
| M. *Mersan.* | ib. | Rabelais. | ib. |
| La Motte Houdard. | ib. | Edit. *Bernard (J.-F.)* | ib. |
| Edit. *M. Lottin.* | 246 | Swift. | 263 |

| | | | |
|---|---|---|---|
| Trad. *Van Effen.* | pag. 263 | Édit. *Richelet.* | pag. 283 |
| Erasme. | 264 | *La Martinière.* | ib. |
| Trad. *Gucudeville.* | ib. | M. *Philippon de la Madelaine.* | 284 |
| M. *Laveaux.* | 265 | *Lettres Grecques.* | 285 |
| *De Barrett.* | ib. | Alciphron. | ib. |
| Edit. *De Querlon.* | ib. | Edit. et trad. *Bergler.* | ib. |
| Saint-Hyacinthe. | 266 | Trad. L'abbé *Richard.* | ib. |
| Edit. M. *Leschevin.* | ib. | Aristenete. | 286 |
| Lefevre et Grosley. | 267 | Edit. *Corneille de Pauw et* | |
| Duclos, Crébillon fils et autres. | 268 | *Abresch.* | ib. |
| De la Fucille. | 269 | Trad. *Lesage.* | ib. |
| L'abbé Coyer. | 271 | *Moreau.* | ib. |
| Les Ana, etc. | 272 | *Lettres Latines.* | 287 |
| *Mélanges de Littérature.* | 273 | Cicéron. | ib. |
| Vigneul Marville, ( D. B. d'Ar- | | Trad. L'abbé *Mongault.* | ib. |
| gonne. ) | ib. | L'abbé *Prevost.* | ib. |
| *Curiosités de la Littérature.* | 274 | Pline. | 288 |
| Trad. M. *Bertin.* | ib. | Edit. *Lallemand.* | ib. |
| Travenol et Mannory. | ib. | Trad. *Sacy.* | ib. |
| Gayot de Pitaval. | 276 | *Héloïse et Abailard.* | 289 |
| Niccron et Duport du Tertre. | ib. | Trad. *Gervaise* (D.) | ib. |
| L'abbé de la Porte. | 277 | M. *Bastien.* | ib. |
| M. La Combe. | ib. | *Lettres Italiennes.* | 290 |
| M. Lemarié. | ib. | Bentivoglio. | ib. |
| M. Sallentin. | 278 | Edit. *Biagioli.* | ib. |
| Chap. V. *Dialogues et Entre-* | | Caraccioli. | ib. |
| *tiens.* | 279 | *Lettres Françaises.* | 292 |
| Erasme, Pétrarque et Mathurin | | Le Cardinal d'Ossat. | ib. |
| Cordier. | 279 et 280 | Balzac. | ib. |
| Trad. *Dumas.* | ib. | Voiture. | ib. |
| Fénélon. | ib. | Montreuil. | ib. |
| Fontenelle. | 281 | Pelisson. | ib. |
| Le P. Bouhours. | ib. | Boursault. | ib. |
| Barbier Daucour. | 281 | Edit. MM. *Campenon et Au-* | |
| Edit. L'abbé *Granet.* | ib. | *ger.* | 293 et 294 |
| Chap. VI. *Ouvrages Episto-* | | Pascal. | 294 |
| *laires. Recueils de Lettres.* | 283 | Guy Patin. | 295 |

Edit. *Mahudel.* pag. 295
L'abbé *Bordelon.* ib.
Bussy-Rabutin. ib.
Madame de Sévigné. 296
Edit. *Grouvelle.* 297
*Bourlet de Vauxcelles.* 298
Madame de Maintenon. ib.
Edit. M. *Sautreau.* 299
Madame de Villars. ib.
Madame de Coulanges. ib.
Madame de la Fayette. ib.
Ninon de l'Enclos. ib.
Mademoiselle Aïssé. ib.
Edit. M. *Auger.* 301
Fontenelle. 302
Montesquieu. ib.
Edit. L'abbé *de Guasco.* 304
Milord Littleton. ib.
Trad. *Anonimes.* ib.
Rousseau. (J.-B.) 305
Racine. (Jean) 306
Voltaire. ib.
Rousseau. (J.-J.) 307
*Lettres Portugaises.* 308
Alcaforeda. (Marianne) ib.
Trad. *Subligny.* ib.
Edit. *Anonime.* ib.
*Lettres Allemandes.* 309
Gellert. ib.
Trad. *Hubert.* ib.
*Lettres Anglaises.* 310
Milady Montagu. ib.
Trad. M. *Anson.* ib.
Chesterfield. ib.
Trad. *Anonime.* ib.
Chap. VII. *Jurisprudence.* 312
*Traités sur la manière d'étu-*

*dier la Jurisprudence.* pag. 312
Camus. ib.
M. Dupin. ib.
*Traités généraux sur les Lois.* 313
Cicéron. ib.
Trad. *Morabin.* ib.
Montesquieu. 314
Edit. *Le Fevre de la Roche.* 317
Bernard. ib.
*Droit de la Nature et des Gens.* 318
Grotius. ib.
Trad. *Barbeyrac.* ib.
Puffendorff. 319
Trad. *Barbeyrac.* ib.
Wolff. 320
Trad. *Anonime.* ib.
Burlamaqui et De Felice. 321
De Wattel. 322
M. Gerard de Rayneval. 323
*Droit public de différentes*
*Nations.* 324
De Felice. ib.
L'abbé de Mably. 325
M. Koch. 326
M. de la Croix. 327
*Droit Maritime.* ib.
Le Consulat de la Mer. ib.
Trad. M. *Boucher.* ib.
Grotius et Selden. 329
Trad. M. *Champagne.* ib.
M. Azuni. 330
Gravina. 331
Trad. *Requier.* ib.
Schomberg. ib.
Trad. M. *Boulard.* ib.
*Corps de Droit Romain, avec*
*ses abréviateurs, traduc-*
*teurs,*

## DES CHAPITRES.

| | | | |
|---|---|---|---|
| *teurs*, etc. | pag. 332 | *Jurisconsultes Français*. | pag. 351 |
| Freiesleben. | ib. | Dumoulin. | ib. |
| Edit. *Godefroy*. (Denis) | ib. | Pothier. | 354 |
| Van Leeven. | ib. | D'Aguesseau. | 355 |
| Trad. *Hulot*. | 333 | *Traités particuliers de Droit* | |
| M. *Berthelot*. | 334 | *Français*. | ib. |
| M. *Tissot*. | 335 | M. Agier. | ib. |
| Cujas. | ib. | Conférences de Paris. | 357 |
| Domat. | ib. | L'abbé Rulié. | ib. |
| Trad. M. d'*Agar*. | 336 | Turgot. | ib. |
| Pothier. | ib. | L'abbé Rossignol. | 359 |
| Edit. M. *de Guienne*. | 339 | Conférences de Paris. | ib. |
| Trad. M. l'abbé *Bréard de* | | M. Henrion de Pansey. | 360 |
| *Neuville*. | ib. | *Droit Criminel*. | 361 |
| *Droit Civil et Public de* | | Beccaria. | ib. |
| *France*. | ib. | Trad. M. *Morellet*. | 362 |
| Mademoiselle de Lezardière. | ib. | *Droit Étranger*. | ib. |
| Grosley. | 339 | *Prusse*. | ib. |
| Argou, ou plutôt Fleury. | 340 | Frédéric II et Frédéric-Guil- | |
| Prevost de la Jannès. | ib. | laume. | ib. |
| *Répertoires, Arrêts et Plai-* | | Trad. MM. *Brosselard, Weiss* | |
| *doyers*. | 341 | *et Lemière*. | ib. |
| Brillon. | ib. | *Russie*. | 363 |
| Beaulac. | ib. | Catherine II. | ib. |
| M. Rondonneau. | ib. | S. M. l'Empereur Alexandre. | 364 |
| Mejean. (M. Maurice) | ib. | *Angleterre*. | ib. |
| Étienne (Robert.) | 342 | Delolme. | ib. |
| M. Guyot. | ib. | *États-Unis d'Amérique*. | 366 |
| M. Merlin. | ib. | Trad. le Duc de la Roche- | |
| *Constitutions de l'Empire* | | foucault. | ib. |
| *Français*. | 344 | M. Hubert. | ib. |
| S. M. l'Empereur Napoléon. | ib. | M. Pictet. | 367 |
| S. A. S. le Prince Archichan- | | *Droit Ecclésiastique*. | ib. |
| celier de l'Empire. | 347 | L'abbé Fleury. | 368 |
| M. Locré. | 349 | Lancelot. | ib. |
| M. Malleville. | 350 | Durand de Maillane. | ib. |
| M. Coffinières. | 351 | *Libertés de l'Église Galli-* | |

TOME V. 54

| | | | |
|---|---|---|---|
| canc. | pag. 370 | L'abbé Guénée. | pag. 383 |
| P. Pithou. | ib. | Le P. de Ligny. | 384 |
| P. Dupuy. | ib. | Conciles. | 385 |
| Durand de Maillane. | ib. | M. Alletz. | ib. |
| Bossuet. | 371 | Saints Pères. | ib. |
| Trad. Le Roy. | ib. | Théologiens. | ib. |
| De Héricourt. | 372 | L'abbé Bergier. | ib. |
| Edit. Pinault. | 373 | Édit. L'abbé de Feller. | 386 |
| Convention entre le Gouvernement Français et le Pape Pie VII. | ib. | Le P. Pouget. | ib. |
| | | L'abbé Ricourt. | 387 |
| | | Mezangui. | ib. |
| Portalis. | 374 | Le P. Bougeant. | 388 |
| M. Siméon. | ib. | Pascal. | ib. |
| M. Bonaparte. (Lucien) | ib. | Edit. M. l'abbé Bossut. | 389 |
| CHAP. VIII. Théologie ou Cultes Religieux. | 375 | Abbadie. | 390 |
| | | L'abbé François. | ib. |
| Necker. | ib. | Bergier. | ib. |
| Religion Chrétienne. | 376 | M. l'abbé Gérard. | 391 |
| Bible. | ib. | M. l'abbé Barruel. | 393 |
| Edit. Athias et VanderHoogt. | ib. | Jennings. | 394 |
| Le P. Houbigant. | ib. | Trad. Letourneur. | ib. |
| Trad. De Sacy. | 377 | Edit. De Sainte-Croix. | 395 |
| Le P. de Carrière. | ib. | M. Duvoisin. | ib. |
| Commentateurs. Calmet, de Vence, Rondet. | 378 | M. de la Luzerne. | 396 |
| | | M. de Châteaubriand. | 397 |
| Trad. Protestans. Les Pasteurs de Genève. | 379 | Ryan. (Edouard) | 398 |
| | | Trad. M. Boulard. | ib. |
| Martin. | ib. | L'abbé le Masson des Granges. | 399 |
| Osterwald. | ib. | Thomas à Kempis. | 400 |
| Philologie sacrée. | 381 | Edit. Valart. | ib. |
| Le P. Lelong. | ib. | Le P. Desbillons. | ib. |
| Butler. (Charles) | ib. | Trad. De Sacy. | 401 |
| Trad. M. Boulard. | 382 | Beauzée. | ib. |
| Dom Calmet. | ib. | Gonnelieu. | ib. |
| Barral. | ib. | Le P. Saint-Jure. | 402 |
| Chompré. | ib. | Trad. M. de Saint-Pard. | ib. |
| Edit. M. Petitot. | 383 | Nicole. | 403 |

| | | | |
|---|---|---|---|
| Duguet. | pag. 404 | Sermonnaires. | pag. 409 |
| Fénélon. | ib. | Religion des Grecs, des Romains, des Gaulois', des Chinois, des Indiens, etc. | 410 |
| Edit. M. *Jauffret*. | ib. | | |
| Bossuet. | 405 | | |
| Edit. *L'abbé de Sauvigny*. | ib. | Apollodore. | ib. |
| Perau et le Roy. | 406 | Trad. *M. Clavier*. | ib. |
| Dom *Déforis*. | ib. | Dupuis. | ib. |
| Le Tourneux. | ib. | M. l'abbé Sabatier. | 411 |
| Croiset. | ib. | Chompré. | 412 |
| Le P. Griffet. | 407 | Edit. M. *Millin*. | ib. |
| M. l'abbé Duquesne. | ib. | M. Noël. | ib. |
| Le P. Giraudeau. | 408 | L'abbé de Tressan. | ib. |
| Scriver, Sturm et M. Cousin-Despréaux. | ib. | Demoustier. | 413 |
| | | Corrections et *Additions*. | 414 |

**FIN DE LA TABLE DU TOME CINQUIÈME.**

# TABLE GÉNÉRALE

ET

# ALPHABÉTIQUE

*Des Auteurs cités dans la Bibliothèque d'un Homme de Goût.*

*Avis essentiel sur la manière dont on a composé cette Table.*

On prévient qu'on a fait usage d'abréviations pour la rendre plus commode. Les cinq volumes de la *Bibliothèque d'un Homme de Goût* auxquels on renvoie dans chaque article, sont désignés par les lettres A, B, C, D, E. La lettre A indique le 1er. volume; la lettre B, le 2e.; la lettre C, le 3e.; la lettre D, le 4e., et la lettre E, le 5e.

Les chiffres arabes indiquent la page du volume où l'on trouve l'article.

Pour faire connoître la nature des ouvrages, on s'est borné à en désigner le genre par les lettres initiales de chaque matière : par exemple, les ouvrages de Poésies sont annoncés par les lettres *Poés.*; ceux de Théâtre, par *Théâ.*; les ouvrages Didactiques, par *Did.*; ceux des Orateurs, par *Orat.*; des Rhéteurs, par *Rhét.*; les Dictionnaires, par *Dict.*; l'Histoire, par *Hist.*; la Bibliographie, par *Bibl.*; la Chronologie, par *Chron.*; la Géographie, par *Géog.*; les Voyages, par *Voy.*; etc...

Lorsqu'on éprouvera quelque difficulté pour trouver un ouvrage, il sera facile de la lever, soit en examinant dans la table particulière de chaque volume, l'article qu'on veut consulter, soit en cherchant le nom de l'auteur dans la table générale.

Nous avions annoncé que nous ferions imprimer la liste des Personnes qui ont acheté, dans le temps, les trois premiers volumes de notre Ouvrage ; mais les changemens de titres et de qualités qui ont eu lieu depuis, nous forcent de renoncer au projet que nous avions, de donner ce témoignage de notre reconnoissance aux Personnes qui ont daigné accueillir favorablement notre Travail.

# TABLE GÉNÉRALE.

## A.

Abailard. Epist. E, 289.
Abbadie. Relig. E, 390.
Abeille. (l'abbé) Théâ. B, 84.
Abguerbe. (d') Hist. Dram. B, 384.
Acerbi. (M.) Voy. D, 357.
Achard. (M.) Bibl. D, 206.
Addisson. Th. A, 332.
Adelung. Gramm. C, 189.
Adry. (M.) Edit. E, 38, 424. Journ. E, 212.
Agathias. Hist. C, 367.
Agier. (M.) Droit. E, 355.
Aguesseau. (le chancelier d') Orat. B, 491. Jurisp. E, 355.
Aignan. (M.) Trad. A, 401. E, 153.
Aigueberre. Th. B, 145.
Aïssé. (M<sup>lle</sup>.) Lettr. E, 299.
Aiguillon. (le duc d') Mém. D, 54.
Alcaforada. (Marianne) Lettr. E, 308.
Alberti. Dict. C, 187.
Albon. (Le comte d') Elo. Acad. C, 23. Voy. D, 317.
Alciphron. Lettr. E, 285.
Aleman. (Matteo) Rom. E, 129.
Alembert. (d') Elo. Acad. C, 9. Trad. C, 353. Hist. D, 162.
Alexandre, Empereur de Russie. Lois. E, 364.
Alfieri. Th. A, 313.
Algarotti. Poé. A, 374.
Alhoi. (M.) Poé. B, 290.
Alibert. (M.) Elo. Acad. C, 18.
Alix. Poé. B, 280.
Allainval. (l'abbé) Th. B, 142.
Alleaume. Trad. A, 438.

Alletz. Hist. C, 236, 411, 396. Journ. E, 230. Esp. E, 256. Concil. E, 385.
Alt de Tieffenthal. (d') Hist. D, 140.
Ambroise. (Saint) Orat. B, 435.
Ameilhon. (M.) Hist. C, 365.
Amelot de la Houssaie. Hist. D, 132.
Amiot. (Le P.) Trad. A, 288.
Ammien Marcellin. Hist. C. 359.
Amoretti (M.) Trad. D, 283.
Amyot. Trad. C, 299. Id. E, 13.
Anacréon. Poé. A, 40.
Andocide. Orat. B, 405.
André. Esp. E, 232.
Andrès. (M. l'abbé) Hist. Litt. D, 197.
Andrieux (M.) Théâ. B, 222. Poés. B, 365. Journ. E, 211.
Angoulême. (le duc d') Trad. D, 367.
Anguillara. A, 372.
Anonime. Galerie des Aristocrates militaires. D, 52.
Anquetil. Hist. C, 266, 376, 427, 432. D, 36.
Anseaume. Th. B, 182.
Anson. (George) Voy. D. 286.
Anson. (M.) Trad. A, 45. D, 305. E, 310.
Anthelmy. (d') Trad. A, 285, 448.
Antine. (Maur d') Hist., C, 271.
Antiphon. Orat. B, 405.
Antonides. Th. A, 355. Poés. A, 451.
Anville. (d') Géogr. D, 245, 263.

Voy. D, 385.
Apollodore. Théol. E, 410.
Apollonius de Rhodes. Poé. A, 27.
Appien. Hist. C, 330.
Apulée. Rom. E, 24.
Arbaud de Jouques. (M.) Trad. A, 271.
Arconville (M$^{me}$. d') Rom. E, 54.
Apper. (d') D, 367.
Ardenne. (d') Fab. B, 329.
Aretin. Hist. D, 125.
Argens. (d') Esp. E, 257.
Argenville. (d') Voy. D, 325.
Argou. Droit. E, 340.
Arioste. Poé. A, 213.
Aristenète. Lettr. E, 286.
Aristide. Orat. B, 415.
Aristophane. Th. A, 33.
Aristote. Did. B, 391. Elo. C, 68.
Arnauld d'Andilly. Trad. C, 195.
Arnauld. (Antoine) Trad. B, 437. Gramm. C, 122.
Arnauld. (l'abbé) neveu du précéd. Hist. D, 27.
Arnaud. (l'abbé) Journ. E, 193, 228.
Arnaud. (de Baculard d') Théâ. B, 165. Poé. B, 306, 314. Rom. E, 92.
Arnault. (M.) Th. B, 221.
Arnavon. (l'abbé) Hist. A, 369.
Arnould. (M.) Hist. C, 415.
Arrien. Hist. C, 301. Voy. D, 272.
Assoucy. (d') Trad. A, 122.
Athénée. Hist. C, 304.
Aubert. (M. l'abbé) Poés. B, 32. Fab. B, 329. Théâ. B, 187.

Journ. E, 178.
Aubigné. (d') Hist. D, 18.
Aubry. (M.) Trad. E, 138.
Auger. (l'abbé) Trad. B, 405, 406; 411, 414, 424, 433.
Auger. (M.) Théâ. B, 237. Eloq. C, 19. Rom. E, 38. Journ. E, 189, 211, 294. Lett. E, 301.
Augustin. (Saint) Orat. C, 436.
Aulnoy. (M$^{me}$. d') Rom. E, 40.
Aulugelle. Hist. C, 307.
Ausone. Poé. A, 164.
Autreau. Th. B, 138.
Autroche. (M. d') Trad. A, 94.
Auvigny. (du Castre d') Mém. D, 63.
Avila. (d') Hist. C, 426.
Avrigny. (le P. d') Hist. C, 285.
Azuni. (M.) Droit. E, 330.

## B.

Bachaumont. Voy. D, 485.
Bacon. Rhét. C, 119. Hist. D, 101. Esp. E, 238.
Baillet. Hist. litt. C, 420.
Baert. (M.) Hist. D, 104.
Bailly. Eloq. Acad. C, 16, 37.
Balzac. Esp. E, 239. Lettr. E, 292.
Bannier. Trad. A, 112.
Baour Lormian. (M.) Trad. A, 226. 270. Théâ. B, 223.
Barbe. (le P.) Fab. B, 329.
Barbeyrac. Trad. C, 62. E, 318.
Barbié Dubocage. (M.) Trad. D, 362.
Barbier. (M$^{lle}$.) Théâ. B, 115.
Barbier. (M.) Bibl. D, 210.
Barbier d'Aucour. Dial., 281.

Barclay. Rom. E, 26.
Barentin-Montchal. (M. de) Trad. D, 444. Géog. D, 247.
Barnave. Orat. C, 40.
Baron. Th. B, 90.
Barral. (l'abbé) Dict. D, 223. Relig. E, 382.
Barre. (le P.) Hist. D, 112.
Barré. (M.) Th. B, 237.
Barrère (M.) Elo. Acad. C, 23, 48.
Barrett. (M. de) Trad. E, 265.
Barrin. Journ. E, 174.
Barrois. (François) Bibl. D, 212.
Barrow. (John) Voy. D, 382, 413.
Barthe. Th. B, 196. Poés. B, 316.
Barthelemi. (l'abbé) Hist. C, 316. D, 341.
Bartoli. Rhét. C, 80.
Bartram. (William) Voy. D, 436.
Barruel. (M. l'abbé) Relig. E, 393.
Basile le Grand. (Saint) Orat. B, 433.
Basnage. Hist. D, 85. Journ. E, 175.
Bassinet. (M.) Journ. E, 212.
Bassompierre. Hist. D, 19.
Bastide. Rom. E, 4.
Bastien. (M.) Trad. E, 289.
Batteux. Trad. A, 106, 168. Did. B, 393. Trad. C, 70. Hist D, 179.
Baudelot Dairval. Voy. D, 270.
Baudoin. Trad. C, 332, 335. D, 464.
Baudory. (le P.) Eloq. C, 27.
Baudot de Juilli. Hist. C, 421.
Baudry des Losières. (M.) Voy. D, 448.

Baudus. (M.) Journ. E, 215.
Bavière. (Charl. - Eliz. de) Mém. D, 38.
Bayeux. Trad. A, 119.
Bayle. Dict. D, 218. Journ. E, 173. Esp. E, 242.
Beau. (le) Eloq. Acad. C, 7, 29. Hist. C, 365.
Beauchamps. (Godard de) Hist. dram. B, 383. Trad. E, 21.
Beauchamp. (M. Alphonse de) Hist. D, 3.
Beauclair. (de) Gramm. C, 177.
Beauharnais. (M<sup>de</sup>. de) Rom. E, 69.
Beaulaton. (M.) Trad. A, 252.
Beaumarchais. Th. B, 191. Mém. B, 503.
Beaume. (l'abbé de la) Rom. Poé. E, 106.
Beaumelle. (la) Trad. B, 428. Esp. E, 234.
Beaumont. (Elie de) Orat. B, 494.
Beaumont. (M<sup>me</sup>. Elie de.) Rom. E, 55.
Beauregard. (l'abbé) Orat. B, 463.
Beausobre. Hist. C, 223.
Beauvais, évêque de Senez. Orat. B, 464, 479.
Beauzée. Gramm. C, 125. Trad. C, 303, 327. E, 401.
Beccaria. Rhét. C, 82. Lois crim. E, 361.
Beddevole. (M. J.) Trad. D, 139.
Beffroy de Regny. (M.) Th. B, 215.
Belin de Ballu. (M.) Trad. D, 236.
Bellanger. (l'abbé) Trad. E, 330.

TOME V.

Belleau. (Remi) Trad. A, 42. Poés. B, 336.
Bellegarde. (de) Trad. B, 435. D, 434.
Belloy. (de) Th. B, 188.
Belot. (M^me.) Trad. D, 90. Rom. E, 61.
Bembe. Hist. D, 132.
Beni. Rhét. C, 79.
Benoist. (M^me.) Rom. E, 62.
Benoît. (le P.) Hist. C, 223.
Benoît. (M. P. V.) Trad. D, 436.
Benoît. (M.) Rom. E, 33. Trad. E, 154.
Benserade. Trad. A, 123. Fab. B, 325.
Bentivoglio. Hist. D, 84.
Berault-Bercastel. (l'abbé de) Hist. C, 212. Journ. E, 192.
Berchtold. (le comte de) Voy. D, 271.
Berchoux. (M.) Poés. B, 289.
Berenger, de Genève. Hist. D, 144. Voy. D, 293.
Bérenger, (M.) d'Orléans. Voy. D, 486. Esp. E, 258.
Bergasse. (M.) Mém. B, 503.
Bergerac. Th. B, 66.
Bergier. (l'abbé) Relig. E, 385, 390.
Bergier, frère du précédent. Trad. A, 26.
Bergler. Trad. E, 285.
Berland. Trad. A, 192.
Bernard. (Saint) Orat. B, 437.
Bernard. (M^lle.) Rom. E, 43.
Bernard. (Jacques) Journ. E, 174.
Bernard. Poés. B, 18. Théâ. B, 159.

Bernardi. (M.) Hist. D, 15. Journ. E, 216.
Berni. Poés. A, 372.
Bernier. Voy. D, 406.
Bernis. (le card. de) Poés. B, 283, 350. Mém. D, 53.
Berquin. Poés. B, 307.
Berruyer. (le P.) Hist. C, 197.
Berthelot. (M.) Droit. E, 334.
Berthier. (le P.) Hist. C, 397. Journ. E, 178.
Bertin. (le chev. de) Poés. élég. B, 317. Voy. D, 485.
Bertoud. (l'abbé) Hist. C, 380. D, 74.
Bertrand. Trad. A, 269.
Berwick. (le maréch. de) Mém. D, 41.
Besnier. Rom. Poé. E, 105.
Besset de la Chapelle. Trad. D, 108, 141.
Bettinelli. Orat. B, 441. C, 80.
Bevy. (M.) Hist. C, 395.
Beuf. (l'abbé le) Hist. C, 401.
Bèze. (Théodore de) Poés. A, 170.
Biervillas. (Innigo de) Voy. D, 405.
Bièvre. (de) Th. B, 206.
Bignon. (l'abbé du) Hist. C, 348.
Bilhon. (M.) Hist. C, 348.
Billardière (M. la) Voy. D, 296.
Billecoq. (M.) Trad. A, 142. D, 273, 431, 438.
Billings. (le commod.) Voy. D, 432.
Binet. (M.) Trad. A, 86, 107.
Bion. Poés. A, 50.

Biot. (M.) Journ. E, 189.
Bitaubé. Trad. A, 13, 287. Rom. poét. E, 108.
Blair. (Hugues) Orat. C, 63. Rhét. C, 119.
Blair. (Jean) Hist. C, 273.
Blanc. (le) Théâ. B, 155.
Blanc de Guillet. (le) Trad. A, 68. Th. B, 204. Journ. E, 198.
Blanchard. (M.) Rom. E, 6.
Blanchet. (l'abbé) Rom. E, 8.
Bletterie. (l'abbé de la) Trad. C, 353. Hist. C, 367.
Blin de Sainmore. Th. B, 214. Elég. B, 315.
Boaton. de) Trad. A, 276.
Boccace. Rom. E, 132.
Boïardo. Poés. A, 211.
Boileau. Poés. B, 4. Sat. B, 308. Poés. B, 249. Trad. C, 71.
Boileau. (M.) Trad. D, 143.
Boindin. Th. B, 115.
Boisard. Fab. B, 330.
Bois-Guilbert. Trad. C, 332.
Boisjolin. (M.) Trad. A, 408. Journ. E, 211.
Boismont. (l'abbé de) Or. funèb. B, 478.
Boisrobert. Th. B, 58.
Boissonade (M.) Journ. E, 223. Lett. E, 309.
Boissy. (de) Th. B, 138.
Boissy, (de) fils du précédent. Hist. C, 200.
Boiste. (M.) Dict. C, 166. D, 260.
Boivin de Villars. Hist. D, 8.
Boivin. Trad. A, 38.

Bolts. Voy. D, 407.
Bonarelly. Th. A, 298.
Bonamy. Journ. E, 190.
Bonnefons. Poés. A, 172.
Bonnegarde. (de) Dict. D, 226.
Bonneville. (M.) Trad. A, 347.
Bonnières. (de) Orat. B, 502.
Boutemps. (M<sup>me</sup>.) Trad. A, 418.
Borch. (le comte de) Trad. A, 276. Voy. D, 343.
Bordeaux. (de) Mém. D, 26.
Bordelon. (l'abbé) Lettr. E, 295.
Born. (le baron de) Voy. D, 350.
Bory de St.-Vincent. (M.) Voy. D, 380, 383.
Bossu. (le capit.) Voy. D, 448.
Bossuet. Orat. B, 456. Or. fun. E, 470. Hist. C, 221, 260. Esp. E, 243. Droit eccl. E, 371. Relig. E, 405.
Bossut. (l'abbé) Ed. E, 389.
Bouchaud. Trad. A, 302. E, 156.
Boucher. (M.) Droit. E, 327.
Boucher de la Richardière. (M.) Voy. D, 268.
Boucheseiche. (M.) Trad. D, 402.
Boufflers. (M. de) Poés. B, 485. Contes. E, 126.
Bougainville. (de) Trad. A, 191. Eloq. C, 6.
Bougainville. (M. de) Voy. D, 287.
Bougeant. (le P.) Hist. C, 362. Voy. D, 287. Relig. E, 388.
Bouhereau. Trad. B, 431.
Bouhier. Trad. A, 151.
Bouhours. (le P.) Rhet. C, 87. Gram. C, 170. Dial. E, 281.

Bouillon. Hist. D, 11.
Bouilly. (M.) Th. B, 224.
Boulainvilliers. (le comte de) Hist. C, 388.
Boulard, notaire. (M.) Trad. D, 92, 331. E, 382, 398.
Boulard, libraire. (M.) Bibl. D, 206.
Boulay de la Meurthe. (M.) Hist. D, 100.
Boulogne. (M. l'abbé) Or. funèb. B, 480. Journ. E, 213, 223.
Bourdaloue. (le P.) Orat. B, 451, 473.
Bourdelot. Rom. E, 11.
Bourgoing. (M.) Hist. C, 245. Trad. C, 418. Voy. D, 331.
Bourgueil. (M.) Th. B, 237.
Bourrit. (M.) Voy. D, 328.
Bourlet de Vauxcelles. Journ. E, 202. Espr. E, 256. Lettres. E, 298.
Boursault. Th. B, 75. Fab. B, 325. Rom. E, 78. Lettr. E, 292.
Boutard. (M.) Journ. E, 222.
Boyer. Th. B, 63.
Boze. (de) Elog. Acad. C, 5.
Brantôme. Hist. D, 17.
Bray. (M. le chevalier de) Voy. D, 349.
Breard de Neuville. (M. l'abbé) Droit. E, 337.
Brébeuf. Trad. A, 142.
Brécourt. Th. B, 67.
Brenner. (l'abbé) Hist. D, 114.
Brequigny. Trad. B, 415. Hist. D, 133, 179.
Bret. Th. B, 171. Voy. D, 486. Journ. E, 194.

Breteuil. (le baron de) Mém. D, 46.
Breton. (M.) Trad. D, 281.
Breton. (M. le) Elog. Acad. C, 10. Journ. E, 189, 211.
Bridault. Hist. C, 345.
Brion (M.) Atlas. D, 263.
Briquet. (M$^{me}$.) Dict. D, 231.
Brissot. Orat. C, 42. Trad. D, 90. Hist. D, 185.
Brizard. (l'abbé) Elog. Acad. C, 24, 423. Hist. C, 430.
Brohon. (M$^{lle}$.) Rom. E, 67.
Brooke. (M$^{me}$.) Rom. E, 156.
Brosselart. (M.) Trad. E, 362.
Brosses. (le P. de) Gramm. C, 124. Voy. D, 471.
Brotier. (le P.) Edit. A, 131. C, 351.
Brotier neveu. (l'abbé) Trad. A, 38. Journ. E, 188.
Brougton. (le capitaine) Voy. D, 433.
Brousse des Faucherets. Th. B, 216.
Browne. Voy. D, 392.
Bruce. Voy. D, 384.
Bruère. (la) Th. B, 154.
Brueys. Th. B, 97. Hist. C, 224.
Bruyset. (J. M.) Trad. E, 131.
Bruix. Journ. E, 198.
Brumoy. (le P.) Trad. A, 31, 35. Poés. A, 197. B, 164. Hist. C, 397.
Brun. (M. le) Trad. A, 20, 225.
Brun. (le) Poés. B, 300.
Bruyn. (le) Voy. D, 300.
Brunet. Th. B, 186.
Brunet. (le P.) Trad. D, 303.
Brunet fils. (M.) Bibl. D, 208. C, 309.
Brussel. Voy. D, 314.
Bruté de Loirelle. Trad. A, 440.

Bryan. (M. Edouard) D, 452.
Brydone. (M.) Voy. D, 338.
Buat. (le comte de) Hist. C, 389.
Buchanan. Hist. D, 107.
Buffier. Did. B, 392. Rhét. C, 88. Gramm. C, 138.
Bullet. Hist. C, 393.
Bulteau. Hist. C, 250.
Burcke. Orat. C, 57.
Burigny. Hist. C, 369. D, 137.
Burlamaqui. Droit. E, 321.
Burney-Darblay (M$^{me}$.) Rom. E, 157.
Bury. (de) Hist. C, 364, 429, 431.
Burriel. (le P.) Voy. D, 449.
Busching. Géog. D, 250.
Bussy-Rabutin. Mém. D, 32. Lettr. E, 295.
Butler. (Samuël) Poés. A, 255.
Butler. (Alban) Hist. C, 254.
Butler. (Charles) Relig. E, 381.
Buy de Mornas. Atlas. D, 261.
Byron. Voy. D, 289.

C.

Cabanis. Trad. A, 447.
Cahusac. Th. B, 158.
Cailhava. (M.) Th. B, 189. Did. B, 398.
Caillard. (M.) Journ. E, 122.
Caillau. Trad. A, 180.
Cailleau. Bibl. D, 208.
Calderon. Th. A, 317.
Callimaque. Poés. A, 53.
Calmet. (Dom) Hist. C, 194. Relig. E, 378, 382.
Calprenède. (la) Th. B, 59. Rom. E, 32.

Calpurnius. Poés. A, 162.
Cambacérès. (l'abbé de) Orat. B, 466.
Cambacérès. (S. A. S. le Prince) Lois. E, 347.
Cambri. Voy. D, 327.
Camoens. (le) Poé. A, 239.
Campe. (M.) Voy. D, 281.
Campenon. (M.) Voy. D, 328. E, 293.
Campion. (Henri de) D, 21.
Campistron. Th. B, 88.
Camus. Eloq. C, 110. Voy. D, 278, 328. Droit. E, 312.
Cantwel. Trad. C, 120. D, 92, 350. E, 155.
Caraccioli. Hist. C, 244. Mém. D, 46. Lettr. E, 290.
Cardonne. Rom. E, 4.
Carion de Nisas. (M.) Th. B, 226.
Carloix. (Vincent.) Hist. D, 12.
Carmontelle. Th. B, 195.
Carnot. (M.) Elo. Acad. C, 24.
Carrières. (le Père de) Relig. E, 377.
Carteret. Voy. D, 289.
Carver. Voy. D, 436.
Casas. (Las) Voy. D, 434.
Casaux. (M$^{me}$. de) Trad. D, 323.
Cassandre. Trad. C, 69.
Cassas. (M.) Voy. D, 481.
Castel. (le P.) Espr. E, 248.
Castel. (M.) Poés. B, 287.
Castelnau. Hist. D, 9.
Castera. (M.) Trad. A, 321. Hist. D, 157. Trad. D, 377, 384, 385, 392, 410, 422, 432, 439.
Castillon. (J.) Journ. E, 178.
Castillon. (MM.) Journ. E, 194.
Casti. Poés. A, 376.

Catani. Orat. B, 443.
Catherine II, Impératrice de Russie. Lois. E, 363.
Catrou. Trad. A, 81. Hist. C, 224, 338.
Cats. Poés. A, 450.
Catteau. (M.) Voy. D, 355, 357.
Catulle. Poés. A, 69.
Caussin. (M.) Trad. A, 29. Rom. E, 7.
Caux. (de) Th. B, 175.
Caveyrac. (l'abbé de) Hist. C, 437.
Cayet. Hist. D, 16.
Caylus. (M$^{me}$. de) Mém. D, 33.
Caylus. (le comte de) Trad. E, 131.
Cazalès. Orat. C, 35.
Cazotte. Rom. poét. E, 110.
Cedors. (de) Trad. A, 231.
Ceilliers. (Dom) Hist. C, 230.
Celsius. Hist. D, 159.
Cerati. Orat. B, 443.
Cervantes. (Michel) A, 316. Rom. E, 127.
Cerutti. Elo. Acad. C, 15.
Cerveau. (l'abbé) Esp. E, 245.
César. Hist. C, 328.
Cesarotti. Orat. B, 442.
Chabanon. Trad. A, 49. Théât. B, 200.
Chabeaussière. (M. la) Trad. A, 46. B, 227. Journ. E, 211.
Chalotais. (la) Orat. B, 498.
Chalvet. Trad. B, 427.
Chamfort. Th. B, 201. Poés. dram. B, 360. Hist. dram. B, 386. Disc. Acad. B, 512. Journ. E, 189.
Champagne. (M.) Trad. E, 329.
Champmêlé. Th. B, 81.
Chaudler. Voy. D, 362.
Chantreau. Trad. E, 273.

Chanvallon. Voy. D, 456.
Chapelain. (le P. le) Orat. B, 458.
Chapelle. Poés. B, 336. Voy. D, 485.
Chapelle. (la) Trad. A, 70, 126. Théâ. B, 87.
Chappe. (l'abbé) Voy. D, 225.
Charbuy. Hist. C, 201.
Chardin. Voy. D, 398.
Chardon de la Rochette. (M.) Journ. E, 212.
Charenton. (le P.) Trad. D, 69.
Chariton. Rom. E, 20.
Charles IX. Hist. D, 10.
Charlevoix. (le P. de) Hist. D, 179. Voy. D, 454, 464.
Charpentier. Trad. C, 296.
Charron. Esp. E, 237.
Chas. (M.) Esp. E, 258.
Chatam. Orat. C, 57.
Châteaubriand. (M. de) Rom. poét. E, 119. Relig. E, 397.
Châteaubrun. Th. B, 129.
Chatenay. (M$^{lle}$. de) Trad. E, 161.
Chastellux. (le marquis de) Voy. D, 441.
Chaucer. Poés. A, 386.
Chaudon. (M.) Dict. D, 224.
Chaufepié. Dict. D, 220.
Chaulieu. Poés. B, 340.
Chaumont. (le chevalier de) Voy. D, 411.
Chaussard. (M.) Trad. C, 302. Esp. E, 259.
Chaussée. (la) Th. B, 149.
Cheminais. (le P.) Orat. B, 453.
Chenedollé (M.) Poés. B, 293. Journ. E, 215.

Chénier, le père. (de) Hist. D, 188.
Chénier. (M.) Th. B, 220.
Chenu. Hist. C, 399.
Chéron. Trad. E, 148.
Chesnaye-des-Bois. (la) Hist. C, 383. Dict. D, 232.
Chevreau. Hist. C, 290.
Chesterfield. Lettr. E, 310.
Choiseul. (le duc de) Mém. D, 54.
Choiseul-Gouffier. (M. de) Voy. D, 479.
Choiseul-Meuse. (M. de) Trad. A, 293.
Choisy. (l'abbé de) Hist. C, 211, 419. Mém. D, 25. Voy. D, 411.
Chompré. (M.) Relig. E, 382. Myth. E, 412.
Chompré fils. Voy. D, 276.
Cicéron. Orat. B, 418. Rhét. C, 72. Pensées. E, 233. Lettres. E, 287. Lois. E, 313.
Citri de la Guette. Hist. C, 347. Trad. D, 450.
Clairon. (M<sup>lle</sup>.) Déclam. C, 116.
Clarendon. Hist. D, 99.
Claudien. Poés. A, 160.
Claustre. (l'abbé de) Journ. E, 173.
Clavier. (M.) Trad. D, 275. E, 410.
Clavière. Hist. D, 185.
Clede. (la) Hist. D, 77.
Clémencet. (Dom) Hist. C, 271. Hist. Litt. D, 191.
Clément de Genève. Journ. E, 191.
Clément. (l'abbé) Orat. B, 460.
Clément. (Dom) Hist. C, 271.
Clément de Dijon. (M.) Trad. A, 226.

Sat. B, 311. Hist. Dram. B, 386. Trad. B, 423. E, 15. Journ. E, 188, 210, 228.
Clerc. (Jean le) Hist. D, 85. Journ. E, 175, 176.
Clerc. (Nicolas le) Hist. D, 152.
Clerc. (le) Rom. Poét. E, 111.
Clerc de Sept Chênes. (le) Trad. C, 363.
Clos. (de la) Rom. E, 90.
Cochin. Orat. B, 489.
Coffinières. (M.) Lois. E, 351.
Coiffier. (M. H. de) Trad. E, 139. Rom. E, 166.
Coigneux de Belabre. (M. le) Trad. D, 106.
Colardeau. Poés. élég., B, 314.
Colin. Trad. C, 72.
Collé. Th. B, 167. Mém. D, 56.
Collin d'Harleville. Th. B, 216.
Colomme. (le P.) Géog. D, 248.
Colquhoun. (M.) Hist. D, 106.
Commelin. Rom. E, 11.
Comeyras. (Victor) Voy. D, 277.
Comines. Hist. C, 422.
Commire. (le P.) Poés. A, 183.
Condamine. (la) Voy. D, 462.
Condé. Hist. D, 9.
Condillac. Gramm. C, 126. Esp. E, 258.
Condorcet. Elog. C, 4. Orat. C, 44. Journ. E, 221.
Congrève. Th. A, 329.
Constant. (M. B.) Hist. D, 100.
Contant d'Orville. Esp. E, 249. Rom. E, 4.
Conthur. (M.) Voy. D, 336.

Cook. Voy. D , 289.
Coray. ( M. ) Trad. D , 243. Rom. E , 12.
Cordier. ( Mathurin ) Dial. E , 280.
Cormartin. ( M. ) Voy. D, 335.
Cormilliole. ( M. ) Trad. A , 157.
Corneille. ( Pierre ) Th. B , 49.
Corneille. ( Thomas ) Trad. A , 115. Théât. B , 65.
Cornelius Nepos. Hist. C , 333.
Coste. Trad. C , 297. D , 435.
Coster. Journ. E , 209.
Couchu. Rom. E , 4.
Coulanges. Poés. B , 339.
Coulanges. ( M<sup>me</sup>. de ) Lettr. E , 299.
Couley. Voy. D , 285.
Coupé. ( M. ) Trad. A , 146. Rom. E , 4. Journ. E , 214.
Courayer. ( le ) Trad. C , 239.
Cournand. ( M. ) Trad. A , 94. Poés. B , 271.
Court de Gebelin. Gramm. C , 125. Mém. D , 29.
Cousin. ( le P. ) Trad. C , 217, 359, 367.
Cousin Despréaux. ( M. ) Hist. C , 316. Relig. E , 408.
Cowley. Poés. A , 389.
Coxe. ( William ) Voy. D , 319, 345, 429.
Coyer. ( l'abbé ) Hist. D , 168. Voy. D. 337. Facét. E , 271.
Cramer. Trad. D , 333.
Crassous. ( M. Paulin ) Journ, E , 211.
Crébillon. Th. B , 120.
Crébillon fils. Rom. E , 82.
Crevecœur. ( M. de ) Voy. D , 442.

Crévier. Hist. C , 336, 361.
Creuzé de Lesser. ( M.) Trad. A , 233.
Crignon. ( M. ) Trad. A , 168.
Croiset. Relig. E , 406.
Croix. ( l'abbé de la ) Géogr. D , 250.
Croix. ( de la ) Dict. C , 228. D , 228.
Croix. ( M. de la ) Orat. B , 502. Lois. E , 327.
Cujas. Droit. E , 335.
Curne de Sainte - Palaye. ( de la ) Hist. C , 409. Rom. E , 32.
Cuvier. ( M.) Elo. Acad. C, 10. Journ. E , 212.
Cuvier. ( Frédéric ) Journ. E , 189.

### D.

Dacier. ( André ) Trad. A , 102. C , 299.
Dacier. ( M<sup>me</sup>. ) Trad. A , 12, 38, 42, 57, 61.
Dacier. ( M. ) Eloq. C , 8 , 10. Trad. C , 296, 307. Journ. E , 212.
Daillant de la Touche. Journ. E, 188.
Dallaway. ( Jacques ) Voy. D , 359.
Dambreville. ( M. ) Hist. C , 247. Trad. C , 355.
Damin. ( M. ) Voy. D , 486.
Dampier. ( G. ) Voy. D , 284.
Dampierre. Th. B , 210.
Dancourt. Th. B , 91.
Dangerville. ( M. ) Hist. C , 442.
Daniel. ( le P. ) Hist. C , 371, 411.
Dante. Poés. A , 206.
Danton. Orat. C , 46.
Daru. ( M. ): Trad. A , 108. Disc. Acad. B , 511. Trad. C , 72.

Darwin.

Darwin. Poés. A, 427.
Daunou. (M.) Disc. Acad. B, 512.
 Orat. C, 51. Edit. D, 165.
Debure, le jeune. Bibl. D, 206.
Debure, l'aîné. (M.) Bibl. D, 213.
Deforis. (Dom) Relig. E, 406.
Delambre. (M.) Eloq. Acad. C, 16.
Delandine. (M.) Dict. D, 225. Journ.
 E, 200.
Delalot. (M. Charles) Journ. E, 223.
Delaunay. Fab. B, 325.
Deleuze. (M.) Trad. A, 418, 428.
Deleyre. Voy. D, 256. Journ. E, 192.
 Esp. E, 238.
Delille. (M.) Trad. A, 87, 252.
 Poés. B, 272, 363.
Delolme. Constit. E, 364.
Demanet. (l'abbé) Voy. D, 368.
Demeunier. (M.) Trad. B, 423.
 D, 290, 298, 338, 407, 430,
 472.
Démosthène. Orat. B, 407.
Demoustier. Th. B, 263. Myth. E,
 413.
Denham. Th. A, 332.
Denina. (M.) Hist. D, 129. Hist.
 Litt. D, 196.
Denys d'Halicarnasse. Eloq. C, 76.
 Hist. C, 330.
Denize. Trad. A, 131.
Denon. (M.) Voy. D, 343, 482.
Desbillons. (le P.) Poés. A, 203.
 Relig. E, 401.
Desbois de Rochefort. Journ. E, 214.
Desboulmiers. Hist. dram. B, 385.
Deschamps. (M.) Th. B, 237. Rom.
 E, 6. Trad. E, 154, 157, 163.

Desessarts. (M.) Causes céléb. 508.
 Hist. Litt. D, 202. Rom. E, 2.
Desfontaines. Th. B, 60.
Desfontaines. (l'abbé) Trad. A, 84.
 Dict. C, 175. Trad. C, 340. D,
 78. E, 144. Journ. E, 179.
Desfontaines. (M.) Th. B, 237. Rom.
 E, 6.
Desforges. Th. B, 209.
Desforges-Maillard. Poés. B, 354.
Desgrouais. Gramm. C, 178.
Deshoulières. (M$^{de}$.) Poés. B, 306.
 Elég. B, 313.
Desmahis. Théât. B, 175. Poés.
 B, 355. Voy. D, 485.
Desmares. Trad. C, 331.
Desmarets. Théât. B, 60. Rom. E, 32.
Desmay. Fab. B, 325.
Desormeaux. Mém. D, 24. Hist.
 D, 71.
Despaze. (M.) Poés. sat. B, 311.
Desprémenil. Orat. C, 36.
Després. (M.) Théât. B, 237. Trad.
 E, 154, 157.
Desrenaudes. (M.) Trad. C, 355.
Destouches. Th. B, 123.
Devaisné. Journ. E, 229.
Deyverdun. (M.) Trad. E, 139.
Diderot. Rom. E, 84.
Didot. (M. F.) Trad. A, 93.
Dinouart. Eloq. B, 484. C, 112.
 Hist. C, 214.
Diodore de Sicile. Hist. C, 256.
Diogène. (Antoine) Rom. E, 9.
Dion Cassius. Hist. C, 331, 355.
Dion Chrysostôme. Orat. B, 414.
Doissin. (le P.) Poés. A, 200.

TOME V.

Domairon. Rhét. C, 101. Hist. C, 278. Voy. D, 279.
Domat. Lois. E, 335.
Doppet. (le général) Hist. D, 146.
Dorat. (Claude-Joseph) Poés. B, 30. Théât. B, 170. Poés. B, 315, 356. Fab. B, 329.
Dotteville. Trad. A, 59. C, 327, 353.
Dotti. Poés. A, 374.
Doucette. (de la) Trad. E, 135.
Douchet. Orthog. C, 151.
Doujat. Trad. C, 335.
Dreux du Radier. Hist. C, 281, 394. Mém. D, 66. Journ. E, 190.
Drouet. Hist. C, 217.
Dryden. Théât. A, 327. Poés. A, 392.
Duault. (M.) Poés. B, 369.
Dubellay. Hist., D, 6.
Dubocage. (M$^{de}$.) Trad. A, 252. B, 12.
Dubois. Trad. B, 437.
Dubois. (J.-B.) Journ. E, 179.
Dubois. (M.) Voy. D, 324.
Dubois-Fontanelle. (M.) Trad. A, 113. Théât. B, 214. Hist. C, 346. Trad. E, 161.
Dubois de la Molignière. (M.) Trad. A, 138.
Dubois de Saint-Gelais. Trad. A, 299.
Dubos. (l'abbé) Did. B, 392. Hist. 387.
Dubreuil. (le P.) Hist. C, 402.
Dubroca. (M.) Déclam. C, 118.
Dubuisson. Th. B, 204.

Duchat. (le) Anec. E, 262.
Duché. Th. B, 107.
Duchesne. (André) Hist. C, 241.
Duchesne. (François) Hist. C, 241. Mém. D, 60.
Duchenay. (M.) Mém. D, 60.
Ducis. (M.) Th. B, 218.
Duclos. Hist. C, 423, 440. Voy. D, 340. Rom. E, 83.
Duclos. (l'abbé) Bibl. D, 208.
Ducray-Duminil. (M.) Rom. E, 95.
Dudoyer. Th. B, 217.
Dufour. (M.) Trad. A, 95.
Dufresnoy. Poés. A, 175.
Dufresny. Th. B, 100.
Duguay-Trouin. Mém. D, 42.
Duguet. Esp. E, 231. Relig. E, 404.
Dujardin. Trad. A, 150. Hist. D, 85.
Dulard. (M.) Poés. B, 257.
Dulaure. (M.) Hist. C. 406. Voy. D, 323.
Dumaniant. (M.) Th. B, 225.
Dumarsais. Gramm. C, 134, 144.
Dumas. Hist. C, 226.
Dumas. (C.-G.-F.) Trad. D, 429.
Dumoulin. Jurisp. E, 351.
Dumouchel. (M.) Journ. E, 188.
Dumourier. Trad. A, 235. Poés. B, 25.
Dupaty. Orat. B, 499. Voy. D, 341.
Duperron de Castera. Trad. A, 242. E, 15.
Dupin. Hist. E, 229. C, 290.
Dupin. (M.) Droit. E, 310.
Dupleix. Hist. C, 370. D, 19.
Dupont de Nemours. (M.) Journ. E, 224.

Dupré de Saint-Maur. Trad. A, 249.
Dupuis. Relig. E, 410.
Dupuis. (D.) Esp. E, 247.
Dupuy. (P.) Droit. E, 370.
Dupuy. (Louis) Trad. A, 32. Eloq. Acad. C, 7. Journ. E, 173.
Duquesne. (l'abbé) Relig. E, 407.
Duquesnoy. (Adrien) Voy. D, 395.
Durand. (Dom) Hist. C, 271.
Durand. (M.) Trad. A, 151. Voy. D, 374.
Durand. (M<sup>de</sup>.) Rom. E, 45.
Durand de Maillane. Droit. E, 368, 370.
Dureau de la Malle. Disc. acad. B, 511. Trad. C, 354.
Duresnel. Trad. A, 261.
Durey de Noinville. Hist. dram. B, 384.
Durey de Morsan. Trad. C, 78.
Durival. Trad. D, 77.
Dusaulx. Trad. D, 137. Voy. D, 327.
Dussault. (M.) Journ. E, 223.
Dutems. (l'abbé) Hist. C, 398.
Dutens. (M.) Rom. E, 32.
Dutertre. (Duport) Hist. D, 95.
Dutertre. (le P.) D, 451.
Duval. (M. Amaury) Journ. E, 189, 211.
Duval. (M. Alexandre) Théât. B, 225.
Duveyrier. (M.) Orat. B, 504.
Duvoisin. (M.) Relig. E, 395.

E.

Ebel. (M.) Voy. D, 344.
Echard. (Laurent) Hist. C, 340.
Egly. (Montenant d') Trad. A, 180. Hist. D, 137.
Eidous. Trad. D, 457.
Elien. Hist. C, 306.
Ellis. (Henri) Voy. D, 427.
Elphinston. (M.) Gramm. C, 190.
Elysée. (le P.) Orat. B, 461.
Emery. (M.) Esp. E, 243.
Erard. Orat. B, 486.
Ercilla. (Alonzo d') Poés. A, 236.
Erasme. Facét. E, 264. Dial. E, 279.
Ersch. (M.) Hist. litt. D, 200.
Eschine. Orat. B, 410.
Eschyle. Th. A, 29.
Esmenard. (M.) Poés. B, 291.
Esope. Poés. A, 54.
Espagnac. (le Baron d') Mém. D, 48.
Estienne. (Henri) Dict. C, 131.
Estienne. (Robert) Dict. C, 136.
Estienne. (Robert) Trad. C, 63.
Estoile. (de l') Hist. D, 10, 15.
Estouteville. (le C<sup>te</sup> d') Trad. A, 208.
Estrées. (le Duc d') Hist. D, 18.
Etienne. (M.) Hist. dram. B, 389.
Eton. (William) Hist. D, 175.
Euripide. Th. A, 32.
Eustathe. Rom. E, 21.
Eyriès. (M.) Trad. D, 433.

F.

Fabre. (le P.) Trad. A, 83. Hist. C, 207.
Fabre d'Eglantine. Th. B, 201.
Facciolati. Dict. C, 136.
Fagan. Th. B, 146.
Fagnan. (M<sup>de</sup>.) Rom. E, 57.

Fulaiseau. Hist. D, 87.
Fautin des Odoarts. ( M. ) Hist. C, 377, 444.
Fare. (de la) Poés. B, 342. Mém. D, 25.
Farquhar. Th. A, 330.
Favart. Th. B, 159.
Fauchet. (l'abbé) Eloq. acad. C, 22.
Favre. Trad. D, 128.
Fauques. ( M^lle. de ) Rom. E, 58.
Fayette. ( M^de. de la ) Rom. E, 38. Lettr. E, 299.
Feith. Th. A, 355.
Felice. ( de ) Droit. E, 321, 324.
Feller. (l'abbé de) Dict. D, 226. Rel. E, 386.
Felets. (M. de) Journ. E, 189, 222.
Felibien. Hist. C, 404.
Felsroden. Orat. C, 64.
Fénélon. Trad. A, 21. Orat. B, 456. Rhét. C, 90. Rom. poét. E, 98. Dial. E, 280. Relig. E, 444.
Fenouillot de Falbaire. Th. B, 208.
Ferandière. (M^de. de la) Poés. B, 368.
Fermin. ( M. ) Voy. D, 458.
Ferrand. Poés. B, 344.
Ferrand. ( M. ) Hist. C, 278.
Ferraud. (l'abbé) Dict. C, 147.
Ferreras. Hist. D, 71.
Ferri. ( M. ) Rhét. C, 95. Voy. D, 353.
Fersen. ( le Comte de ) Orat. C, 64.
Fevre. ( M. le) Trad. D, 175.
Fevre (le) de la Roche. Trad. A, 108.

Fevre (le) de Villebrune. Trad. A, 159. C, 305, E, 134.
Feyre. ( Edouard le ) Trad. E, 162.
Fielding. Rom. E, 146.
Fievée. (M.) Rom. E, 6, 97.
Fischer. ( M. ) Voy. D, 332.
Flachat. Voy. D, 302.
Flechier. Orat. B, 456, 470. Hist. C, 367. D, 74. Voy. D, 486.
Fleurieu. (M. de) Voy. D, 296, 473.
Fleury. (l'abbé) Hist. C, 199, 203. Droit. E, 340, 368.
Flins des Oliviers. Th. B, 210.
Florian. Th. B, 199. Fab. B, 331. Poés. B, 361. Rom. E, 116. Trad. E, 129.
Flotte. (de la) Trad. D, 307.
Foé. (de) Rom. E, 141.
Folengo. ( Théophile ) Poés. A, 216.
Font. ( de la ) Théât. B, 120.
Fontaine. (de la) Poés. B, 313. Fab. B, 321. Poés. B, 338. Trad. E, 25. Voy. D, 485.
Fontaine. (Auguste la) Rom. E, 137.
Fontaines. (M^de. de) Rom. E, 46.
Fontanes. ( M. de ) Trad. A, 403. Poés. B, 282. Eloq. acad. C, 25.
Fontenay. ( le P. de ) Hist. C, 397.
Fontenai. (l'abbé de ) Voy. D, 279. Journ. E, 193.
Fontenelle. Théât. B, 86. Poés. B, 304. Hist. B, 382. Elog. C, 1. Dial. E, 281. Lettr. E, 302.
Fontette. ( Fevret de ) Mém. D, 67.

Forbin. Mém. D, 42.
Forbonnais. Hist. C, 413.
Force. (M<sup>lle</sup>. de la) Rom. E, 42.
Forcellini. Dict. C, 136.
Formey. Hist. C, 215. Esp. E, 250.
Fordyce. Orat. C, 62.
Forgeot. Th. B, 211.
Forrest. (le Capitaine) Voy. D, 471.
Forster, (Georges) Allemand. Voy. D, 321.
Forster, (Georges) Anglais. Voy. D, 401.
Fortia de Piles. (M.) Voy. D, 320.
Fortier. (M. le) Trad. C, 78.
Fortiguerra. Poés. A, 233.
Fortis. (l'abbé) Voy. D, 366.
Fosse. (de la) Th. B, 109.
Foucher d'Obsonville. Voy. D, 420.
Fouchy. (Grandjean de) Elog. acad. C, 4.
Fournier. (F.-L.) Bibl. D, 208.
Fox. Orat. C, 58.
Fradin. (M.) Trad. D, 245.
Fraguier. Poés. A, 186.
Framery. (M.) Trad. A, 215. Théât. B, 228.
Franc (le) de Pompignan. Trad. A, 35, 93. Théât. B, 153. Poés. B, 298. Voy. D, 485.
François. (l'abbé) Relig. E, 390.
François de Neufchâteau (M.) Trad. A, 172. Théât. B, 213. Poés. B, 360. Orat. B, 504. Journ. E, 200.
Frapaolo. Hist. C, 239.
Fréron. Trad. A, 228. Hist. D, 102. Journ. E, 184, 192.
Frédéric II, Roi de Prusse. Poés.
B, 261, 351. Hist. D, 117. Lois. E, 362.
Frémin de Beaumont (M.) Trad. A, 419.
Frenilly. (M. de) Poés. B, 370.
Freret. Trad. A, 309. Elog. acad. C, 6.
Fresnais. Trad. E, 135, 151, 156.
Frey Deslandres. (M.) Trad. D, 309, 344.
Friedel. Trad. A, 347.
Frisi. Orat. B, 441.
Frossard. (M.) Trad. C, 63.
Furetière. Fab. B, 324. Dict. C, 158.
Fursman. Trad. A, 358.
Fuselier. Fab. B, 325.

### G.

Gabiot. (M.) Trad. A, 183.
Gacon. Trad. A, 43.
Gaichiés. Eloq. C, 103.
Gail. (M.) Trad. A, 25, 45, 52, 55, 132. B, 404.
Gaillard. Poés. B, 398. Elog. C, 16. Rhét. C, 92. Hist. C, 417, 424, 96. Journ. E, 228.
Galignani. (M.) Journ. E, 227.
Gallais. (M.) Dict. D, 260. Journ. E, 221.
Galland. (Antoine) Rom. E, 7.
Gallet. (M.) Trad. A, 362.
Gamache. Rhét. C, 90.
Ganeau. Fab. B, 329.
Garat. (M.) Elog. acad. C, 17. Journ. E, 221.
Garcillasso de la Vega. Voy. D, 464.
Garnier. (l'abbé) Hist. C, 375.
Garnier. Théât. B, 39.

Garnier. Voy. imag. E, 168.
Garnier. (M. Germain) Trad. D, 305.
Garth. Poés. A, 260.
Gaston. Trad. A, 95.
Gaudin. (M. l'abbé) Voy. D, 344.
Gauthier de la Peyronie. (M.) Trad. D, 358.
Gaulmin. (Gilbert) Trad. E, 21.
Gautier. Orat. B, 485.
Gazon Dourxigné. Trad. A, 183.
Gay. Th. A, 328. Poés. A, 400.
Gayot. Causes céléb. B, 506.
Gedoin. Trad. C, 76. D, 273. E, 414.
Gellert. Poés. A, 435. Lett. E, 309.
Gemelli Carreri. Voy. D, 284.
Gendre. (l'abbé le) Hist. C, 373.
Genest. (l'abbé) Théât. B, 87.
Genet. Hist. D, 104.
Genet le fils. (M.) Trad. D, 159.
Genlis. (M$^{me}$. de) Théât. B, 219. Rom. E, 70.
Gentil. (le) Voy. D, 403.
Geoffroy. (M.) Trad. A, 52. Journ. E, 188, 222.
Georgeon. Trad. D, 128.
Gérard de Rayneval. (M.) Trad. D, 250. Jurispr. E, 323.
Gérard de Propiac. (M.) Trad. E, 138.
Gérard. (l'abbé) Relig. E, 391.
Gerberon. Hist. C, 226.
Gerbier. Orat. B, 493.
Germanes. (M. l'abbé de) Hist. D, 135.
Gervaise. (Dom) Trad. E, 289.
Gery. (l'abbé de) Orat. B, 462.
Gesner. Poés. A, 279, 439.

Gesner (J.-Math.) Dict. C, 136.
Gherardi. Th. B, 86.
Giannone. Hist. D, 139.
Gibert. Rhét. C, 82.
Gibbon. Hist. C, 362.
Gillet. Théât. B, 45.
Gillet. Orat. B, 486.
Gillet. (le P.) Trad. C, 195.
Gin. Trad. A, 14, 49. Eloq. C, 109. Trad. E, 153.
Ginguené. (M.) Journ. E, 189, 211.
Girard. (l'abbé.) Gramm. C, 139.
Giraudeau (le P.) Relig. E, 408.
Giry, (le P.) Hist. C, 255.
Gisbert. (le P.) Eloq. C, 103.
Glover. Poés. A, 268.
Godefroy. (Denis) Droit. E, 332.
Goethe. Poés. A, 286. Rom. E, 138.
Godescard. (l'abbé) Trad. C, 254.
Golberri. (M.) Voy. D, 373.
Goldoni. Th. A, 311.
Goldsmith. Poés. A, 426. Hist. D, 90. Rom. E, 153.
Gottsched. Th. A, 341.
Gomberville. Rom. E, 32.
Gomez. (M$^{me}$. de) Th. B, 128. Rom. E, 41.
Gognet. Hist. litt. D, 196.
Gordon. (Alexandre) Hist. C, 243.
Gordon. (J.) Hist. E, 416.
Gordon de Percel. Rom. E, 3. *V.* Lenglet.
Gorgias. Orat. B, 404.
Gorini. Th. A, 310.
Gorsse. (M.) B, 33.
Gossellin. (M. (Géog. D, 241. Trad. D, 243.

# TABLE GÉNÉRALE. 447

Gouge. Poés. B, 256.
Goujet. (l'abbé) Hist. B, 381.
  C, 244, 253, 409. D, 17.
Goulart. (Simon) Hist. D, 14.
Gourcy. (de) Trad. B, 435.
Gourville. Mém. D, 32.
Grace. (de) Trad. C, 268.
Graffigny. (M$^{me}$. de) Théât. B, 174.
  Rom. E, 49.
Grainville. Rom. E, 10.
Grand. (le) Th. B, 108.
Grand d'Aussy. (le) Hist. C, 383.
  Voy. D, 327. Rom. E, 4.
Granet. (l'abbé) Journ. E, 183, 282.
Grange-Chancel. (de la) Théât. B,
  145, 155.
Grange (de la) de Montpellier. Trad.
  A, 274.
Grange. (la) Trad. A, 68. B, 427.
Granger. Voy. D, 386.
Grandpré. (M. de) Voy. D, 375,
  409.
Gravesande. (s') Journ. E, 177.
Gravina. Droit. E, 331.
Gray. Poés. A, 425.
Grazzini dit Lasca. Rom. E, 133.
Grecourt. (l'abbé) Fab. B, 325.
  Poés. B, 344.
Grégoire (S.) de Nazianze. Orat. B, 433.
Grégoire. (M.) Elog. Acad. C, 20.
  Hist. C, 200. Voy. D, 435. Journ.
  E, 214.
Grenan. Eloq. C, 29.
Gresset. Trad. A, 90. Poés. B, 11.
  Théât. B, 163. Poés. B, 349. Voy.
  D, 486.
Griffet. (le P.) Hist. C, 431. Chron.

D, 237. Relig. E, 407.
Gros de Besplas. (M.) Eloq. C, 106.
Groselier. (le P.) Fab. B, 329.
Grosier. (M. l'abbé) Hist. D, 178.
  Journ. E, 179, 188, 228.
Grosley. Voy. D, 351. Facét. E, 267.
  Droit. E, 339.
Grotius. Hist. D, 82. Droit. E, 318,
  329.
Grouvelle. Hist. C, 248. Lettr. E,
  297.
Gua de Malves. (l'abbé de) Trad.
  D, 286.
Guadet. Orat. C, 45.
Guairard. (M.) Journ. E, 223.
Guarini. Th. A, 294.
Guasco. (l'abbé de) Lettr. E, 304.
Gudin. (M.) Poés. B, 286. Chron.
  D, 238.
Guérin. Trad. D, 333.
Guerle. (M. de) Trad. A, 152.
Guénard. (le P.) Disc. Acad. C, 12.
Guénée. (l'abbé) Lettr. E, 383.
Gueroult l'aîné. (M.) Trad. B, 423.
  Gramm. C, 135.
Gueroult le cadet. (M.) Trad. B, 423.
Guesnerie. (M$^{lle}$. de la) Rom. E, 65.
Gueudeville. Trad. A, 58. E, 264.
Gueullette. Th. B, 130.
Guibert. (de) Elog. Acad. C, 17.
Guichard. (M.) Fabul. B, 332.
Guichardin. Hist. D, 128.
Guienne. (M. de) Droit. E, 337.
Guignes. (de) Hist. D, 169.
Guillard. (M.) Th. B, 230.
Guiraudet. Trad. D, 94, 136.
Guizot. (M.) Journ. E, 224.

Gumilla. (le P.) Voy. D, 456.
Gustave III, roi de Suède. Orat. C, 64.
Guthrie. Géog. D, 251.
Guyard de Berville. Hist. D, 6.
Guymond de la Touche. (Claude) Théât. B, 176.
Guyon. (l'abbé) Hist. C, 312, 341, 368.
Guyot. (M.) Jurisp. E, 342.
Guyot. (l'abbé) Journ. E, 178.
Guyot de Merville. Th. B, 157.
Guys. (M.) Voy. D, 363.
Guyton de Morveau. (M.) Elog. Acad. C, 21.

## H.

Haguenier. Poés. B, 347.
Halde. (le P. du) Hist. D, 175.
Haller. Poés. A, 435.
Hamilton. Mém. D. 30. Voy. D, 486. Rom. E, 80.
Hamoche. Did. B, 401.
Hannetaire. (d') Déclam. C, 113.
Hardion. Hist. C, 264.
Hardy. Th. B, 43.
Haren (Guillaume de) Poés. A, 452.
Harpe. (de la) Trad. A, 145, 226, 242. Poés. B, 32. Théât. B, 188. Poés. élég. B, 316. Rhét. C, 97. Elog. C, 115. Trad. C, 357. Voy. D, 277. Journ. E, 189, 229.
Harris. (Jacques) Gramm. C, 123.
Hauteroche. Th. B, 82.
Hawkesworth. Voy. D, 289.
Hearne. (Samuel) Voy. D, 431.

Hebrail. (l'abbé d') Hist. Litt. D, 198.
Hédéric. Dict. C, 31.
Hegewisch. (M.) Hist. C, 418.
Hèle. (d') Th. B, 197.
Héliodore. Rom. E, 10.
Helme. (Mme.) Rom. E, 161.
Héloïse et Abailard. Lettr. E, 289.
Helyot (le P.) Hist. C, 247.
Hénault. Théât. B, 128. Hist. C, 376. D, 74.
Hennequin. (M.) Trad. A, 426. E, 162.
Hennet. (M.) Trad. A, 326, 431.
Henrion de Pansey. (M.) Droit. E, 360.
Henry (M.) Trad. D, 298, 416, 460.
Henry. (le docteur) Hist. D, 91.
Herberay. (d') Trad. E, 28.
Herbin. (M.) Géog. D, 256.
Héricourt. (de) Lois. Eccl. E, 372.
Hérissant. (M. L. T.) Rhét. C, 95. Journ. E, 212.
Herisson. (M) Atlas. D, 264.
Héritier. (l') Trad. D, 82.
Héritier. (Mlle. l') Rom. E, 44.
Herivaux. Journ. E, 188.
Hermant. Hist. C, 236.
Hermilly. (d') Trad. A, 242. D, 71.
Hernandès. Trad. E, 150.
Hérodien. Hist. C, 359.
Hérodote. Orat. B, 424. Hist. C, 291.
Herrera. Voy. D, 435.
Hervey. Poés. A, 424.
Hésiode. Poés. A, 25.
Heu. (M.) Trad. A, 170.
Hilliard d'Auberteuil. Hist. D, 184.

Hochet.

# TABLE GÉNÉRALE. 449

Hochet. (M.) Trad. D, 136. Journ. E, 224.
Hoffman. (M.) Théât. B, 228. Journ. E, 222.
Hoffmansegg. (M. le Comte de) Voy. D, 336.
Holbac le fils. (M. d') Trad. A, 277.
Holberg. Th. A, 358.
Homère. Poés. A, 4.
Horace. Poés. A, 98.
Hornemann. Voy. D, 378.
Hoschius. (Sidronius) Poés. A, 172.
Houdry. (le P.) Ouv. sur la chaire. B, 483.
Houel. (M.) Voy. D, 475.
Huber. Trad. A, 282, 440, 441, 443. E, 309.
Huet. Poés. A, 186. Rom. E, 2.
Huissen. (le Baron d') Hist. C, 246.
Hulot. Droit. E, 333.
Hume. Hist. D, 89.

## I.

Ifland. (M.) Dram. A, 347.
Imbert. Poés. B, 30. Trad. E, 134.
Inchbald. (M$^{me}$.) Rom. E, 163.
Irailh. (l'abbé) Hist. litt. D, 203.
Irwin. (M.) Voy. D, 310.
Isée. Orat. B, 407.
Isocrate. Orat. B, 406.

## J.

Jacobi. Poés. A, 442.
Jannin. (M.) Journ. E, 223.

Jansen. (M.) Trad. A, 453. D, 183, 284, 403.
Janvier. (le P.) Poés. B, 258.
Jardin. (M. l'abbé) Trad. D, 129.
Jaubert. Trad. A, 164.
Jay. (le P. le) Trad. C, 330.
Jean (Saint) Chrysostôme. Orat. B, 431.
Jean second. Poés. A, 169.
Jefferson. (M.) Hist. D, 187.
Jennings. Relig. E, 394.
Joannet. (l'abbé) Did. B, 394.
Jodelle. Th. B, 38.
Johnson. Dict. C, 191.
Joinville. Hist. C, 418.
Joly. Mém. D, 23.
Joly. (le P.) Eloq. C, 106. Géog. D, 249.
Josephe. Hist. C, 195.
Jusse. (l'abbé) Trad. E, 27.
Journal du Barreau. E, 416.
Jove. Hist. D, 124.
Jouve. (le P.) Hist. D, 176.
Jouvency. (le P.) Eloq. C, 26. Rhét. C, 78.
Jubé. (M.) Hist. D, 131.
Juigné. Dict. D, 215.
Junker. Trad. A, 285, 347. Journ. E, 201.
Junquières. (de) Poés. B, 23.
Justin. Hist. C, 258.
Juvenal. Poés. A, 135.
Juvenel de Carlencas. Hist. litt. D, 194.

## K.

Keate. (George) Hist. D, 144. Voy. D, 468.

Tome V. 57

Kempis. (Thomas à) Relig. E, 400.
Kéralio. (M^lle. de) Hist. D, 103.
Kervillars. Trad. A, 117, 119.
Kienlong. Poés. A, 288.
Kilg. (M.) Trad. D, 251.
Klopstock. Poés. A, 284.
Koch. (M.) Hist. C, 279, 290. Chron. D, 235. Droit. E, 326.
Kœmpfer. Hist. D, 180.
Kotzebue. (M.) Dram. A, 346. Rom. E, 139.
Kourzroch. (M^de. de) Trad. A, 285.
Kracheninnikow. Voy. D, 425.

L.

Labarthe. (M.) Voy. D, 372.
Labat. (le P.) Voy. D, 451, 455.
Labaume. Trad. A, 271. D, 143, 379. E, 136, 157. Journ. E, 211.
Laboureur. (le) Hist. D, 9.
Laborde. (de) Trad. D, 330, 467. Voy. D, 476.
Laborde. (M. Alexandre de) Voy. D, 484.
Lacépède. (M. de) Eloq. acad. C, 24.
Lacombe, d'Avignon. Gramm. C, 183.
Lacombe de Prezelle. Hist. D, 228. Fac. E, 277.
Lacombe. (M.) Did. B, 400. Hist. C, 312. D, 147, 153, 163.
Lacretelle l'aîné. (M.) Eloq. acad. C, 23, 110.
Lacretelle jeune. (M.) Hist. D, 2.
Lacroix. (M.) Géogr. D, 254.
Ladvocat. Dict. D, 222, 259.

Laffichard. Th. B, 157.
Lafitau. Hist. C, 227.
Lagneau. (l'abbé) Trad. C, 259.
Lalande. (de) Voy. D, 337.
Lalanne. (M.) Poés. B, 288, 337.
Lallemant. (M.) Trad. A, 132. D, 376, 432.
Lally - Tollendal. (M. de) Orat. C, 39.
Lamarck. (M.) Voy. D, 358, 419.
Lamarre. (l'abbé de) Th. B, 162.
Lamarre. (M.) Rom. E, 6. Trad. E, 154.
Lambert. (l'abbé) Hist. litt. D, 192.
Lamprière. (G.) Voy. D, 371.
Lamiral. (M.) Voy. D, 368.
Lamy. (le P.) Rhét. C, 79.
Lancelot. Gramm. C, 121, 129, 133.
Lancelot. (Jean - Paul) Droit. E, 368.
Landi. (M.) Hist. litt. D, 193.
Landon. (M.) Hist. C, 282.
Langeac. (M. de) Trad. A, 93.
Langlès. (M.) Voy. D, 282, 358, 391, 401, 418. Journ. E, 212.
Langlois. Hist. C, 223.
Lanjuinais. (M.) Journ. E, 212.
Lanoue. Th. B, 156.
Lantier. (M.) Th. B, 230. Hist. C, 319.
Lapeyrouse. Voy. D, 294.
Laporte Dutheil. (M.) Trad. A, 25, 54. D, 243.
Larcher. (M.) Trad. C, 292, 296. E, 20.

Larrey. Hist. C, 435.
Lasalle. (M. Henri) Journ. E, 223.
Lasteyrie. (M. de) Trad. D, 271.
Latour Hotman. Trad. D, 102.
Lattaignant. (l'abbé de) Poés. B, 353.
Lavaisse. (M. É.) Esp. E, 243, 251.
Lavallée. (M, Joseph) Trad. D, 357. Voy. D, 481.
Lavaur. Trad. A, 150.
Lavaux. (M.) Dict. C, 166. Trad. E, 265.
Laugier. (l'abbé) Hist. D, 132.
Laugier de Tassy. Voy. D, 369.
Laujon. (M.) Th. B, 218.
Launay. (de) Th. B, 146.
Laurès. (le Chevalier de) Trad. A, 144.
Lebas. (M.) Trad. D, 344. E, 163.
Lechapelier. Orat. C, 38.
Lechevalier. (M.) Voy. D, 360.
Lecuy. (M.) Journ. E, 221.
Leczhzinski (Stanislas), Roi de Pologne. Orat. C, 66.
Ledyard. (M.) Voy. D, 375.
Lefort. Trad. D, 186.
Leger. (M.) Th. B, 231.
Legouvé. Orat. B, 498.
Legouvé. (M.) Théât. B, 221. Poés. B, 366. Rom. E, 6.
Legoux de Flaix. (M.) Voy. D, 404.
Leibnitz. (Esp. de) E, 343.
Lejeune. Poés. B, 17.
Lenet. Mém. D, 24.
Lenfant, Ministre. Hist. C, 238, 242.
Lenfant. (l'abbé) Orat. B, 463.
Lenglet Dufresnoy. Hist., C 274.

Chron. D, 234. Géog. D, 241. Rom. E, 3.
Leonard. Poés. B, 307.
Leprince de Beaumont. (M^me.) Rom. E, 52.
Lequien de la Neufville. Hist. D, 10.
Lequinio. (M.) Voy. D, 328.
Leris. Hist. dram. B, 384.
Lescaille. (Catherine) Th. A, 355.
Lescallier. (M.) Voy. D, 461.
Lescalopier. Trad. A, 293.
Lesseps. (M.) Voy. D, 427.
Lessing. Théât. A, 342. Poés. A, 448.
Leti. Hist. D, 77, 102. C, 243.
Levesque. (M.) Trad. A, 368. C, 294. Hist. C, 344. D, 151.
Lewis. (M.) Rom. E, 154.
Lezardière. (M^lle. de) Droit. E, 337.
Libanius. Orat. B, 417.
Liébault. Trad. A, 347.
Ligne. (Esp. du Prince de) E, 260.
Ligny. (le P. de) Relig. E, 384.
Limiers. Trad. A, 57. Hist. O, 372.
Linant. Th. B, 173.
Linck. (M.) Voy. D, 336.
Lindblom. (M.) Trad. D, 356.
Lingendes. (le P.) Orat. B, 450.
Linguet. Trad. A, 320. Orat. B, 495. Hist. C, 253, 264, 321, 362. Journ. E, 207, 228.
Lintot. (M^me. de) Rom. E, 52.
Littleton. (Mylord) Lettr. E, 304.
Livoy. (le P. de) Synon. C, 155. Trad. D, 196.
Lobineau. Hist. C, 404.
Locre. (M.) Lois. E, 349.
Loiseau. Orat. B, 492.

Loiseau. (l'abbé) Trad. D, 84.
Lomonosow. Th. A, 362. Orat. C, 67.
Long. (J.) Voy. D, 437.
Long. (le P. le) Mém. D, 67. Relig. E, 381.
Longchamps. (l'abbé de) Trad. A, 128. Hist. C, 407. D, 185.
Longepierre. Trad. A, 51. Théât. B, 106.
Longin. Rhét. C, 70.
Longueval. (le P.) Hist. C, 397.
Longus. Rom. E, 16.
Lopé de Vega. Th. A, 314.
Lorovich. (M.) Trad. D, 144.
Lottin. (M.) Journ. E, 211, 212. Esp. E, 246.
Loubère. (de la) Voy. D, 413.
Louis XIV. Hist. C, 432.
Lowth. Gramm. C, 190.
Lucain. Poés. A, 138.
Lucas. Voy. D, 299, 376.
Luce. Poés. B, 34.
Luchet. (de) Esp. E, 237.
Lucien. Chron. D, 236.
Lucrèce. Poés. A, 64.
Lussan. (M^lle. de) Hist. C, 420, 423. Rom. E, 48.
Luzerne. (M. de la) Relig. E, 396.
Lycurgue. Orat. B, 413.

## M.

Mably. (l'abbé de) Hist. C, 314, 348, 391. Chron. D, 238. Esp. E, 258. Droit. E, 325.
Maboul. Or. funèb. B, 476.
Macartney. (Lord) Voy. D, 420.
Macaulay. (M^me.) D, 93.

Machiavel. Hist. D, 136.
Macquer. Hist, C. 214, 339. D, 73.
Maffei. Th. A, 309.
Ma-Geoghegan. (M.) Hist. D, 109.
Mahudel. Lettr. E, 295.
Maihows. Voy. D, 305.
Mailla. (le P.) Hist. D, 177.
Maillet. Voy. D, 387.
Maimbourg. Hist. C, 220.
Maimieux. (M. de) Trad. D, 38.
Maintenon. (M^me. de) Mém. D, 45. Lettr. E, 298.
Mairan. Eloq. Acad. C, 3.
Mairet. Th. B, 48.
Maisonneuve. Th. B, 200.
Maitre. (le) Orat. B, 485.
Makensie. Voy. D, 439.
Mackensie. Rom. E, 153.
Malfilastre. Trad. A, 115. Poés. B, 354.
Malherbe. Poés. B, 295.
Malesherbes. (de) Espr. E, 261.
Mallet. (l'abbé) Did. B, 393. Eloq. C, 111. Trad. C, 426.
Mallet. (Paul-Henri) Hist. D, 115, 139, 143, 149. Trad. D, 319.
Mallet Dupan. Voy. D, 480. Journ. E, 189.
Malte-Brun. (M.) Hist. D, 167. Géog. D, 256. Trad. D, 414. Journ. E, 217, 223.
Malleville. (M.) Lois. E, 350.
Mangourit. (M.) Voy. D, 348.
Manilius. Poés. A, 164.
Marchand. (Prosper) Bibl. D, 212. Dict. D, 221.
Marchand. (Etienne) Voy. D, 295.

## TABLE GÉNÉRALE. 453

Marchand. (Mme. le) Rom. E, 47.
Marchetti. Poés. A, 373.
Marechal. (Sylvain) Hist. C, 313.
Mariana. Hist. D, 69.
Marie. (l'abbé) Trad. C, 254.
Marin. (le P.) Hist. C, 249.
Marin. Poés. A, 227.
Marin. (feu M.) Journ. E, 188.
Massillon. (le P.) Orat. B, 454.
    Mém. D, 39.
Marini. (J.-A.) Rom. E, 130.
Marinié. (M.) Journ. E, 211.
Marion. Voy. D, 466.
Mariti. (l'abbé) Voy. D, 399.
Marivaux. Th. B, 123. Rom. E, 81.
Marmol. Voy. D, 367.
Marmontel. Trad. A, 142, 261.
    Rhét. C, 96. Hist. C, 441. Théât.
    B, 173. Did. B, 397. Voy. D,
    486. Rom. E, 2, 113. Contes.
    E, 124. Journ. E, 189.
Marnezia. Poés. B, 281.
Marolles. (l'abbé de) Trad. A, 70, 81,
    117, 125, 142, 151, 155. C, 305, 359.
Marot. Poés. B, 334.
Marquand. Trad. E, 158.
Marsden. (William) Voy. D, 416.
Marsollier. Hist. D, 74, 102.
Marsollier des Vivetières. (M.) Théât.
    B, 231.
Marsy. (l'abbé de) Poés. A, 198.
    Hist. D, 102, 173. Esp. E, 242.
    Anecd. E, 262.
Martainville. (M.) Hist. Dram. B,
    389.
Martellière. (M. de la) Trad. A, 349.
Martial. Poés. A, 152.

Martignac. Trad. A, 62, 81, 121.
Martin. (Dom) C, 386.
Martin. Relig. réf. E, 379.
Martin, libraire. Bibl. D, 212.
Martinière. (Bruzen de la) Hist. C,
    435. Dict. D, 259. Lettr. E, 283.
Mascaron. Or. funèb. B, 472.
Mascrier. (l'abbé le) Trad. C, 329.
    Voy. D, 387.
Masénius. Poés. A, 179.
Massieu. Poés. A, 187. Hist. B, 380.
Massieu. (M.) Trad. D, 236.
Masson. Trad. A, 142.
Masson. Hist. D, 153.
Masson des Granges. (l'abbé le)
    Relig. E, 399.
Maubert. Hist. C, 288.
Maubuy. (de) Mém. D, 67.
Maudru. (M.) Gramm. C, 193.
Maurepas. (le Comte de) Mém. D, 55.
Maupoint. Hist. Dram. B, 383.
Maurice. (M.) Journ. E, 225.
Maury. (M. le Cardinal) Eloq. Acad.
    C, 22. Orat. C, 82, 107. Esp.
    E, 258.
Mayer. (de) Rom. E, 4. Contes. E, 168.
Meares. (le Capitaine) Voy. D, 430.
Mehégan. Hist. C, 263.
Meister. (M.) Trad. A, 440.
Méjan. (Maurice) Causes céléb.
    E, 341.
Melling. (M.) Voy. D, 483.
Menage. Poés. élég. B, 313. Dict. C,
    180.
Menot. Orat. B, 445.
Mentelle. (M.) Trad. A, 274. Géog.
    D, 255, 256.

Mercier. (M.) Théât. B, 190. Eloq. acad. C, 19.
Mercier. (le père) Journ. E, 178, 188. Lettr. E, 309.
Mercier. (M. le) Th. B, 231.
Merian. Trad. D, 401.
Merle. (Dom) Hist. C, 379.
Merle. (M.) Journ. E, 228.
Merlin. (M.) Jurisp. E, 342.
Mersan. (M.) Esp. E, 239.
Mervesin. Hist. poét. B, 380.
Merville. (de) Eloq. C, 109.
Mezangui. Hist. C, 202, 253. Relig. E, 387.
Mezerai. Hist. D, 19. C, 370.
Meziriac. Trad. A, 116.
Métastasio. Th. A, 303.
Meulan. (M$^{lle}$. de) Journ. E, 224, 229.
Meun. (Jean de) Poés. B, 333.
Meyssier. Orat. B, 445.
Michaélis. Voy. D, 400.
Michaud. (M.) Poés. B, 288.
Michaux. (M.) Voy. D, 446.
Mierre (le) Théât. B, 197. Poés. B, 264.
Mierre, (M. le) neveu. Trad. A, 426. E, 362.
Mignot. (l'abbé) Trad. C, 303. Hist. D, 174.
Migrode. (de) Trad. D, 434.
Millet-Mureau. Voy. D, 294.
Millevoye. (M.) Poés. B, 369.
Millin. (M.) Voy. D, 328. Trad. D, 474. Journ. E, 212. Myth. E, 412.
Millot. Trad. B, 425. Hist. C, 269, 378. D, 94.

Millon. (M.) Trad. D, 355. Journ. E, 209.
Milton. Poés. A, 244.
Mirabaud. Trad. A, 214, 223.
Mirabeau. (le Comte de) Trad. A, 130, 169. Orat. C, 31. Trad. D, 77, 94. Hist. D, 118. Trad. D, 470. E, 133. Journ. E, 199. Esp. E, 258.
Moette. Journ. E, 192.
Moissy. Th. B, 174.
Molière. Th. B, 67.
Mondorge. Th. B, 161.
Mongault. (l'abbé) Trad. C, 359. E, 287.
Monnet. (M.) Trad. D, 350.
Monnier. (M.) Hist. D, 164.
Monnier. (le) Th. B, 211.
Monnier. (l'abbé le) Trad. A, 62, 135. Fab. B, 330.
Monnoie. (de la) Poés. A, 188.
Monod. (M.) Trad. E, 146.
Montagnac. (M. de) Trad. E, 150.
Montagne. (M. de la) Trad. E, 158, 415.
Montagu. (Myladi) Poés. A, 398. Voy. D, 303. Lettr. E, 310.
Montaigne. Espr. E, 235.
Montargon. (le P. de) Ouv. sur la Chaire. B, 483.
Montchrétien. Th. B, 41.
Montclar. Orat. B, 498.
Montcrif. Théât. B, 133. Poés. 348.
Montempuis. (l'abbé) Hist. D, 17.
Montesquieu. Hist. C, 342. Rom. E, 102. Espr. E, 247. Lettr. E, 302. Lois. E, 314.

Montesson. (M<sup>de</sup>. de) Trad. E, 153.
Montfaucon. (le P. de) Hist. C, 388.
Montfleury. Th. B, 73.
Montigny. (M. de) Hist. D, 115.
Montjoie. (M.) Rom. E, 93.
Montlinot. (l'abbé de) Esp. E, 240.
Montluc. Hist. D, 9.
Montolieu. (M<sup>me</sup>. de) Rom. E, 76. Trad. E, 138.
Montpensier. (M<sup>lle</sup>. de) Mém. D, 23.
Montreuil. Lettr. E, 292.
Montucla. Trad. D, 437.
Monvel. (M.) Th. B, 228.
Monvel fils. (M.) Trad. A, 426.
Moore. (John) Voy. D, 316. Rom. E, 155.
Morabin. Trad. E, 313.
Morand. Th. B, 152.
Moreau. Hist. C, 392.
Moreau. Trad. E, 286.
Moreau de Saint-Mery. (M.) Voy. D, 455.
Morellet. (M.) Trad. C, 82. D, 183, 187, 298, 360. E, 158, 161, 361. Journ. E, 216.
Morelly. Rom. poét. E, 103.
Moreri. Dict. D, 216.
Morin. (M.) anc. lib. Dict. C, 144.
Morin. (M.) Dict. E, 168.
Mornay. Hist. D, 18.
Morse. (M.) Hist. D, 186.
Moschus. Poés. A, 50.
Mosneron. (M.) Trad. A, 251.
Mothe-le-Vayer. (de la) (Espr. de) E, 240.
Motte - Houdart. (de la) Trad. A, 14. Théât. B, 102. Poés. B,
296, 305. Fab. B, 326. Espr. E, 245.
Motteville. (M<sup>de</sup>. de) Mém. D, 24.
Mouhy. (le Chevalier de) Hist. dram. B, 388.
Moulines. (Guillaume de) Trad. C, 357, 359.
Mouradja-d'Hosson. Voy. D, 480.
Mourier. (M.) Trad. D, 399.
Moutonnet de Clairfons. (M.) Trad. A, 25, 44, 52, 169, 208. Journ. E, 205.
Moyvre. (Gillet de) Trad. A, 126.
Muller. (S.) Voy. D, 429.
Muller. (feu M.) Hist. D, 140. Journ. E, 216.
Muller. (M.) Trad. E, 139.
Mungo-Park. (M.) Voy. D, 377.
Munier. (M.) Géog. D, 256.
Murat. (M<sup>me</sup>. de) Rom. E, 44.
Muratori. Hist. D, 124.
Muret. Poés. A, 171.
Murr. (M. de) Voy. D, 284.
Murray. Orat. C, 64.
Musée. Poés. A, 22.
Musset-Pathay. (M.) Hist. D, 22. Journ. E, 211.

### N.

Nadal. (l'abbé) Théât. B, 117. Hist. C, 347.
Naigeon. Espr. E, 238.
NAPOLÉON. (SA MAJESTÉ L'EMPEREUR) Lois. E, 344.
Naudé. Trad. D, 180.
Nearque. Voy. D, 272.

Necker. Eloq. Acad. C , 22. Relig. E , 375.
Néel. Fac. E , 260.
Némésien. Poés. A, 162.
Nevers. (le Duc de ) Hist. D , 13.
Neuville. ( le P. de ) Orat. B , 457. Or. funèb. B , 477.
Neuvillé. ( M. de ) Esp. E , 241.
Niceron. ( le P.) Hist. Litt. D , 190.
Nicole. Esp. E , 244. Relig. E , 403.
Nicolson. ( le P.) Voy. D , 454.
Niebuhr. Voy. D , 399.
Ninon de l'Enclos. Mém. D , 43, 44. Lettr. E , 299.
Nivernois. (le Duc de) Trad. A , 236. Fab. B , 331.
Noailles. ( le Maréchal de ) Mém. D , 40.
Noble. (le) Trad. A, 133. Fab. B, 325. Trad. D , 284.
Nodot. Trad. A , 149.
Noé. ( de ) Trad. B , 404. Orat. B , 466.
Noel. ( M. ) Trad. A , 71. Elog. C, 20. Hist. C , 228. Myth. E , 412.
Norberg. Hist. D , 161.
Norden. Voy. D , 389.
Normant. ( le ) Orat. B , 490.
Norris. ( Robert ) Voy. D , 373.
Nougarède. ( M. ) Trad. C , 72.
Nyon l'aîné. Bibl. D , 213.

### O.

Olivet. (l'abbé d') Edit. B , 420. Eloq. C , 8. Prosod. C , 152. Esp. E, 233.
Oliveyra. (le Chev. d') Hist. D, 78.

Olivier. ( M.) Voy. D , 308.
Origène. Orat. B , 431.
Orléans. (le P. d') Hist. D, 69 , 99.
Ortolani. ( M. ) Trad. D , 198.
Ossat. (le Cardinal d') Lettr. E, 292.
Ossian. Poés. A , 269.
Osterwald. Relig. réf. E , 379.
Otway. Th. A , 327.
Ouville. ( d') Th. B , 61.
Ovide. Poés. A , 109.

### P.

Paciaudi. ( le P.) Rom. E , 2.
Page du Pratz. ( le ) Voy. D , 447.
Pagès. ( M. de ) Voy. D , 288.
Pagy. ( l'abbé ) Hist. C , 320.
Pain. ( M. ) Th. B , 224.
Palaprat. Th. B , 97.
Palissot. ( M.) Poés. B , 26. Théât. B , 177. Hist. C , 341. Hist. litt. D , 201.
Pallavicin. Hist. C , 241.
Pallas. ( M.) Voy. D , 358.
Panckoucke. Trad. A , 67, 215.
Pannard. Théât. B , 145. Poés. B , 347.
Pappa do Poulo. (M.) Trad. A , 362.
Papon. ( le P.) Rhét. C , 92. Voy. D , 327.
Parceval-Grandmaison. ( M. ) Poés. B , 367.
Paradisi. Orat. B , 442.
Parfait. ( les frères ) Hist. B , 382.
Parini. Poés. A , 375.
Paris Duverney. Mém. D , 53.
Parisau. Th. B , 212.

Parnell.

Parnell. Poés. A, 397.
Parny. (M. de) Poés. élég. B, 317.
 Poés. B, 362. Voy. D, 485.
Paraud. (M.) Trad. D, 310, 417.
Parsons. (M.) Journ. E, 227.
Pascal. Lettr. E, 294. Relig. E, 388.
Pastoret. (M.) Eloq. Acad. C, 24.
Pasumot. Voy. D, 327.
Paterculus. (Velleius) Hist. C, 335.
Paterson. Voy. D, 385.
Patiu. (Guy) Lettr. E, 295.
Patrat. Th. B, 213.
Patru. Orat. B, 485.
Patu. Trad. A, 338.
Paul. (l'abbé) Trad. C, 258, 334, 335.
Paulmy. (le Marquis de) Rom. E, 4.
Pausanias. Voy. D, 273.
Pause. (Ophellot de la) Trad. C, 357.
 V. Sales.
Pauw. (de) Hist. C, 319.
Pauw. (Corneille de) Edit. E, 286.
Pavillon. Poés. B, 339.
Pechantré. Th. B, 94.
Pechmeja. Rom. poét. E, 115.
Pecquet. Trad. A, 293, 297, 372.
Peignot. (M.) Bibl. D, 205.
Pelisson. Orat. B, 486. Elog. acad.
 C, 8. Lettr. E, 292.
Pellegrin. (l'abbé) Trad. A, 107.
 B, 119.
Pellizer. (M.) Gramm. C, 188.
Pelloutier. Hist. C, 385.
Perau. (l'abbé) Mém. D, 64. Voy.
 D, 325.
Percival. (M.) Voy. D, 415.
Perefixe. Hist. C, 428.
Périclès. Orat. B, 404.

Pernay. (M.) Trad. A, 277. E, 135.
Pernetty. (Dom.) Voy. D, 470.
Perrault. (Charles) Mém. D, 32, 62.
Perrault. (Pierre) Trad. A, 231.
Perron. (M.) Voy. D, 474.
Perrot d'Ablancourt. Trad. C, 296,
 302, 329. D, 367.
Perse. Poésie. A, 133.
Pesselier. Théât. B, 158. Fab. B,
 328. Esp. E, 236.
Petau. (le P.) Chron. D, 234.
Petitain. (M.) Journ. E, 211.
Petion. Orat. C, 41.
Petitpierre. (M.) Trad. A, 285.
Petit-Radel. (M.) Trad. D, 357. E, 18.
Petitot. (M.) Trad. A, 314. Théât.
 B, 232. Edit. E, 129, 393.
Pétrarque. Poés. A, 365.
Pétrone. Poés. A, 147. Rom. E, 24.
Peyron. Voy. D, 331.
Peyssonnel. (de) Voy. D, 362.
Pezay. (de) Trad. A, 71. Poés. B, 25.
Pezron. Hist. C, 203.
Pfeffel. Hist. D, 114.
Phèdre. Poés. A, 130.
Philibert. Hist. D, 141.
Philip. (le Gouverneur) Voy. D,
 473.
Philipon la Madeleine. (M.) Th. B,
 237. Gramm. C, 146. Voy. D, 327.
 Lettr. E, 284.
Philippe de Prétot. Journ. E, 195.
Philips. Poés. A, 415.
Picard. (M.) Th. B, 232.
Picot, (M.) de Genève. Hist. C,
 275, 390.
Picot. (M.) Journ. E, 213.

TOME V. 58

Pictet. (M.) Hist. D, 186. Journ. E, 225. Const. E, 367.
Pigault Lebrun. (M.) Théât. B, 229. Rom. E, 6, 94.
Pieyre. (M.) Th. B, 235.
Pigafetta. Voy. D, 282.
Piganiol de la Force. Voy. C, 403. D, 322, 325.
Pilati de Tassulo. Voy. D, 328.
Piles. (de) Trad. A, 176.
Pillet. (Fabien) Journ. E, 221.
Pinaut. (M.) Droit, E, 373.
Pindare. Poés. A, 47.
Pingré. (le P.) Trad. A, 165.
Pinkerton. (M.) Géog. D, 252.
Piossens. (le Chevalier de) Mém. D, 37.
Piozzi. (Mme.) Synon. C, 191.
Piron. Th. B, 140. Voy. D, 486.
Pitt. Orat. C, 59.
Pithou. (P.) Droit. E, 370.
Place. (le P. de la) Hist. D, 8.
Place. (de la) Trad. A, 326, 336. Théât. B, 172. Trad. E, 146.
Platon, Archevêque de Moscow. Orat. C, 67.
Plaute. Th. A, 56.
Pline. Orat. B, 428. Lettr. E, 288.
Piis. (M.) Théât. B, 237. Poés. B, 280.
Pluquet. (l'abbé) Hist. C, 218.
Plutarque. Hist. C, 298.
Pockocke. Voy. D, 306.
Poinsinet. (Henri) Th. B, 180.
Poinsinet de Sivry. Trad. A, 39, 44, 52. Th. B, 181. Rom. E, 4.
Poiret. (M. l'abbé) Voy. D, 371.
Poisson. (Philippe) Th. B, 144.
Poisson. (Raymond) Th. B, 74.
Poivre. Voy. D, 308.
Polignac. Poés. A, 190.
Polybe. Hist. C, 297.
Pombal. (le Marquis de) Mém. D, 81.
Pomfret. Poés. A, 395.
Pommereuil. (M. de) Hist. D, 136.
Pomponius Mela. Géog. D, 244.
Poncelin. (M.) Trad. A, 121. D, 272.
Pons. (M. de) Voy. D, 457.
Pont de Veyle. Th. B, 148.
Pope. Poés. 261, 401.
Porée. (le P.) Eloq. C, 26.
Portalis. Orat. C, 46. Concord. E, 374.
Porte. (l'abbé de la) Hist. B, 386. Did. B, 396. Hist. C, 408. D, 198. Voy. D, 276. Journ. E, 186, 230. Esp. E, 253, 249, 255.
Pothier. Droit. E, 336, 354.
Pougens. (M. Charles) Trad. D, 321.
Pouget. (le P.) Relig. E, 386.
Pouilly. (M. de) Hist. D, 15.
Poulain de Lumina. Hist. C, 381.
Poulle. (l'abbé) Orat. B, 460.
Pouqueville. (M.) Voy. D, 365.
Pradon. Th. B, 84.
Pradt. (M. l'abbé de) Voy. D, 328. Journ. E, 215.
Prault. Hist. C, 429.
Prevost, Curé. Trad. A, 132.
Prevost. (l'abbé) Hist. C, 347. Voy. D, 275. Trad. D, 90. Hist. D, 103. Rom. E, 78. Trad. E, 146. Journ. E, 192, 225. Esp. E, 247. Trad. E, 287.

Prevost de la Jannès. Droit. E, 340.
Prevost. (M.) Trad. A, 33.
Prideaux. Hist. C, 199.
Priestley. Rhét. C, 120.
Prior. Poés. A, 396.
Privat de Fontanilles. Poés. B, 14.
Procope. Hist. C, 367.
Prodromus. (Theodorus) Rom. E, 21.
Properce. Poés. A, 123.
Prosper. (Saint) Poés. A, 165.
Puffendorf. Hist. C, 268. Droit. E, 319.
Pujoulx. (M.) Th. B, 235.
Puisieux. (de) Trad. D, 305, 307. E, 150.
Puisieux. (M<sup>me</sup>. de) Rom. E, 56.
Pulci. Poés. A, 209.
Pultney. (William) Orat. C, 56.
Pure. (l'abbé de) Trad. C, 76.
Putschius. Gramm. C, 132.

## Q.

Quenneville. (M.) Trad. E, 14.
Querlon. (de) Trad. A, 199. Voy. D, 276. Journ. E, 193.
Quétant. (M.) Th. B, 229.
Quillet. Poés. A, 180.
Quinault. Théât. B, 70.
Quinte-Curce. Hist. C, 302.
Quintilien. Rhét. C, 73. E, 415.
Quintus, de Smyrne. Poés. A, 21.

## R.

Rabaut-Saint-Etienne. Hist. D, 1.
Rabelais. Rom. E, 34. Fac. E, 262.
Raboteau. (M.) Poés. B, 291.
Rabutin. (Fr. de) Hist. D, 8.
Racan. Poés. B, 303.
Racine. Trad. A, 250. Théât. B, 77. Trad. D, 236. Voy. D, 486. Lettr. E, 306.
Racine le fils. Poés. did. B, 252.
Racine. (l'abbé) Hist. C, 208.
Radcliffe. (M<sup>me</sup>.) Rom. E, 160.
Radet. (M.) Th. B, 237.
Raguenet. (l'abbé) Mém. D, 25.
Raissiguier. Th. B, 57.
Ramond. (M.) Trad. D, 345.
Ramsay. (de) Mém. D, 24. Hist. D, 186. Rom. E, 100.
Rapin. (le P.) Poés. A, 181. Did. B, 392. Rhét. C, 86. Eloq. C, 102. Chron. D, 237.
Raulin. Orat. B, 446.
Raulin. (M.) Trad. A, 93.
Raux. (M.) Trad. A, 92.
Raynal. Hist. D, 86, 98, 181.
Raynouard. (M.) Théât. B, 236.
Réal. (M.) Orat. B, 505.
Reboulet. Hist. C, 436. Mém. D, 42.
Regnard. Th. B, 94. Voy. D, 486.
Regnaud de Saint-Jean-d'Angely. (M.) Orat. C, 41. Journ. E, 221.
Regnier. (l'abbé) Gramm. C, 138.
Regnier. Poés. sat. B, 308.
Reichard. (M.) Voy. D, 313.
Reine de Navarre. (la) Contes. E, 122.
Rémond de Sainte-Albine. Eloq. C, 113. Trad. C, 268.
Remy. (l'abbé) Eloq. acad. C, 24.
Renaudot. (Théophraste) Journ. E, 219.

Rendu. (M.) Trad. C, 355.
Rennel. (le Major) Voy. D, 402.
Renou. Trad. A, 177.
Requier. Trad. C, 283. D, 21. E, 331.
Restaut. Gramm. C, 139.
Retif de la Brétonne. Rom. E, 88.
Retz. (le Card. de) Hist. D, 22.
Reuilly. (feu M. de) Voy. D, 359.
Reybaz. Orat. B, 469.
Reynier. (le Général) Voy. D, 393.
Reyrac. (l'abbé de) Rom. poét. E, 114.
Ricard. (l'abbé) Poés. B, 285. Trad. C, 300.
Riccoboni. Eloq. C, 114.
Riccoboni. (M^me.) Trad. A, 338. Rom. E, 56.
Richard. Ouv. sur la Chaire. B, 482.
Richard. (le P.) Hist. C, 237.
Richard. (l'abbé) Voy. D, 336, 415. Trad. E, 285.
Richardson. Rom. E, 145.
Richelet. (Pierre) Dict. C, 156. Lettr. E, 283.
Richelet. Trad. A, 307.
Richelieu. (le Maréch. de) Mém. D, 50, 53.
Richer. Fab. B, 328. Trad. A, 90.
Richer. Causes célèb. B, 507.
Ricourt. (l'abbé) Relig. E, 387.
Riedesel (le Baron de) Voy. D, 309.
Riou. (Henri) Trad. D, 316.
Risbeck. Voy. D, 346.
Rivarol. (le Comte de) Trad. A, 209. Disc. acad. C, 172. Journ. E, 215.
Rivet. (Dom) Hist. litt. D, 191.
Robelot. (M.) Trad. C, 174.

Robert. (Claude) Hist. C, 399.
Robert. (M^me.) Rom. E, 53.
Robert de Vaugondi. Atlas. D, 264.
Robertson. Hist. D, 75, 108, 182.
Robespierre. Elog. acad. C, 21. Orat. C, 48.
Robinet. Journ. E, 204. Esp. E, 242.
Roche. (M^me.) Rom. E, 158.
Roche. (de la) Trad. A, 90.
Rochefort. (de) Trad. A, 19, 32, 55.
Rochefoucauld. (de la) Mém. D, 23.
Rochefoucauld, (de la) Marquis de Surgères. Rom. E, 33.
Rochefoucauld-Liancourt. (M. de la) Voy. D, 444. E, 366.
Roche-Guilhem. (M^lle. de la) Rom. E, 36.
Roches-de-Partenay. (l'abbé des) Trad. D, 391.
Rochon. (M. l'abbé) Voy. D, 466.
Rochon de Chabannes. Th. B, 185.
Rœderer. (M.) Journ. E, 221, 229.
Roger. (M.) Th. B, 236.
Rogers. (Wood) Voy. D, 285.
Rohan. Hist. D, 20.
Rolland de la Platière. Voy. D, 315.
Rolland. (M^me.) Hist. D, 2.
Rolland. Espr. E, 256.
Rollin. Did. B, 393. Rhét. C, 85. Hist. C, 310, 336.
Romagnesi. Th. B, 143.
Roman. (l'abbé) Poés. B, 268.
Romance de Mesmond. (M.) Rom. E, 2. Journ. E, 215.
Romilly. Orat. B, 468.
Rondet. Relig. 378.

Ronsard. Poés. B , 294.
Roque. (Daniel de la) Trad. C , 340. Journ. E , 174.
Roscoe. ( William ) Hist. D , 137.
Rosiers. (Claude de) Trad. C , 332.
Rosset. Poés. B , 269.
Rossi. (l'abbé de ) Rom. E , 2.
Rossignol. (l'abbé) Droit. E , 359.
Rostowsky. Th. A , 359.
Rotrou. Th. B , 52.
Roubaud. (l'abbé) Synon. C , 143. Hist. C , 269.
Roucher. Poés. B , 270.
Rouget de Lisle. (M.) Poés. B , 364.
Rouillé. Hist. C , 338.
Rousseau. (J.-B.) Poés. B , 296. Sat. B , 309. Poés. B , 340. Lett. E , 305.
Rousseau. (J.-J.) Rom. E , 86. Espr. E , 350. Journ. E , 192. Lettr. E , 207.
Roux. (le) Dict. C , 185.
Roy. ( P. le ) Hist. D , 14.
Roy. ( le ) Orthog. C , 150.
Roy. Th. B , 117.
Royou. (l'abbé) Journ. E , 188.
Royou. (M.) Hist. C , 312, 366.
Ruccellay. Poés. A , 370.
Rue. (le P. de la ) Poés. A , 190. Or. funèb. B , 473.
Ruinart. Hist. C , 217.
Rulhière. Poés. B , 359. Mém. D , 46. Hist. D , 156, 165.
Rulié. (l'abbé) Droit. E , 357.
Ryand. (Edouard) Relig. E , 398.
Ryer. ( du ) Théât. B , 46. Trad. D , 84.

S.

Sabatier. Poés. B , 299.
Sabatier. (l'abbé.) Did. B , 398. Hist. litt. D , 201. Trad. E , 133. Esp. E, 251. Relig. E , 411.
Sacchini. Rhét. C , 78.
Sacy. ( le Maistre de ) Trad. A , 62 , 132, 166. E , 377.
Sacy. ( Louis de) Trad. B , 430. Orat. B , 488. Trad. E , 288.
Sade. (l'abbé de ) Trad. A , 368.
Sage. (le) Trad. A , 212, 319. Th. B , 111. Rom. E , 79. Trad. E , 130, 286.
Sage (le) ( M. de las Cases. ) Hist. C , 276.
Saint-Ange. (M. de ) Trad. A , 115, 119. Poés. B , 364. Trad. E , 153.
Saint-Aubin. (M$^{me}$. de) Rom. E , 64.
Saint-Chamond. (M$^{de}$. de) Rom. E , 66.
Saint-Evremont. Esp. E , 240.
Saint-Foix. Théât. B , 136. Hist. C , 405. Rom. E , 83.
Saint-Gabriel. (le P. de) Trad. B , 438.
Saint-Gelais. Poés. B , 336.
Saint-Germain. (de) Mém. D , 53.
Saint-Hyacinthe. Trad. C , 142. Journ. E , 177. Fac. E , 266.
Saint-Just. Orat. C , 50.
Saint-Jure. (le P.) Relig. E , 402.
Saint-Lambert. Poés. B , 266.
Saint-Marc. (de) Poés. B , 357.
Saint-Marc. (le Fevre de) Hist. D , 122.
Saint-Non. (l'abbé de) Voy. D , 478.

Saint-Pard. (M. de) Relig. E, 402.
Saint-Pavin. Poés. B, 337.
Saint-Phalier. (Mme. de) Rom. E, 61.
Saint-Pierre. (l'abbé de) Eloq. C, 105.
Saint-Pierre. (M. Bernardin de) Voy. D, 383, 486. Rom. E, 118.
Saint-Pré. (M. de) Trad. D, 426.
Saint-Réal. Chron. D, 237. Esp. E, 241.
Saint-Remy. (de) Trad. A, 83.
Saint-Simon. (de) Mém. D, 34.
Saint-Vast. (Mme. de) Esp. E, 235.
Saint-Victor. (M. de) Journ. E, 223.
Sainte-Croix. (de) Hist. C, 323. Journ. E, 212, 216. Edit. E, 395.
Sainte-Marthe. (Scev. de) Hist. C, 399.
Sainte-Marthe. (L. de) Hist. C, 399.
Sainte-Marthe. (Denis de) Hist. C, 399.
Sainte-Suzanne. (M. de) Trad. D, 372.
Sales. (de) Trad. C, 357.
Salgues. (M.) Journ. E, 224.
Sallengre. Journ. E, 177.
Sallo. (de) Journ. E, 171.
Salluste. Orat. B, 425. Hist. C, 326.
Sanadon. (le P.) Trad. A, 104. Poés. A, 196.
Sanctius. Gramm. C, 132.
Sanderson. (Æneas.) Voy. D, 420.
Sanlecque. Poés. B, 252.
Sannazar. Poés. A, 370.
Santeuil. Poés. A, 184.

Sapho. Poés. A, 40.
Sarbiewsky. (le P.) Poés. A, 174.
Savage. Poés. A, 398.
Savary. Voy. D, 365, 388.
Savin. (M.) Trad. E, 27.
Saurin. Orat. B, 468.
Saurin. Théât. B, 176.
Sausseuil. (de) Trad. C, 190.
Sautel. (le P.) Poés. A, 177.
Sautreau de Marsy. (M.) Edit. B, 377. Journ. E, 188. Edit. E, 201, 220, 299.
Sauval. Hist. C, 402.
Sauvigny. (M. de) Th. B, 213. Poés. B, 260.
Sauvigny. (l'abbé de) Relig. E, 405.
Sauvo. (M.) Journ. E, 222.
Say. (Horace) Journ. E, 211.
Say. (M.-J.-B.) Journ. E, 221.
Scapula. Dict. C, 131.
Scarron. Trad. A, 95. Théât. B, 62.
Schiller. Th. A, 343.
Schombert. Droit. E, 331.
Schwab. (M.) Gamm. C, 174.
Scriver. Relig. E, 408.
Scudery. Théât. B, 53. Rom. E, 32.
Scudery. (Mlle.) Rom. E, 32.
Scylax. Voy. D, 272.
Sedaine. Th. B, 183. Poés. B, 355.
Segrais. Trad. A, 86. Poés. B, 304.
Seguier. Orat. B, 494.
Segur l'aîné. (M. de) Th. B, 206. Poés. B, 365. Hist. C, 445. D, 119.
Segur cadet. (de) Théât. B, 207.
Selden. Droit. E, 329.

Selis. Trad. A, 135.
Sellius. Hist. D, 85. Trad. D, 428.
Senault. Orat. B, 449.
Senecé. Poés. B, 336.
Senèque. Théât. A, 145. Orat. B, 426. Esp. E, 234.
Seran de la Tour. (l'abbé) Did. B, 397. Hist. C, 343, 347.
Scrionne (de) Trad. A, 72.
Serna Santander. (M. de la) Bibl. D, 209.
Serre Figon. (l'abbé du) Or. funèb. B, 481.
Serré. (de) Trad. E, 131.
Servan. Orat. B, 496.
Servan. (le Général) Hist. D, 131.
Servois. (M.) Trad. D, 362.
Sevelinges. (M. de) Trad. E, 139. Journ. E, 221.
Sevigné. (M<sup>me</sup>. de) Lettr. E, 296.
Sèze. (M. de) Orat. B, 505.
Seyssel. Trad. C, 331.
Shakespeare. Th. A, 324.
Shaw. (Thomas) Voy. D, 370.
Sheridan. Orat. C, 61.
Sicard. (le P.) Voy. D, 385.
Sicard. (M. l'abbé) Gramm. C, 128. Journ. E, 213.
Sigonius. Hist. D, 124.
Silhouette. (de) Trad. A, 261. Voy. D, 314.
Silius Italicus. Poés. A, 158.
Silvestre de Sacy. (M.) Gramm. C, 127. Journ. E, 212.
Simes. (le Major) Voy. D, 410.
Siri. (Vittorio) Hist. C, 283. D, 21.
Smith. Voy. D, 443.

Smith. (Charlotte) Rom. E, 158.
Smolett. Hist. D, 83. Rom. E, 150.
Soanen. (le P.) Orat. B, 454.
Sobieski. (Jean) Orat. C, 65.
Sobrino. Dict. C, 188.
Solignac. Hist. D, 163.
Sommery. (M<sup>lle</sup>. de) Rom. E, 68.
Solis. (de) Voy. D, 450.
Sollier. Hist. C, 224.
Sonnerat. (M.) Voy. D, 419.
Sophocle. Th. A, 31.
Soulavie l'aîné. (M.) Hist. C, 447.
Soulès. (M.) Trad. D, 323, 452.
Southwel. (Rob.) Hist. D, 78.
Souza, (M<sup>me</sup>. de) ci-dev. de Flahaut. Rom. E, 75.
Sozzi. (de) Trad. A, 48.
Sparmann. Voy. D, 381.
Spenser. Poés. A, 388.
Spon. Hist. D, 144.
Speron-Speroni. Orat. B, 439.
Staal. (M<sup>me</sup>. de) Mém. D, 42.
Stace. Poés. A, 156.
Staël. (M<sup>me</sup>. de) Rom. E, 70. Espr. E, 260.
Stavorinus. Voy. D, 408.
Stedman. (le Capitaine) Voy. D, 459.
Stéele. Th. A, 331.
Sterne. Rom. E, 151.
Strabon. Géog. D, 242.
Strada. Hist. D, 83.
Sturm. Relig. E, 408.
Suard. (M.) Trad. D, 75, 183, 290. Journ. E, 192, 193, 216. Edit. E, 224. Journ. E, 228.
Suétone. Hist. G, 356.

Sueur. (le) Rom. E , 10.
Sully. Hist. D , 16. Esp. E , 235.
Sumarokow. Th. A , 361.
Surgy. Voy. D , 277.
Suze. (M^me. de la) Poés. élég. B , 313.
Swift. Poés. A , 412. Rom. E , 144. Anecd. E , 263.
Swinburne. Voy. D , 330 , 342.
Syrus. (Publius) Poés. A , 72.

T.

Tachard. (le P.) Voy. D , 411.
Tacite. Hist. C , 349.
Tailhié. (M. l'abbé) Hist. C , 312, 339, 424.
Talleyrand - Perigord. (M.) Orat. C , 34.
Tallien. (M.) Orat. C , 51.
Talon. (Omer) Orat. B , 487.
Talon. (Denis) Orat. B , 487.
Targe. (M.) Trad. D, 88. Hist. D, 126.
Target. Orat. B , 500. C , 37.
Tarteron. (le P.) Trad. A , 104, 134, 136.
Tasse. (le) Poésie. A , 221. Théât. A , 292.
Tassoni. Poés. A , 228.
Tatius. (Achilles) Rom. E, 15.
Tavernier. Voy. D , 398.
Tencin. (M^me. de) Rom. E , 49.
Térence. Th. A , 60.
Terrasson , Orat. B , 487.
Terrasson. (l'abbé) Trad. C , 257. Rom. Poét. E , 101.
Tertullien. Orat. B , 434.
Tessé. (le Maréchal de) Mém. D , 28.

Tessier. Hist. C , 246.
Thémistius. Orat. B , 415.
Théocrite. Poésie. A , 50.
Théophile. Th. B , 46.
Théremin. (M.) Journ. E , 211.
Thespis. Th. A , 29.
Thiébault. Hist. D , 120.
Thomas. Poés. B , 19. Elog. acad. C, 13. Rhét. C , 93.
Thompson. Poésie. A , 416.
Thou. (de) Hist. C , 425.
Thouret. Orat. C , 38.
Thucydide. Hist. C , 293.
Thuillier. (Dom) Trad. C, 297.
Thunberg. Voy. D , 418.
Thummel. Poés. A , 441.
Thurot. (M.) Trad. C , 123. D, 137.
Tibulle. Poés. A , 123.
Tillemont. Hist. C , 215 , 359.
Tillotson. Orat. C , 62.
Timberlake. (H.) Voy. D , 437.
Tiraboschi. Hist. litt. D , 193.
Tissot. (M.) Trad. A , 91, 170.
Tissot. (M.) Droit. E , 335.
Tite-Live. Hist. C , 332.
Titon Dntillet. Hist. B , 389.
Tonnelay. Trad. A , 259.
Tonnelier. (M.) Trad. D , 358.
Torche. (l'abbé) Trad. A , 297, 299.
Torcy. (de) Hist. C , 289.
Torrès. (Diégo) Voy. D , 367.
Toscan. (M.) Journ. E , 211.
Tott. (le Baron de) Voy. D , 361.
Tour. (M. de la) Trad. A , 158, 162, 169.
Tour-du-Pin. (l'abbé de la) Or. funèb. B , 477.

Tourlet.

Tourlet. (M.) Trad. A, 22. Journ. E, 221.
Tournefort. Voy. D, 300.
Tourneur. (le) Trad. A, 271, 336, 421, 425. Eloq. C, 20. Trad. D, 381. E, 146, 394.
Tourneux. (le) Relig. E, 406.
Tourville. (le Maréchal de) Mém. D, 29.
Toussaint. Trad. A, 435. E, 150. Journ. E, 192.
Townson. Voy. D, 350.
Tracy. (M. de) Gramm. C, 128.
Treilhard. (M.) Orat. B, 499.
Tremblaye. (le Chevalier de la) Voy. D, 318.
Trento. Orat. B, 444.
Tressan. (le Comte de) Trad. A, 215. Elog. acad. C, 23. Rom. E, 4. Trad. E, 28.
Tressan. (l'abbé de) Trad. C, 63. Myth. E, 412.
Treuttel et Würtz. (MM.) Journ. E, 206.
Trissin. Poés. A, 220, 291.
Tristan. Th. B, 59.
Trogne Pompée. Hist. C, 258.
Troil. (M.) Voy. D, 356.
Tronson Ducoudray. Orat. B, 504.
Troya-Dassigny. Trad. B, 434.
Tscharner. Trad. A, 435. Hist. D, 139.
Turben. Journ. E, 198.
Turgot. Trad. A, 440. Droit. E, 357.
Turpin. Mém. D, 64.
Turselin. Hist. C, 289.

U.

Ussieux. (d') Trad. A, 276.

V.

Vadé. Th. B, 173.
Vaillant. (le) Voy. D, 381.
Valart. (l'abbé) Crit. A, 205. Relig. E, 401.
Valerio. Rhét. C, 80.
Valerius Flaccus. Poés. A, 159.
Vallemont. Hist. C, 290.
Vallisnieri. Orat. B, 441.
Vancouver. Voy. D, 297.
Vanderbourg. (M.) Trad. A, 343. Journ. E, 217, 224.
Van-Effen. Trad. E, 142. Journ. E, 177. Trad. E, 263.
Vanière. Poés. A, 192.
Vanpraët. (M.) Bibl. D, 213.
Vassor. (le) Hist. C, 431.
Vauban. (M. de) Hist. D, 4.
Vaugelas. Gramm. C, 169. Trad. C, 303.
Vauvilliers. Trad. A, 49.
Vayer de Boutigny. (le) Rom. E, 77.
Vely. (l'abbé) Hist. C, 373.
Vence. (l'abbé de) Relig. E, 378.
Venegas. (le P.) Voy. D, 449.
Venance. (le P.) Voy. D, 486.
Veneroni. Gramm. C, 186.
Venini. Orat. B, 444.
Vergier. Poés. B, 342.
Vergniaud. Orat. C, 42.
Vermeil. (M.) Orat. B, 499.
Vernes. (Jacob) Journ. E, 197.

Vernes le fils. (M. ) Poés. B , 258.
Verteuil. (l'abbé de ) Trad. C , 307. Journ. E , 188.
Vertot. (l'abbé de ) Hist. C, 251 , 339. D , 78 , 158.
Viallon. Hist. C , 416.
Vicaire. ( M. ) Poés. A , 97.
Vida. Poés. A , 167.
Vieilleville. ( de la ) Hist. D , 11.
Vignay. (de) Trad. C , 259.
Vigée. ( M. ) Th. B , 214. Rom. E , 6.
Villa. Rhét. C , 81.
Villars. ( le Maréchal de ) Mém. D , 36.
Villars. (M$^{me}$. de ) Lett. E , 299.
Villaret. Hist. C , 374.
Villedieu. (M$^{de.}$ de ) Rom. E , 36.
Villefore. Trad. B , 420.
Ville Hardouin. Hist. C , 368.
Villeneuve. (M$^{de.}$ de ) Rom. E , 50.
Villeroy. Hist. D , 16.
Villers. ( M. ) Hist. C , 225. Journ. E , 215.
Villeterque. ( M. ) Journ. E , 221.
Villiers. ( M. ) Voy. D , 326.
Villoison. Rom. E , 17. Journ. E , 212.
Villon. Poés. B , 334.
Villotte. ( le P. ) Voy. D , 301.
Vincent de Beauvais. Hist. C , 258.
Vincent. (le Docteur) Voy. D , 273.
Virgile. Poés. A , 73.
Visé. ( de ) Journ. E , 189.
Voiron. ( M. ) Trad. A , 183.
Voisenon. Th. B , 168. Contes. E , 261.

Voiture. Lettr. E , 292.
Volney. ( M. de) Voy. D , 383, 444. Chron. D , 239.
Voltaire. Poés. B , 7. Théât. B , 132. Poés. B , 260. Sat. B , 309. Poés. B, 343. Hist. C , 262, 437. D , 113 , 155, 160. Voy. D , 486. Rom. E , 85. Contes. E , 126. Esp. E, 249. Lettr. E , 306.
Vondel. Théât. A , 350. Poés. A , 452.
Voss. M. Poés. A , 277.
Vosgien. Dict. D , 259.

W.

Wafer. ( Lyonnel) Voy. D , 285.
Wailly. (de) Trad. B , 240, Gramm. C , 146. Trad. C , 329.
Walckuaer. ( M. ) Trad. D , 252, 383.
Waller. Poés. A , 391.
Wallis. Voy. D , 289.
Walsh. Poés. A , 399.
Wasse. ( la Baronne de ) Trad. A , 338.
Watelet. Poés. B , 263.
Watson. Hist. D , 77.
Wattel. ( de ) Droit. E , 322.
Weisse. ( M. ) Trad. E , 362.
Weissenbruck. ( M. ) Journ, E , 209.
Weld. ( Isaac ) Voy. D, 440.
Wicherley. Th. A , 328.
Wicq d'Azir. Elog. acad. C , 11.
Wiéland. (M.) Poés. A , 275. Rom. E , 134.
Wilmot. Poés A , 414.

Wingand. Orat. C , 64.
Winter. (M<sup>me</sup>. de) Th. A , 355.
Wolff. Droit. E , 320.
Wolzogen. (M<sup>me</sup>.) Rom. E , 136.
Woodard. (le Capitaine ) Voy. D , 417.

### X.

Xénophon. Hist. C , 295.
Xénophon, dit le jeune. Rom. E , 19.
Xiphilin. Hist. C , 332.

### Y.

Yart. (l'abbé) Trad. A , 429.
Young. Poés. A . 420.
Young. ( Arthur ) Voy. D , 323 , 354.
Yriarte. ( Thomas ) Théât. A , 318. Poés. A, 383.

### Z.

Zacharie. (M.) Poés. A , 272, 438.
Zeuo. (Apostolo) Th. A , 300.
Zosime. Hist. C , 359.
Zurlauben. Hist. D , 20 , 139.

FIN DE LA TABLE GÉNÉRALE.

www.ingramcontent.com/pod-product-compliance
Lightning Source LLC
Chambersburg PA
CBHW060515230426
43665CB00013B/1523